KB206216

시심작불

是心作佛

염불왕생 성불법문

만선동귀집 염불왕생요결
염불요문 연화세계 정법수호론

수산 스님 편저

教文化研究所 北京广化寺监制 佛历二五四七年七月

수산 큰스님 진영.

염불선원 육훈六訓

1. 생전에는 계율을 잘 가진다
   생지계율生持戒律

2. 사후에는 정토에 날 것이다
   사생정토死生淨土

3. 오신채와 술·고기를 먹지 않는다
   불식동주不食董酒

4. 부지런히 염불하라
   근행회불勤行會佛

5. 지성심·심심深心·회향발원심을 낸다
   삼심구발三心俱發

6. 여섯 가지 화합으로 서로 공경한다
   육화상경六和相敬

서 문

"얘들아 극락은 있다고 믿으면, 반드시 가서 볼 것이요, 없다고 믿지 않으면 못 볼 것이다. 못 갈 테니까!"

열 살 때 여러 아이들과 시골 하교 길에서 재잘재잘 떠들며 집에 가고 있었는데, 낡은 삿갓과 허름한 옷차림의 걸인 같은 사람이 아이들 뒤에서 두 팔을 크게 벌려 아이들 어깨동무를 하고서 귀에다 속삭이듯이 한 말입니다.

"얘들아 극락은 있다고 믿으면, 반드시 가서 볼 것이요, 없다고 믿지 않으면, 못 볼 것이다. 못 갈 테니까!" 그리고 하하 웃으며 성큼성큼 가버렸습니다.

또 어릴 적에 큰 태풍이 비바람을 몰고와 논밭을 휩쓸어서 온 들판이 황토밭으로 변하고 어른들의 탄식소리가 넘치는 때에 논둑에 쪼그리고 앉아서 생각하기를, **"왜 비와 바람이 이렇게 슬프게 세게 불었을까, 부드러운 바람이면 좋았을 텐데…"** 생각 했던 때가 있었는데, 아미타경에서 **"극락세계에는 잔잔한 바람이 분다"**라는 대목을 읽으며 내가 원하는 곳임을 알게 되었습니다.

성장해서 타종교를 몇 년씩 두루 섭렵하고 다니다가 비로소 불교를 만나고 정토 법문을 알게 되니 비로소 그 어릴 때의 들었던 말과 그 장면들이 이해되었습니다. 청화 큰

스님께서 번역하신 우리말 정토삼부경과 수산 큰스님께서 쓰신 **『연화세계』** 책을 읽고 부처님께서 말씀하신 정토경전의 내용을 쉽고 확실하게 이해하게 되었고, 저는 뛸 듯이 기뻤습니다.

염불 수행을 해보신 분들은 누구나 체득하셨겠지만, 아미타불께서 우리 중생들을 위해서 48가지의 대원을 세우셨고, 그 원력의 모든 공덕 에너지를 '나무아미타불' 명호에 담았기에 **「나무아미타불」 또는 「아미타불」**염불을 정성심으로 집중하고 불렀을 뿐인데, 아미타불께서 스스로 중생을 위해 큰 시주가 되셨기에, 모든 근심 걱정이 없어지고 주변이 밝아지는 것을 경험하게 됩니다.

잘나고 못나고 상관없이, 잘하고 못하고 상관없이 오직 아미타불님께 귀의하고 의지하는 한마음으로 부처님 명호를 불렀을 뿐인데, **걱정 근심이 없어집니다.**

금생에 왕생 해탈 성불하겠다는 발보리심으로, 이 세상 모든 것들이 무상함을 알고 언제 닥칠지 모를 죽음에 대하여 이마에 '죽을 사(死)'자를 잊지 않고 염불하는 수행자에게 붙어 있을 욕심이나 바라는 것은 없습니다.

혹여 세상을 다 준다고 하여도 바꾸지 않을 신심 하나로 오직 아미타부처님께 귀의하오며 염불할 뿐인데, 불가사의한 전환과 변화가 그윽하게 이루어집니다.

그러기에 **"생각이 일어나고 마음이 동하는 것을 '나무아미타불' 염불로 대신하면 그는 이미 성불한 자이다"** 라고 하셨습니다.

오직 서방정토를 그리워하신 염불수행자이자 대 선지식이신 수산 큰스님께서 남기신 법문집 연화세계(蓮花世界) 시심작불(是心作佛) 염불왕생요결 만선동귀집(萬善同歸集) 정법수호론(正法守護論) 등을 수많은 사람들이 다 함께 정토에 입문하여 길을 잃지 않고 금생에 왕생성불 할 수 있도록, 작년에 염불선원 주지스님께서 큰스님 문중 허락을 받아서 책을 출판할 수 있게 해주셔서 감사드립니다!

염불도량 곤지정사 주지스님께서 이번에 수산 큰스님 책들을 한 권으로 모아서 전법원력으로 법공양 불사를 일으키셨습니다. 곤지정사 대중의 무량공덕을 찬탄합니다!

불가사의한 염불의 힘, 고통과 괴로움 속에 돌고 도는 윤회를 금생에 꼭 반드시 확실하게 끊을 수 있는 염불의 힘을 만나게 되신 모든 인연님들을 찬탄합니다!

책들을 구하는데 도움 주신 각의 거사님과 책을 편집해주신 도서출판 비움과소통 자항 법사님께 감사드립니다!

"오늘 우리는 우리의 생각에 이끌려 이곳에 왔지만, 내일 우리는 우리의 생각이 이끌어 가는 곳에 서 있는 자신을 발견할 것이다."(제임스 앨런 · JAMES ALLEN · 1864~1912 · 영국 철학자)

나무아미타불!

釋 慧明　恭敬 合掌

의衣, 식食, 주住, 약藥, 네 가지로
한 염부제의 일체 중생을 공양하면
공덕이 한량없거니와,
만약 중생이 좋은 마음으로
간단없이 부처님 명호를 부르되
한 얼룩소 젖 먹일 동안만 하여도
그 공덕이 위에 보다 많아서
가히 생각지 못하며 능히
헤아릴 수 없느니라.
– 증일아함경

목 차

연화세계

정법수호론

無間修念佛

옛날에 왕중회가 양무위에게 물었다.
"염불을 어떻게 해야만 끊어지지 않습니까?"
"한번 믿고 나서 다시는 의심하지 않는 것이
곧 끊어지지 않게 하는 것이다."

만선동귀집

萬善同歸集

만선동귀집 서(萬善同歸集 序)

운서대사 권수사료간(勸修四料棟)에 복만 짓고 염불하지 않으면 복이 다 하면 악도에 떨어지고 염불만 하고 복을 짓지 않으면 도에 들어가는데 고생이 많다.

복도 짓지 않고 염불도 아니 하면 죽어서 아비지옥에 떨어지고 염불하고 겸해 복을 지으면 뒤에 복혜가 구족한 부처님이 된다 하셨다. 복 짓는 것은 곧 착한 행을 하는 것이요, 착한 행은 즉 자비심에서 나오는 것이니, 자비심은 곧 부처 마음인 것이다.

그러므로 『보현행원품』에 모든 부처님은 크게 슬퍼하는 마음으로 본체를 삼는데, 중생을 인연하여 크게 슬픈 마음을 내고 큰 슬픈 마음을 인연하여 보리심을 내고, 보리심을 인연하여 성불하는 것이다.

마치 넓은 벌판 모래밭에 큰 나무가 있어 그 뿌리가 물을 만나면 지엽과 꽃과 과실이 무성한 것 같이 나고 죽는 넓은 벌판에 보리수왕도 그러하여 중생으로 나무뿌리를 삼고 불보살로 꽃과 과실을 삼는데 크게 슬픈 물로 중생을 이익하게 하면 즉시 불보살의 지혜의 꽃과 과실이 성숙한다 하였으니, 이것은 즉 자비심으로 착한 행을 하여 성불한다는 것이다.
달마스님은 “마음을 관하는 한 가지 법이 모든 행을 포섭한다” 하였으니, 이것은 곧 마음공부만 하면 만행은 그 중에 있다는 것이다.

양무제가 달마대사를 보고 묻기를, "짐(朕)이 인군이 된 후로 여러 가지 불사를 많이 하였는데, 공덕이 얼마나 됩니까?"

달마스님 대답이, "조금도 공덕이 없습니다" 하였다.

양무제는 불심이 돈독하여 여러 가지 복을 많이 지었으며 말년에 가서는 내가 세력과 물질로만 복을 짓는 것이 정성이 부족하니 몸으로 삼보의 시봉을 하여야 되겠다고 만승 천자의 귀한 몸으로 천인의 몸으로 변장하여 큰 절에 가서 하천의 소임을 보고 있다가 조정에서 모시러 오면 내가 스님들을 시봉하고 있는데 나를 기어이 데려갈려 하거든 내 몸을 속(贖) 받치고 가라고 돈을 많이 보시하고 간 일이 몇 번 있었다. 이러한 일이 공덕이 없다면 불교가 모두 거짓말일 것이다.
당시에는 중국에 선법은 들어오지 아니하고 교법만 숭상하여 무제가 상(相)을 집착하여 복만 짓고 지혜를 닦지 않으므로 그 집착을 파하는 것이요, 실지로 공덕이 없다는 것은 아니다. 영명대사는 달사대사의 16대 법손으로 만선을 행하여 복과 지혜를 같이 닦기를 주장하였다.

당시에는 선법이 들어 온 지가 오래되어 공한 이치만 주장하여 계율이 무너지고 정법이 쇠퇴하므로 『만선동귀집』을 지어 자신이 직접 솔선 수행하여 매일 백팔의 일과를 정하여 실천수행 하였는데, 그 중에 중요한 것이 매일 염불 십만 번과 밤에는 시식하여 고혼을 천도하고 낮에는 방생하여 죽는 목숨을 살려주는 만 가지 선을 행하였다.

달마대사와 영명선사의 주장이 현저하게 다른 것 같지만,

실지로 그 병폐를 부수고 정법을 살리는 것은 꼭 같은 것이다. 이 『만선동귀집』은 말세 수행에 절대 필요한 것이니. 사부대중은 물론 일반 인사에게도 한 번 읽기를 권하는 바이다.
참으로 보리심을 내어 성불하려는 이가 이것을 버리고 달리 구한다면 그것은 허공에 그림을 그리고 기초 없는 집을 짓는 것과 같은 것이다.

신유 중추절 정업제자 **수산 만오** 합장 분향 근지

만선동귀집(萬善同歸集)

영명선사 연수 저

모든 선(善)은 실상(實相)으로 돌아가서 허공이 모든 것을 포용하고 땅(地)이 만물을 발생하는 것과 같은 것이다.
그러므로 한 마음만 알면 만 가지 덕(德)은 그 가운데 있는 것이다.

그리하여 실제로는 변하지 않으면서(불변不變) 여러가지 행위(行)가 일어나고, 인연을 따르면서(수연隨緣) 법계(法界)는 항상 나타나 고요함이 활용(用)에 걸리지 않고, 속(俗)이 진(眞)에 어기지 않으며 있고(有) 없음(無)이 평등한 것이다. 그러므로 일체의 법(法)이 오직 마음에서 나오는 것이니 부지런히 모든 제행(諸行)을 닦을 것이요, 다만 우두커니 앉아서 공(空)만 지켜서는(무기공無記空) 안 된다. 만일 만행(萬行)을 실천에 옮기려면 이치(理)와 사실(事)에 의존하고 이치와 사실이 서로 걸림이 없으면 자연히 중도(中道)가 되는 것이다.

이치(理)와 사실(事)을 설명하려면 뜻이 깊고 이해하기 어렵지만 자세히 살펴보면 하나도 아니요(불일不一) 다르지도 않은(불이不異) 것이므로, 이치(理)를 떠나면 사실(事)이 없는 것이요, 사실(事)을 떠나면 이치(理)가 없는 것이 마치 물결(波)이 곧 물(水)인 것과 같다.

그러면서도 이치(理)가 곧 사실(事)이 아니라, 움직이고 젖는(濕) 것이 같지 않으며 사실이 곧 이치가 아니라 주관과 객관(능소能所)이 다른 것이다.

이치도 아니요, 사실도 아니라, 진과 속(진속眞俗)이 함께 없어지고 사실도 되고 이치도 되어 이제(二諦)가 분명하다.

쌍으로 비추면 거짓(假)이 있고, 쌍으로 막으면 모두가 고요하여 공(空)도 아니요, 거짓도 아니어서 중도(中道)가 항상 밝은 것이다.

인연이 움직이지 않거늘 어떻게 이치의 바탕(이체理体)이 이지러지겠는가. 『반야경』에는 "한 마음에 만행을 갖추었다"(일심구족만행一心具足萬行)하며, 『화엄경』에는 해탈장자가 선재동자에게 이르기를, "내가 극락세계의 아미타부처님을 보고자 하면 마음대로 보며 시방세계의 모든 부처님도 마음대로 보느니, 선남자여 잘 알아라. 보살이 불법을 닦고 부처님의 세계를 깨끗이 하고 묘한 행을 익히고 중생들로 하여금 몸과 마음을 고르며 모든 악행을 제어하고 큰 서원(誓願)을 발하는 것이 모두 마음에 있는 것이다. 이러므로 마땅히 선법(善法)으로 마음을 도우며 진리의 감로수(甘露水)로 마음을 윤택하게 하며, 현상세계의 대상(對像)에 대하여 마음을 맑게 다스리며 정진으로써 마음을 굳세게 하며, 지혜로써 마음을 밝히며 부처님의 자재(自在)로써 마음을 개발하며, 부처님의 평등으로써 마음을 크고 넓게 하며, 부처님의 십력(十力)으로서 마음을 살피라"고 하셨느니라.

문(問): 조사(祖師)가 말씀하시기를, 선악(善惡)을 생각하지 않으면 자연히 마음의 근본에 들게 된다고 하시며, 열반경에는 모든 존재는 무상하여 나고 없어지는 법, 제행무상 시생멸법(諸行無常 是生滅法)이라 하셨는데, 어찌하여 조사의 뜻을 어기고 수행을 권하십니까?

답(答) : 조사는 종지(宗旨)만 세우고, 경전은 집착을 버리며, 선종(禪宗) 돈교(頓敎)는 상(相)을 없애고 인연을 떠나 공(空)과 유(有)가 함께 없고, 체(体)와 용(用)이 함께 고요하다.

화엄원교(華嚴圓敎)의 가르침은 동시에 덕(德)을 갖추어 이치와 행(行)이 걸림이 없고, 자비와 지혜가 구족한 것이다.
그러므로 문수(文殊)는 이치(理)로서 행(行)을 실천하여 차별의 뜻이 부서지지 않고, 보현(普賢)은 행으로서 이치를 장엄하여 근본의 문을 허물지 않아, 근본과 지말이 하나가 되고 범부와 성인이 근본이 같아 세속과 차별의 이치(俗)를 버리지 않고 진실 등의 이치(眞)가 드러나며, 진실·평등의 이치를 떠나지 않고 세속 차별의 이치도 세우며, 지혜의 눈을 갖추어 생사에 빠지지 않고, 자비의 마음을 내어 열반에 걸리지 않는 것이다.
삼계(三界)의 유위법(有爲法)으로 깨달음을 응용(用)하고 번뇌의 바다에서 열반의 나루를 통한다. 만 가지 선은 보살이 도에 들어가는 양식이 되고 여러 가지 수행은 부처님의 도를 돕는 사다리가 된다.

만약 지혜의 눈은 있고 실천하는 발이 없으면 어찌 열반에 이르며, 실교(實敎)는 얻고 권교(權敎)를 잃는다면, 어찌 열반의 세계에 오르겠는가?

그러므로 방편(方便)과 반야(般若)가 서로 돕고 진공(眞空)과 묘유(妙有)가 서로 이루는 것이다. 법화경에는 삼승(三乘)을 모아 일불승(一佛乘)으로 돌리되, 만선(萬善)을 깨달음(菩提)에 회향하고, 대품경에는 일체요 둘이 없지만(일체무이一切無二) 모든 행을 일체종지(一切種智)로 돌리고 있는 것이다.

그러므로 화엄경에는 제7 원행지(遠行地)에 오른 보살도 열 가지 방편과 지혜의 훌륭한 진리를 닦으라 한다. 이른바 비록 공·무상·무원(空 無相 無願)삼매를 잘 닦되 자비심으로 중생을 버리지 않고, 비록 모든 부처님의 평등한 법을 얻었으나 항상 부처님께 공양 올리기를 즐겨하고, 비록 공(空)을 관(觀)하는 지혜의 문에 들었으나 부지런히 복(福)과 덕(德)을 쌓고, 비록 삼계(三界)를 떠났으나 삼계를 장엄하고, 비록 마지막에 번뇌의 불길이 없어졌으나 중생들을 위하여 탐·진·치(貪瞋痴) 삼독의 번뇌를 일으키기도 하고 없애기도 하며, 모든 법이 허수아비(幻)와 같고 물에 비친 달과 거울 속에 나타난 그림자와 같아 스스로의 성품이 둘이 아닌 줄 알았으나 마음대로 한량없는 차별의 업(業)을 짓기도 한다.
또 비록 모든 국토가 공한 줄 알았으나 맑고 깨끗한 묘행(妙行)으로 부처님의 나라를 장엄하며, 비록 모든 부처님의 법신(法身)은 자성의 몸이 없는 줄 알았으나 상호(相好)로써 몸을 장엄하며, 비록 모든 부처님의 음성은 자성이 없고 공하여 말하지 못함을 알았으나 중생을 따라 여러 가지 차별의 소리를 내며, 비록 모든 부처님과 같이 과거 현재 미래 삼세(三世)가 오직 한 생각인 줄 알았으나 중생의 분별을 따라 여러 가지 얼굴과 여러 가지 때(時)와 여러 가지 겹의 수 겁수(劫數)로 모든 행을 닦을 것이라고 하셨다.

옛날 한 스님께 묻기를, "만행이 생각이 없어야 하는데 선(善)을 보고 악을 끊고자 하여 몸과 마음을 괴롭히게 되니 어떻게 도(道)라 하겠습니까?"

대답하기를, "생각을 떠나면서 생각 없기를 구하여도 참으로 생각이 없기가 어려운데 하물며 생각 없는 것을 생각하는 것이 어떻게 걸림이 없겠는가? 또 생각 없는 것이 다 만 가지 수행 중에 하나인데, 어떻게 한 생각이 본래 원만한 줄을 알겠는가" 하셨다.
이상과 같이 인용한 것이 부처님 뜻에 맞는 것인데, 어떻게 배(腹)는 비고 마음만 높아서 적은 것에 만족하여 개구리가 바다를 의심하고 반딧불이 햇빛을 가리고자 하는가 하셨다.

문(問) : 착(善)한 것이 비록 악(惡)한 것을 이기나 생각하면 진리에 어긋나는 것인데 해탈의 길이 아니거늘, 어떻게 착한 것을 많이 권하여 올바른 수행을 방해합니까?

답(答) : 세간(世間)과 출세간(出世間)에서 착한 것을 근본으로 삼는데, 착(善)함은 생사고해(生死苦海)를 건너는 배가 되고, 열반의 성(城)에 가는 길이 되며, 인간과 천상의 기틀이 되고, 부처와 조사가 되는 바른 법이니, 티끌 속에 있던지 티끌에서 나오든지 잠시도 버릴 수 없는 것이다.

십선(善)이 무슨 허물이 있겠는가. 응용하는 사람에게 달린 것이다.
욕심내고 집착하면 유루(有漏)의 천상에 태어나고 집착하지 않으면 무위도(無爲道)를 얻고, 작은 마음을 내면 소승(小乘)이 되며 큰마음을 내면 보살이 되어 마침내 부처가 되는 것이니, 이것은 착한 것이 진리에 장애가 되는 것이 아니라 수행을 따라 얻고 잃는 허물이 있는 것이다.
그러므로 화엄경에는 십 악업도는 지옥 아귀 축생에 태어나는 원인이 되고, 선도는 인간, 천상 그리고 유정천(有頂天)에 태어나는 원인이 되며, 또 상품의 십 선도를 지혜로 닦되 마음이 좁고 생사를 두려워하고 자비심이 없이 남의 소리만을 듣고 닦으면 성문승(聲聞乘)이 되고, 또 상품의 선업도를 맑게 닦고 남의 가르침을 듣지 않고 스스로 깊은 인연의 도리를 깨닫고 큰 자비심과 방편을 고루 갖추지 못하면 독각승(獨覺乘)이 되고, 상품 선도를 닦되 마음이 광대하며 자비심을 갖추고 방편으로 접수하며 큰 원을 내어 중생을 버리지 않고 부처님의 지혜를 구하며 보살의 모든 지혜와 덕을 닦으며 모든 바라밀을 갖추어 닦으므로 보살의 큰 수행이 성취되고 또 가장 훌륭한 선업도는 모두가 맑고 깨끗하므로 십력(力), 4무소외(無所畏) 등을 체험하고 얻어서 일체의 불법을 성취하느니라.

그러므로 내가 이제 이와 같은 십선을 닦아 일체를 청정하게 갖추는 것이니, 보살도 이와 같이 선행을 모아 쌓고 성취하고 기르며 생각하여 마음에 새겨 두며 분별하여 즐기며 잘 닦아 편안히 머물 것이다.

보살이 이와 같이 모든 선행을 쌓아 모아서 선행을 의지한 결과로 얻은 보살행을 닦아 생각 생각마다 한량없는 부처님을 친견하고 섬기고 공양할 것이라 하였으며, 용수보살의 대지도론(大智度論)에 말씀하시기를, 부처님께서 과거 전생에 악한 사람과 벌레가 되었다가도 선행을 많이 행한 공덕으로 성불(成佛)하였다고 하였으며, 18불공법(不共法) 가운데 욕심이 줄지 않음이 있으니, 부처님은 선법(善法)의 은혜를 알아 항상 모든 선법을 닦고자 함으로 욕심이 줄어짐이 없다는 것이요, 또 선법을 닦되 마음에 싫어하고 만족함이 없으므로 욕심이 줄어짐이 없다는 것이다.

늙고 눈 어두운 비구가 가사를 꿰메다가 바늘에 실이 빠졌는데 대중에게 말하기를 "누가 복 짓기를 좋아하거든 이 바늘을 좀 꿰어 주시오" 하니, 그때 부처님께서 앞에 오셔서 말씀하시기를 "내가 복 짓기를 좋아하고 싫어하지 않나니, 너의 바늘을 가져 오너라" 하셨다.
그 비구가 부처님의 광명을 보고 또 부처님의 자비스러운 음성을 듣고 부처님께 사루어 말씀 올리기를 "부처님께서는 공덕이 한량없어 가이없는데 어찌 만족함이 없다고 하십니까?"

부처님께서 "공덕의 과보는 매우 깊어서 나와 같이 그 은혜를 아는 사람이 없다. 나는 본래 욕심의 만족이 없으므로 성불하였고, 지금은 다시 공덕을 더 얻을 것은 없으나 아직도 욕심이 쉬지 않다"고 말씀하셨다.

그때 모든 하늘과 사람들이 놀라 말하기를, "부처님께서도 공덕을 많이 짓는데 하물며 다른 사람일까 보냐" 하셨다. 또 부처님 말씀에 만일 중생을 성취시키지 못하고 불국토를 장엄하지 못하면 위없는 도(무상도無上道)를 얻지 못한다. 왜냐하면 인연을 구족하지 못하면 아뇩다라삼먁삼보리를 얻지 못하는데, 인연이란 발심한 큰마음과 십선법을 비롯한 육바라밀 18불공법 등이라고 하셨다.

문(問) : 부처님 법신은 본래 청정하거늘 중생이 번뇌에 가리어 나타나지 못하는 것인데, 이제 다만 속된 인연에 끌리는 일만 쉬게 되면 마음의 번거로움이 안정되어 맑고 밝아질 것이거늘, 어찌 분주하게 착한 일 한다고 수고를 할 것입니까?

답(答) : 마음이 없고 고요한 것은 이것이 요인(了因)이요, 복덕으로 장엄하는 것은 연기(緣起)를 따르는 것이니, 온갖 선법을 발생하는 본래 갖추어진 법성(法性)의 이치인 생인(生因)과 그것을 비추는 요인(了因), 이 두 가지를 갖추어야 불도를 이루는 것으로 모든 대승경전에 많이 말씀하셨다.

정명경(淨名經)에는 "불신(佛身)은 곧 법신(法身)이니 무량한 공덕과 지혜로부터 나며, 자비희사(慈悲喜捨)로부터 나며, 보시(布施) 지계(持戒) 인욕(忍辱) 정진(精進) 선정(禪定) 해탈(解脫) 삼매(三昧) 다문(多聞) 지혜(知慧) 등 모든 바라밀로부터 나며 모든 나쁜 법은 끊고 착한 진리를 닦아서 불신(佛身)을 얻었다" 하시니, 만일 경전을 등지고 부처님 말씀을 쫓지 않으면 열반에 속박을 더하고 해탈의 구렁에 빠지며 연꽃을 산에 심어 가꾸고 감자를 공중에 심는 것과 같은 것이니, 깨달음의 꽃과 열매를 구하고저 한다면 어떻게 이룰 수가 있겠는가?

문(問) : 눈에 보이는 것이 모두 보리(菩提)요, 발에 닿는 것이 모두 진리인데 하필이면 도량(道場)을 세우고 몸과 마음을 수고롭게 하겠습니까?

답(答) : 도량에는 두 가지가 있으니 첫째는 이치의 도량(理道場)이요, 둘째는 사실의 도량(事道場)이다.

이치의 도량은 시방세계에 두루 있는 것이지만, 사실의 도량은 깨끗한 땅에 엄숙하게 꾸미는 것이다. 사실을 인연하여 도리가 드러나게 하고 도리를 인연하여 사실을 성취하는 것이니, 사실은 허망하나 도리를 잡음에 도리가 아닌 사실이 없고, 도리는 진실하나 인연을 따름에 사실에 걸리는 도리가 없는 것이다.

그러므로 사실을 인연하여 도리를 밝히고 세속으로부터 진리에 들게 되니, 오직 도량을 엄숙하게 세워 귀의하고 예참하여 마음을 밝히면 나와 남이 함께 이익 될 것이다.

마하지관(魔訶止觀)에서는 원교초심(圓敎初心)에서 사물을 초월하여 바로 진리에 돌입하는 이관(理觀)은 비록 자세히 살피나 불법이 참되고 움직이지 않고 변하지 않음을 나타내는 법인(法印)을 이루지 못하니, 도량을 깨끗하게 차리고 밤낮으로 참회 권청 수희 회향 발원의 오회(五悔)를 닦고 육근(根)의 죄를 참회하며 마음으로 진리를 관찰하고 몸소 계(戒)를 엄중하게 가져서 도리와 실제에 허물이 없으면 부처님의 가피(加被)로 문득 마음이 밝아져 곧 마음이 평등 무차별(無差別)의 이치에 머무르는 자리인 발심주(發心住)에 오른다고 하였다.

또 부처님께서 내가 열반한 후에 불상을 나와 같이 보라고 하셨으며, 용수보살의 대지도론(大智度論)에는 "보살은 세 가지 싫어함이 없어야 한다. 첫째는 부처님께 공양하기를 싫어하지 말고, 둘째는 법문 듣기를 싫어하지 말며, 셋째는 스님께 보시하고 공양하기를 싫어함이 없게 하라 하셨다."

문(問) : 마음이 곧 부처인데 어찌 밖으로 구하며, 만일 다른 것을 인정하면 진리(法)는 숨을 것입니다.

답(答) : 모든 부처님의 법문이 한결같지 않아 자력(自力)·타력(他力), 자상(自相)·공상(共相), 십현문(玄門), 육상의(六相義)의 구별이 있어서 인연을 따르면 다른 것 같지만 본성은 같은 것이다.
마음에서 대상이 나타나는 것이므로 대상이 곧 마음이요, 객관(所)을 이끌어 주관 (能)으로 돌아가는 것이니 남이 곧 자기인 것이다.

옛날 스님 말씀에 "만일 마음과 대상을 둘이라 하면 막아 말하되 둘이 아니라고 하니 마음밖에 다른 것이 없는 연고요, 만일 하나라고 고집하면 막아 말하되 하나도 아니라고 하나니 인연이 있기 때문이라" 하셨다.

지자(智者)대사 말씀에 "한결같이 무생(無生)을 관찰하는 사람은 마음만 믿고 부처님의 가피력은 믿지 않으나, 경전에는 안(內)도 아니요 밖(外)도 아니나, 안도 되고 바깥도 되나니, 안이 됨으로 부처님의 해탈을 마음 안에서 구하고, 밖이 됨으로 부처님께서 옹호하고 생각하시어 버리지 않나니, 어찌 밖의 이익을 믿지 않겠는가" 하셨다.
인연의 도리와 수행하는 문은 다 여러 가지 인연으로 이루어지고 하나도 홀로되지 않는 것이다. 만일 스스로의 힘(自力)을 충분히 갖추었으면 인연을 빌리지 않지만 자기의 힘으로 되지 않을 때는 다른 이의 힘을 의지해야 되는 것이다. 마치 세상 사람이 관공서의 일에 어려움을 당했을 때 자기 힘으로 모면하기가 어렵거든 힘 있는 사람의 구원을 받아야 하고, 또 무거운 물건을 옮길 때 혼자의 힘으로 되지 않거든 여러 사람의 힘을 빌리면 빨리 쉽게 옮기는 것과 같이 다만 안으로 실력만 생각하여 자기의 힘만 믿고 다른 사람의 힘을 무시하여서는 잘못인 것이다.

문(問) : 실상(實相)을 관하고 부처님을 관하는 것도 마찬가지로 한 생각 일으키지 않으면 자연 그대로 밝을 것이거늘, 어떻게 다른 부처님의 이름을 부르고 경전을 읽어 헤아릴 수 없는 윤회와 생명을 일으킵니까?

답(答) : 소리는 여러 가지 뜻(義)의 창고요, 말은 해탈의 문이다. 일체가 소리를 따르는 것으로 소리가 곧 법계(法界)인 것이다.

경전에 하나하나 모든 법 가운데 모두 일체의 법을 포함하였다고 하므로, 소리 가운데 십계(十界)가 갖추어 있고 삼제(三諦)의 도리가 원만한데 어떻게 이것은 그르고 저것은 중하게 여기며 모양(相)을 떠나 참(眞)을 구하겠는가. 움직이고(動) 고요한(靜) 것의 근본을 모르면 말을 하던지 말을 않고 침묵하고 있던지 모두 실수가 있는 것이다.

경전에 한 생각이 처음 일어날 때 형상(相)이 없다고 했는데 이것이 보호하고 생각하여 버리지 않는 것이요, 구태여 생각을 쉬고 소리를 그치는 것이 참다운 모습(實相)에 맞는 것은 아니다.

경전에 부처님 이름을 생각(念)하라는 말씀이 있으며 한 소리 부르면 먼지와 모래알 같이 많은 죄가 없어지고 열 번만 생각하여도(十念) 정토(淨土)에 왕생하며 위험을 구제하고 급한 어려움을 건져주며 업장(業障)을 녹이고 원수를 풀어주어 일시적으로만 고통을 건질 뿐 아니라, 이 인연으로 마침내 성불하게 되는 것이다. 지자대사 말씀에 네 가지 염불을 모두 삼매라 하는데, **염불삼매는 삼매 중에 왕**이라 하시였다.

그러므로 경전(법화경)에 어떤 사람이 산란한 마음으로 절에 가서 한번 나무불(南無佛)을 불러도 다 불도(佛道)를 이룬다고 하였으며, 또 부처님의 보호를 받고 구원을 받는다고 하셨으며 보적경(寶積經)에는 큰 소리로 염불하면

(고성염불高聲念佛) 마군(魔軍)들이 물러나 흩어진다 하며, 문수반야경(文殊般若經)에는 중생이 어리석고 둔하여 선정에 들어 지혜로 대상을 살피는 관법(觀法)은 잘 몰라도 염불소리만 계속하면 반드시 극락세계에 왕생한다고 하며, 지도론(智度論)에는 사람이 처음 태어난 땅에서 그날부터 매일 천리씩 걸어가서 천년동안 지나간 그 땅에 가득 찬 일곱 가지 보배(七寶)를 부처님께 올린다 하더라도 어떤 사람이 이 오탁악세에서 한번 염불한 공덕만 같지 못하다고 비유해 말씀하셨고, 대품경(大品經)에는 산란심으로 염불하여도 모든 고통을 면하고 복이 한량없다고 하였으며, 증일아함경(增一阿含經)에는 음식 · 의복 · 약 · 와구 등 네 가지 공양을 사바세계 모든 중생에게 바치면 공덕이 한량없지만 어떤 중생이 착한 마음으로 부처님 이름을 불러 한 마리 소가 젖먹일 동안만 계속하여도 이 공덕은 앞의 것 보다 말할 수 없이 많다 하셨다.

그러므로 비석화상(飛錫和尚) 고성염불삼매보론(高聲念佛三昧寶王論)에 바다에서 목욕하는 사람은 모든 강물을 다 사용하였고, 부처님 이름을 생각하는 사람은 반드시 삼매(三昧)를 이루나니, 물을 맑히는 구슬(淸珠)을 흐린 물에 넣으면 흐린 물이 맑아지듯이 염불을 산란한 마음에 던지면 산란한 마음이 부처님 마음이 되는 것이다.

이와 같이 된 후에는 마음과 부처님 둘이 다 없는 것이니 둘이 없는 쌍망(雙亡) 정(定)이요, 함께 비추는 쌍조(雙照)는 지혜(慧)다. 정과 지혜가 고루어지면 어느 마음이 부처님 아니며 어느 부처님이 마음이 아니겠는가?

마음과 부처님이 그러하면 여러 가지 대상과 여러 가지 인연이 모두 삼매인데 누가 마음을 내어 고성염불 하는 것을 걱정할 것인가 했으며 업보차별경(業報差別經)에는 고성염불 열 가지 공덕을 말씀했는데,
첫째 졸음을 없애고,
둘째 마군(魔軍)들이 달아나고,
셋째 소리가 시방세계에 퍼지고,
넷째 삼악도(惡道)의 고통을 쉬고,
다섯째 밖의 소리가 들리지 않고,
여섯째 마음이 산란치 않고,
일곱째 용맹정진이 되고,
여덟째 모든 부처님께서 기뻐하시고,
아홉째 삼매가 앞에 나타나고,
열 번째 정토에 왕생한다 하셨다.

회감(懷感)선사의 군의론(群疑論)에 묻되, 부처님 명자는 자성이 비어(空) 모든 법을 갖추지 못하였는데 사람을 시켜 부처님 명호를 전심전력 부르게 하면 밥을 이야기하여 배부르게 하는 것과 무엇이 다르겠습니까?

대답하기를, 만일 부처님 명호가 소용이 없어 모든 법의 바탕을 갖추지 못한다고 한다면 응당 불(火)을 부르는데 물(水)이 올 것이다. 그러므로 통발과 그물이 있어야 고기와 토끼를 잡을 것이다.
그러하여 범왕(梵王)으로 하여금 정법(正法)을 말씀하시기

를 간절히 청하여 부처님께서 중생의 지혜와 능력, 근기(根機)에 따라 미묘한 법을 써서 인간과 하늘 부와 성인 5도(道) 4생(生)이 모두 그 교훈을 받아 듣고 읽고 외워서 이익이 한량없는데 부처님 명호를 불러 정토에 왕생하는 것을 오직 부처님 명호가 공(空)하니 말할 것이 없다고 하겠느냐.

논(論)에 어떻게 한번 염불한 힘으로 모든 장애를 끊겠습니까? 하고 물으니.

대답하기를, 한 그루 전단 향나무가 40유순이나 되는 이란 나무(이란림伊蘭林) 숲을 변하게 하여 향기가 나는 것과 같으며, 또 사자의 힘줄로 거문고 줄을 만들면 그 소리가 한번 날 때 다른 거문고의 줄들이 모두 끊어지는 것과 같아서 만일 사람이 보리심(菩提心)으로 염불삼매를 닦는 자는 일체의 번뇌와 일체의 업장이 다 녹아진다고 하며, 대집경(大集經)에는 혹 하루 낮과 밤이나 7일 동안 다른 일은 하지 않고 전심으로 염불하면 작은 생각은 작은 부처님을, 큰 생각은 큰 부처님을 본다고 하였으며, 또 문수반야경(文殊般若經)에는 문수보살이 "어떻게 해야 빨리 아뇩다라삼먁삼보리(無上正等覺)를 얻겠습니까?" 하고 부처님께 여쭈었다.

부처님께서 대답하시기를, "일행삼매에 들면 된다. 일행삼매에 들고자 하면 조용한 곳에 한가하게 있으면서 모든 어지러운 생각을 버리고 모습을 관하지 말고 한 부처님께 생각을 붙들어 매어두어 부처님 계신 곳을 향하여 단정하게 앉아서 부처님 명호를 불러 생각이 끊어지지 않고 계속하면 곧 이 생각 가운데 과거, 현재 미래 삼세의 모든 부처님을 보며 밤낮으로 설법하되 지혜와 변제(辯才)가 끊어지지 않는다고 하시니, 이것은 부처님의 능력은 헤아릴 수 없고 신통(神通)도 헤아릴 수 없는 것이다. 마치 자석(磁石)이 쇠붙이를 끌어당기고 물이 바다로 흘러 들어가는 것과 같아서 자비의 훌륭한 힘으로 이러한 것을 보는 것이니 진실한 마음으로 귀의하는 사람은 영험(靈驗)이 분명한 것이다.

문(問) : 참으로 경전을 읽고자 하면 참다운 모습(實相)을 생각할지라. 이미 주관과 객관이 없는데 읽고 외우는 사람이 누구이며 만약 마음과 입으로 한다고 하지만 찾아도 알 수가 없으니 마지막으로 추측해 보면 이치가 어느 문(門)에서 나왔겠습니까?

답(答) : 비록 생각하고 외우는 것이 모두 빈(空)것인 줄 살피지만 공(空)이 끊어져 없는 공이 아니라, 잘 외우고 생각하여 있다(有)고 하는데 걸리지 않으며, 있다고 하는 것도 참으로 있는 것이 아니어서 빈 것도 아니고 있는 것도 아니므로 중도(中道)의 이치가 분명하며 여러 가지 바라밀을 행하는 것이 모두 실상(實相)으로 돌아가는 것이다. 또 염불하고 경을 읽고 외우는 것이 선정(禪定)에 방해가 된다고 하지만 모름지기 마음이 혼침(昏沈)함과 어지러운 마음을 보아 때를 따라 행할 것이다.

경전에 "좌선하다가 혼미해질 때는 일어나서 거닐기도 하고 염불도 하고 또 지극한 마음으로 참회하여 업장을 녹이고 몸과 마음을 경책하여라" 하셨다.

그러므로 자민삼장(慈愍三藏)은 "경전에 말씀한 올바른 선정(禪定)이란 마음을 한곳에 모아 생각생각 계속하여 마음이 답답하고 어두워지거나 마음이 어지러워지지 않고 평등한 마음을 가질 것이요, 만약 잠이 오거나 장애가 있으면 일어나 거닐거나 염불을 하거나 경을 읽고 외우거나 부처님께 예배하는 수행도 하고 경전을 강의하고 법문을 하여 중생을 교화하는 것을 버리지 않고 온갖 수행을 닦으며 그 닦은 공덕은 모두 서방극락세계에 가서 태어나는데 회향할 것이다. 만약 이와 같이 선정을 닦는 사람은 이것이 부처님의 선정과 같고 경전의 말씀에 맞는 것이며 중생의 눈이 되며 모든 부처님께서 인가하신다"고 하셨다.

또 염불이 성불하는데 바른 원인이 되거늘 어떻게 잘못된 소견을 내겠는가. 그러므로 천태교(天台教)에서는 90일동안 좌선 입정하며 피로할 때 부처님명호를 외어 잘못된 깨달음과 어지러운 생각을 없애고 마음을 법계에 머무는 상좌삼매(常坐三昧)와 90일동안 다니면서 아미타불의 명호를 부르며 마음으로 아미타불을 생각하는 상행삼매(常行三昧)와 서서 경전을 외우거나 앉아서 사유하는 반행반좌삼매(半行半坐三昧)와 행(行) 주(住) 좌(坐) 와(臥)를 가릴 것 없이 생각나는 대로 항상 온갖 일에 통하여 닦는 비행비좌삼매(非行非坐三昧) 네 가지 삼매를 행하고, 소승에서는 부정관(不淨觀) 자비관(慈悲觀) 인연관(因緣觀) 계분별관

(界分別觀) 수식관(數息觀) 등 다섯 가지 관법을 갖추고 또 상행반행(常行半行) 등 여러 가지 삼매가 있는데 단 한 가지 좌선만 하라는 것은 아니다.

그러므로 염불해서 삼매를 얻기도 하고 좌선하여 지혜를 발하기도 하고 경을 읽어 법신을 보기도 하고 혹은 염불하면서 부처님 주위를 돌아가는 것으로도 부처님의 경지에 들기도 하나니 다만 진리를 얻는데 정신을 둘 것이요, 결코 한 가지 법문만 고집하지 말고 오직 지극한 정성을 기울일 것이지, 허망한 말은 믿지 말 것이다.

문(問) : 경을 읽고 부처님 주위를 돌아가며 예배만 하고 참된 수행을 하지 않으면 조사(祖師)는 방아 찧는 허물을 말하고 부처님은 맷돌을 가는 소를 꾸짖어 나무란다. 그러므로 사십이장경에도 "마음의 길(心道)을 닦으면 무엇 때문에 행도(行道)를 할 것인가" 하였거늘 어찌 딴 짓을 합니까?

답(答) : 행도 예배를 할 때에 진중한 마음이 없고 마음이 한곳에 전념하지 못하여 몸은 도량에 있으면서도 마음은 다른 것을 생각하고, 상(相)만 집착하고 거만한 마음만 내어 나와 남이 평등하고 주관과 객관이 없는 줄 알지 못하면 이러한 사람은 앞에 말한 꾸짖음을 들을 수 있다.
백장화상(百丈和尚) 말씀에 "행도 예배와 자비 회사는 출가한 수행인의 본분으로 할 일이다. 부처님 교훈을 의지한 것인데 집착은 허용치 않는다"고 하였다.

법화참(法華懺)에는 "두 가지 수행이 있는데, 첫째는 사실

가운데 수행으로 예배 염불 행도를 모두 일심으로 하여 산란치 않을 것이요, 둘째는 이치 가운데 수행으로 짓는 마음 소작심(所作心)과 심성이 둘이 아니라 일체가 마음인 줄 관찰하되 마음의 모습 심상(心相)은 얻지 못한다" 하였다.

보현관경(普賢觀經)에는 "밤낮 수시로 시방의 부처님께 예배하고 대승경전을 외우며 구경의 진리 · 제일의(第一義)인 깊은 공의 도리를 잠깐 동안만 생각하여도 백 만억 나유타 항하사 생사의 무거운 죄를 없애나니, 이 법을 행하는 사람은 참으로 불자(佛子)이며 부처님을 따라 태어났으며, 시방의 모든 부처님과 모든 보살이 그의 스승이 되나니, 이것은 참으로 보살계를 갖춘 사람이라 계를 받는 예법이 없이 자연히 계의 바탕인 계체(戒体)가 성취되어 인간과 하늘의 공양을 받을 것이라" 하였다.
또 행도(行道)란 인도에서 많이 행한 수행법인데 백 번 천 번 부처님 주위를 돌면서 경을 외우거나 염불하면서 절하는 것이다. 부처님 경전에 하룻 밤 하루 낮 지극한 정성으로 행도 법을 행하면 네 가지 은혜를 갚고 빨리 진리에 들어간다고 하였다.

문(問) : 모든 법의 참다운 모습은 선과 악의 모양(相)이 없는데, 무엇이 나타나는 것이 있습니까?

답(答) : 비록 나도 없고(무아無我), 짓고 받을 사람이 없지만 선악의 업(業)은 없어지지 않으며, 모든 존재가 모양이 없으면서 모습이 있음을 보인다.
수행자가 행도할 때 모양이 있고 없는 것을 생각하지 말고 다만 생각 생각 하나에 전념한다면 그 모습이 자연이 나타나는데 마치 그릇에 물을 담아 밀폐된 방에 두면 마음이 없더라도 모든 형상이 자연히 나타나는 것과 같은 것이다.

문(問) : 형상(相)이 나타날 때에 거짓인가 참다운 것인가를 어떻게 분별하여 취하고 버리겠습니까?

답(答) : 취하는 것도 허공과 같이 하고 버리는 것도 허공과 같이 할 것이다.

문(問) : 오랫동안 공부를 하여도 도를 얻지 못하는 것은 무슨 까닭입니까?

답(答) : 경전에 말씀하시기를 중생의 마음은 거울(鏡)과 같다. 거울이 때나 먼지가 끼어 있으면 얼굴이 보이지 않는다 하셨다.

문(問) : 거닐면서(행도行道) 염불하는 것과 앉아서 염불하는 공덕이 어떠합니까?

답(答) : 비유해서 말하면 물을 거슬러 배를 몰아도 갈 수는 있지만 물을 따라서 돛을 달고 가면 더욱 빠르지 않겠는가. 앉아서 염불하여도 한 소리에 80억겁 생사의 죄를 녹이거늘 하물며 부처님 주위를 돌고 예배하면서 염불한 공덕은 말할 수 없는 것이다. 그러므로 여러 송에 "행도를 오백 번 하고 염불을 천 번하여 사업을 이렇게 하면 극락에 가서 성불할 것이다"라고 하셨다.

예배할 때는 지극한 정성으로 나무가 넘어지고 산이 무너지는 것과 같이 할 것이다. 업보차별경(業報差別經)에는 부처님께 예배할 때 무릎 밑으로부터 금강제(金剛際)에 이르기까지 한 티끌마다 전륜왕의 위(位)를 얻고 열 가지 공덕을 얻는다.
첫째 미묘한 몸을 얻고,
둘째 말을 하면 다른 사람이 믿어 주고,
셋째 대중 가운데 있어도 두려움이 없고,
넷째 모든 부처님이 보호하시고 염려하시며,
다섯째 훌륭한 위엄이 있고,
여섯째 뭇 사람들이 친절하고,
일곱째 모든 천신들이 공경하고,
여덟째 큰 복덕을 갖추고,
아홉째 목숨을 마칠 때 극락세계에 가서 태어나며,
열 번째 빨리 열반을 증득한다 하셨다.

문(問) : 육념법문(염불念佛, 염법念法, 염승念僧, 염계念戒, 염시念施, 염천念天)과 십종관상(十觀想)은 비록 도를 돕는다고는 하나 생각을 내면 티끌을 따라가고 진여(眞如)에 어긋나는데 깨끗이 생각 없는 것이 옳지 않습니까?

답(答) : 생각 없는 한 법은 모든 행의 근본이지만 아주 작은 생각까지 없는 것은 오직 부처님뿐이다.
그러므로 경전에 삼현(賢) 십성(聖)은 수행한 결과로 얻은 불토인 과보토(果報土)에 머물고, 오직 부처님 한 분이 정토에 계신다 하였거늘, 하물며 범부로 처음 마음을 낸 사람들이 진리를 돕는 문이 없으면 정도(正道)가 홀로 드러날 수가 없으며 또 육념(念)의 법은 마장(魔障)을 없애고 공덕을 더하고 선을 기르며, 십관(觀)의 문은 욕심내고 집착하는 것을 버리고 혼탁한 생각을 버리어 조용히 진여에 계합하는 것이니 모두 진리에 들어가는 중요한 나루요, 선을 닦는 묘한 법칙이니 마치 지팡이가 위태로울 때 보호하는 힘이 있고 배가 언덕에 이르는 공(功)을 얻는 것과 같아서 힘을 갖추고 공을 이루면 배와 지팡이는 모두 버리는 것과 같은 것이다.

문(問) : 능엄경에 계율을 지키고 범하는 것은 다 몸을 단속하는 것인데 몸이 없으면 단속할 것이 없다고 하며, 법구경에는 계율의 성품(戒性)은 허공과 같은데 지킨 자가 어리석고 뒤바뀐다 하였는데, 자유자재하여 어떤 곳에도 걸림이 없도록 해야지 무엇 때문에 구태여 사상(事相)을 잡아서 몸을 구속합니까?

답(答) : 이것은 집착하는 마음을 버리는 것이요 계율을 지키는 덕(德)을 버리는 것은 아니다. 만약 자기는 계율을 잘 지키고 다른 사람이 범(犯)하는 것을 보고 교만하고 비방하는 마음을 내면 계율은 본래 그릇됨을 방지하는 것인데 방지한다는 마음이 도리어 허물을 더하게 되니, 이와 같은 사람은 진실로 어리석고 뒤바뀌었다고 할 수 있다. 정명경(淨名經)엔 깨끗한 수행도 아니고 머터러운 수행도 아닌 것이 보살의 수행이므로, 지키고 범하는 두 가지에 집착하지 않는 것이 참으로 계율을 갖는 것이라 했다. 만일 자유자재하여 어떤 것에도 걸림이 없음을 말한다면 오직 부처님 한 분만이 깨끗한 계율을 지키고 그밖엔 모두 파계자라 할 것이다.

만약 전생 습관의 기분이 어떤 대상에 이끌려 현재의 행동도 인연을 벗어나기 어려워 신(身)·구(口)·의(意) 삼업을 단속하지 못하여 방탕하고 안일에 빠져 있다면 술 취한 코끼리가 쇠갈구리가 없고 원숭이가 나무에 오르며 거센 물결을 잠시 막고 산새를 조롱에 가두는 것과 같아 고요한 물, 계율의 향기, 지혜의 횃불이 없으면 어떻게 비추고 고요하겠는가?

그러므로 보살은 계율을 스승으로 삼고 부처님 교훈을 잘 지켜서 비록 적은 죄라도 두려운 마음을 내어 하지 않고 중한 계율과 가벼운 계율을 함께 지켜서 세상 사람의 의심과 비방을 받지 않도록 해야 한다. 계율이란 여러 가지 선(善)의 기틀이 되므로 계율이 없으면 모든 착한 공덕은 나지 못하는 것이다.

화엄경에는 “계율은 보리심(菩提心)을 개발시키고 학문은 공덕을 닦는 터전이니 계율과 학문을 항상 잘 행하면 모든 부처님께서 칭찬하신다” 하였으며, 살차니건자경(薩遮尼乾子經)에는 “만약 계율을 가지지 못하면 문둥병 든 야간(野干)의 몸도 얻지 못할 것인데, 하물며 공덕의 법신을 얻을 수 있을 것인가” 하였으며, 월등삼매경(月燈三昧經)에는 “아무리 부귀하고 지혜롭더라도 계에 대한 지혜가 없으면 짐승과 같고 비록 가난하고 천하더라도 깨끗한 계율을 가지면 훌륭한 선비라” 하며, 지도론에는 “계율을 버리면 비록 산에 살면서 나무열매와 나물을 먹고 참고 견디기 어려운 고행을 하더라도 짐승과 다름이 없고, 비록 궁궐 같은 높은 집에서 호의호식으로 지내더라도 계율을 가지는 자는 다음 생에 훌륭한 곳에 태어나고 깨달음을 얻는다” 하였다. 또 중한 병에는 계율이 좋은 약이 되고 큰 위험에는 보호자가 되고 어두운 곳에는 밝은 등불이 되고 험한 길에는 다리(橋)가 되고 죽음의 바다에서는 큰 배가 되는 것이다. 그런데 오늘날 말법시대에 대승을 배우는 사람들이 계율을 가볍게 여겨 계율을 지키는 것을 소승행이라 하고 계율을 버리는 사람이 많다.

열반경에 “부처님께서 열반에 드실 적에 계율을 항상 지키라 하시고 계율을 엄중하게 가지며 법문 듣기를 좋아하라”고 하셨다.
그러므로 이 경을 「항상 머물러 있는 삼보의 생명을 잇는 보배」라고 하는데, 무슨 까닭이냐 하면 만약 이 가르침이 없으면 입으로만 해탈을 말하고 수행을 아니 하여 계율과 승법을 함께 잃는 것이 된다.
그러므로 경에 “계행이 청정치 못하면 삼매가 나타나지 않는다” 하셨다. 선정에서 지혜를 발하고 사실(事)에서 이치(理)가 드러나는데 만일 삼매가 없으면 어떻게 지혜를 이루겠는가? 계로서 선정을 얻고 선정으로 지혜를 얻는다.

그러므로 이 경을 '변함없이 항상 머물러 있는 삼보의 생명을 있는 귀중한 보배'라 하였는데, 어떻게 부처님 지혜의 목숨을 멸하고 바른 계율을 허물어 화합한 승가 바다의 시체가 되고 장자 집의 정원에 독한 나무가 되어 불·보살께서 나무라고 모든 천신들이 꾸짖으며 착한 신들은 멀리하고 악한 귀신들이 몰려오며 살아서는 나라의 도적이 되고 죽어서는 염라국의 옥졸이 되나니, 모든 지혜 있는 사람은 잘 생각할 것이다.

문(問) : 허공과 같이 빈 것이 죄의 성품이고 업(業)이 본래 진여인데 모양(相)을 취하면 허물만 더하거늘 무슨 까닭으로 참회를 하라고 합니까?

답(答) : 번뇌는 이치를 관찰하여 없앨 수 있지만 괴로움과 업, 이 두 가지는 사실의 참회를 할 것이다.
부처님께 목숨을 바쳐 의지하고 눈물을 흘리면서 지극한 마음으로 참회하면 부처님의 가피를 입어 착한 마음이 자라나서 매일 연꽃이 피어오르는 것과 같고 때 묻은 거울을 닦아 광명이 나타나는 것과 같아서 성도(聖道)를 장애하여 착한 마음을 가리어 버리는 삼장(三障: 번뇌장·업장·보장)이 녹아 없어지고 12인연이 없어지고 모든 죄가 소멸되고 5온(蘊)이 없어지는 것이다.

최승왕경(最勝王經)에는 "일체지(一切智)·정지(淨智)·부사의지(不思議智)·부동지(不動智)·무상정변정등각지(無上正

遍正等覺智)를 구하는 사람은 참회하여 업장을 녹여야 하는데, 무슨 까닭인가 하면 모든 법이 인연을 따라 생기는 까닭이라" 하며, 또 "경에 앞의 마음이 죄를 짓는 것은 구름이 허공을 덮는 것과 같고, 뒷 마음이 죄를 없애는 것은 횃불이 어두움을 없애는 것과 같은 것이 횃불이 없으면 어두운 줄 알고 항상 참회의 횃불을 밝히라"고 하셨다.

미륵소문본원경(彌勒所問本願經)에는 미륵보살은 진실에 이르는 선권방편(善權方便)의 안락한 행을 닦아 바르고 진실한 도(無上正眞道)를 이루었다. 밤낮으로 옷을 바르게 입고 몸을 단정히 하여 무릎을 땅에 대고 시방의 모든 부처님을 향하여 게송(偈頌)을 외우기를,

"제가 모든 죄를 참회하여 여러 가지 도덕을 도와 모든 부처님께 목숨을 바쳐 예배하오니 저로 하여금 위없는 지혜를 얻게 하옵소서" 하셨다.

대집경(大集經)에는 "백년간 때 묻은 옷을 하루에 빨아서 깨끗이 하는 것과 같이 백겁동안 지은 악업을 부처님 법력으로써 잘 사유하면 하루 한 때에 다 소멸된다" 하였으며, 또 경에 "모든 복(福) 가운데 참회가 제일인데 큰 업장을 녹이고 큰 선(善)을 얻게 된다"고 했으며, 논(論)에도 "보살이 참회할 때는 슬프게 눈물을 흘리거든 하물며 부처님께서 이 참회 법을 세우지 않았더라면 죄를 그대로 안고 죽어서 수없는 세월을 두고 고통을 받는 것을 어떻게 하겠는가" 하셨다.

십주비바사론(十住毘婆沙論)에 "어떤 사람이 어느 때 시방의 부처님 전에서 일체중생을 위하여 이미 지은 죄를 뉘

우치고 반성하는 참회를 하고 부처님께 영원히 이 세상에 계시면서 중생을 구제하기를 청하며 질투심을 버리고 남의 착한 일을 칭찬하고 기뻐하고 닦아온 선근공덕을 모두 깨달음에 회향하여 앞의 네 가지 행을 인도하는 5회(悔)를 행하면 그 공덕이 형체가 있으면 온 누리에 가득차고도 남을 것이라" 하셨습니다.

고승전(高僧傳)에, 담책대사(曇策大師)가 도량에서 참회를 하는데 일곱 분의 부처님이 나타나서 말씀하시기를 "너의 죄업이 다 없어져서 현겁(賢劫) 중에 성불하여 이름을 보명(普明)이라 할 것이다" 하였으며, 사대선사(思大禪師)는 참회해서 죄업을 멸하는 수행을 하는데 꿈에 청정한 계행을 지키는 인도 승려(梵僧) 49인이 나타나서 계율을 받으라는 말씀을 듣고 더욱 정진하여 3생(生)의 도리를 요달하였으며, 지자대사(智者大師)는 대소산(大蘇山)에서 법화경을 읽으면서 죄업을 참회하는 수행 중 법문을 전하는 자유자재한 웅변을 증득하였고, 도초(道超)스님은 도량에서 참회하다가 홀연히 웃으며 말씀하기를, "값을 말할 수 없는 보배구슬을 내가 이제 얻었다" 하고 외쳤으며, 동도영법사(東都英法師)는 화엄경을 강의하다가 선도(善道)도량에 들어가 삼매를 얻고 울면서 탄식하기를 "지난 세상에 많은 세월을 허송하고 몸과 마음만 괴롭혔다" 하였으며, 고승 혜성(慧成)은 경, 율, 론, 삼장(三藏)을 통달하였으나 사대(思大)선사가 꾸짖기를 "자네가 한생 학문을 하였으나 내가 손을 잡아보아 따뜻하지 못한 것을 보니 공부를 잘못한 것이라" 하여 관음 도량에 들기를 가르쳐, 중생언어 삼매를 증득하였다 하였으며, 경에는 밤낮으로 위와 같은 법을 행하는 사람은 남염부제에 가득 찬 칠보(寶)로 부처님께 공양하는 공덕보다 많다고 하셨다.

등각(等覺) 보살의 지위에 올라도 한 가닥 무명이 연기같이 남아 있으므로 씻어 없애야 하며 법신보살도 부지런히 참회를 하는데 하물며 업으로 얽힌 몸으로 어찌 때가 많지 않겠는가. 그러므로 18불공법(不共法) 중에 3업이 깨끗한 사람은 오직 부처님 한 분 뿐이라 하였으며, 남악대사(南嶽大師)는 6근을 참회하는 것은 모양(相)이 있는 안락행이고, 바로 법의 빈 모습인 법공(法空)을 관찰하는 것은 모양(相)이 없는 안락행인데, 미묘한 법을 증득할 때는 두 가지 행을 모두 버린다고 하셨다.

문(問) : 유심정토(唯心淨土)가 방에 두루 한데 극락세계 연화대(蓮花台)에만 나기를 원하여 취하고 버리는 마음을 일으키니 어찌 태어남이 없는 법문(門)을 통달하며, 좋아하고 싫어하는 마음을 내니 어떻게 평등이 됩니까?

답(答) : 유심불토(唯心佛土)는 마음을 요달해야 태어나는 것이다.
여래부사의경계경(如來不思議境界經)에는 삼세의 모든 부처님이 있는 바가 없고 오직 마음을 의지하는 것이니, 보살이 모든 부처님과 법이 다 마음의 헤아림 인줄 알면 근기에 따라 도리에 안주하고, 마음이 움직이지 않는 수순인(隨順忍)을 얻어 혹 초지(初地)에 들고, 몸을 버릴 때에는 묘희세계(妙喜世界)에 나기도 하고 극락세계에 나기도 한다고 하셨다.

그러므로 마음을 알아야 유심정토에 나고 경계에 집착하면 인연 있는 곳에 떨어지는 것이다. 인과가 분명하여 틀림이 없다면 마음밖에 법이 없다는 것도 알 것이다. 또한 평등의 법문과 무생(無生)의 뜻은 비록 경전을 보고 믿어서 알지라도 역량이 충실치 못하며 관찰하는 힘이 얕고 마음은 산란하며 경계는 강하고 습관은 무거우니, 반드시 정토에 태어나서 좋은 인연을 의지해야 쉽게 마음을 움직이지 않는 힘인 인력(忍力)을 성취하여 보살도를 행할 것이다.

기신론(起信論)에, "중생이 처음 이 법을 배워 바른 신심을 구하고저 하되 마음이 겁이 많고 약해서 이 사바세계에 있어서는 항상 부처님을 만나 친히 공양 올리지 못함을 겁내고 신심을 성취하지 못할까 두려워해서 마음이 물러나려는 사람은 부처님께서 좋은 방편으로 그 신심을 보호하심을 알아야 한다.

일심으로 염불한 인연으로 바라는 바를 따라 다른 세계의 정토(他方淨土)에 왕생하여 항상 부처님을 뵈옵고 영원히 나쁜 길을 떠나게 되리라. 경전의 말씀과 같이 만일 사람들이 일심으로 서방극락세계의 아미타불을 생각하며 지금까지 닦은 선근을 회향하여 저 세계에 나기를 원하면 곧 왕생을 얻어 항상 부처님을 뵈옵기 때문에 물러남이 없다.

만약 저 부처님의 진여 법신을 살펴보아 부지런히 닦으면 반드시 왕생하여 결정코 성불하는 정정취(正定聚)에 머무는 까닭이다" 하셨다.

왕생론(往生論)에, "지옥에 가서 중생을 제도하려거든 극락세계에 태어나서 무생법인(無生法忍)을 얻고 다시 돌아와 생사가 있는 땅에 들어가서 고통 받는 중생을 건지나니, 그러므로 극락세계에 태어나기를 구하여라" 하셨다.

십의론(十疑論)에는 "지혜 있는 사람은 열심히 정토에 태어나기를 구하되 태어나는 자취가 없음을 안다. 이것이 참으로 남이 없는(무생無生) 것이요, 어리석은 사람은 태어나는데 얽매여 태어남을 들으면 태어나는 줄 알고, 태어남이 없음을 들으면 태어남이 없는 줄만 알고, 태어나도 태어남이 없고 태어남이 없어도 태어나는 이치를 알지 못하여 서로 시비만하니, 이것은 정법을 비방하는 잘못된 견해를 가진 사람이라" 하였다.

마하연(摩訶衍)에는 "보살이 모든 부처님을 떠나지 않는 것을 말하되 내가 과거에 나쁜 법을 말하는 악지식(惡知識)을 만나 지혜를 비방하고 악도에 떨어져 무량겁을 나오지 못하다가 다행히 부처님 교법을 말하는 사람인 선지식(善知識)을 만나 염불삼매의 가르침을 받아 모든 업장을 소멸하고 생사를 해탈한 큰 이익이 있으므로 부처님을 떠나기를 원하지 않는다"고 하셨다.

문(問) : 한평생 나쁜 죄업을 짓고 임종에 열 번 부처님 생각(십념十念)하여 어떻게 죄업을 소멸하고 극락에 가겠습니까?

답(答) : 나선비구경(那先比丘經)에 국왕이 나선비구(那先比

丘)에게 묻기를, "사람이 세상에서 한평생 죄를 짓고 임종할 때 염불하여 죽은 후에 부처님 나라에 간다는 것은 나는 믿지 않습니다."
스님이 대답하기를 "백 개의 큰 돌을 배에 실으면 가라앉지 않고 적은 돌이라도 그대로 물에 넣으면 가라앉는 것과 같이 부처님 힘을 의지하면 죄가 있어도 갈수 있습니다" 하였다.

또 지도론(智度論)에 "임종 시 잠깐 동안의 (염불하는) 마음이 어떻게 평생토록 행해온 힘을 이길 수 있습니까?" 하고 물었다.

대답하기를, "이 마음은 시간은 적으나 마음의 힘이 용맹스러워 불과 같고 독(毒)과 같아서 비록 적지만 큰일을 하므로 죽을 때 마음은 용맹하여 백 년 동안 행한 힘을 이기는 것이니, 뒤에 마음을 큰마음이라 하고 싸움터에서 신명을 돌보지 않고 싸우는 것을 굳건하다고 하는 것과 같으므로, 선과 악이 일정함이 없고 인연은 본체가 비어(空) 자취(跡)는 오르내림이 있고 일(事)은 넉넉하고 모자람이 있어 순금(金) 한 냥이 백 냥의 꽃잎보다 낫고 한줄기 적은 불길이 만점의 풀을 태우는 것과 같으니라" 하셨다.

문(問) : 마음 밖에 법이 없고 부처님은 오고 감이 없는데, 어떻게 부처님을 뵙고 영접하는 일이 있습니까?

답(答) : 유심염불(唯心念佛)은 오직 마음으로 보는 것이니, 만 가지 법을 두루 다한 것이므로 경계가 마음인 줄 알면 마음이 부처인 줄도 알 것이다. 그러므로 생각하는 데 따라 부처 아닌 것이 없다.

비로자나부처님의 세계는 동서(東西)가 제한이 없다. 만일 바르게 깨달아 습관적인 업이 다 없어지고 이치의 헤아림이 갖추어지면 무생법인(無生法忍)을 증득하고 성인(聖)의 자리에 올라 물러남이 없는 지위에 이르면 곧 생사의 고통을 싫어하지 않고 육도(六途)로 다니면서 중생을 교화하겠지만, 처음 신심을 낸 사람은 참는 힘이 원만치 못하여 중생을 구제하기는 참으로 어려운 것이다.

비유하면 배 없이 물에 빠진 사람을 건지려 하고, 연약한 날개로 높이 날고자 하고, 중병으로 누운 사람이 훌륭한 의사를 멀리 하고, 강보에 싸인 젖먹이 아이가 어머니를 떠남과 같아서 다만 자기의 생명만 위태롭게 하고 다른 이를 이익 되게 할 수 없는 것이다. 그러므로 지도론에 "어린 아이가 부모를 멀리하면 구덩이나 우물에 빠지기도 하고 물과 불의 재난도 위험하고 젖이 없어 굶어 죽게 되므로 항상 부모 슬하에서 크고 자라서 집안 살림을 상속받을 수 있다. 이와 같이 처음 발심한 보살들은 정토에 태어나기를 발원하여 부처님을 친견하고 법신을 길러서 부처님의 가업을 이어받고 세계 중생을 제도할 것이라" 하셨다.

또 여러 경전에 극락에 태어나는 이는 인연이 강하고 땅이 수승하고 복을 갖추어 연꽃 속에 화생(化生)하며 부처님께서 친히 영접을 하시어 보살 지위에 올라 여래의 집에 태어나고 영원히 물러나지 않는 자리에서 깨달음의 수기(受記)를 받으며 몸에는 광명의 묘한 상호를 갖추고 발은 보배 나무와 연꽃을 밟으며 시방세계의 부처님께 공양을 올리고, 정신은 삼매에 두며 항상 대승의 법을 듣고 보처보살과 같이 살고 생각 생각이 비고(空) 마음과 마음은 고요하여 번뇌의 불길은 꺼지고 애욕의 샘물은 마르며 악도(惡道)라는 이름마저도 없는데 어떻게 윤회가 있겠는가 하셨다.

안국초(安國沙)에는 극락이란 24가지 즐거움이 있는데,
1. 보배 난간으로 둘러막은 즐거움,
2, 보배 그물이 하늘에 덮여 있는 즐거움,
3. 거리마다 나무 그늘이 있는 즐거움,
4. 칠보로 장엄된 연못의 즐거움,
5. 팔공덕수가 맑고 잔잔한 즐거움,
6. 바닥에 금모래를 볼 수 있는 즐거움,
7. 층층대가 찬란한 광명의 즐거움,
8. 누각이 허공에 우뚝 솟아 있는 즐거움,
9. 네 가지 연꽃이 향기를 풍기는 즐거움,
10. 황금으로 땅이 된 즐거움,
11. 여덟 가지 아름다운 음악이 항상 연주되는 즐거움,
12. 밤낮으로 꽃비가 내리는 즐거움,
13. 이른 새벽에 경행하는 즐거움,
14. 아름다운 꽃을 장엄하게 가지는 즐거움,
15. 다른 부처님 세계에 공양하는 즐거움,
16. 극락세계에서 산보하는 즐거움,
17. 여러 새들이 청아하게 지저귀는 소리를 듣는 즐거움,
18. 낮 6시로 부처님 법문을 듣는 즐거움,

19. 삼보에 생각을 두는 즐거움,
20. 지옥 아귀 축생 등 삼악도가 없는 즐거움,
21. 부처님께서 변화를 보이는 즐거움,
22. 나무에서 보배 그물을 흔드는 즐거움,
23. 천(千) 나라에서 같은 소리를 듣는 즐거움,
24. 성문들이 보리심을 내는 즐거움이라 한다.

군의론(群疑論)에는 극락세계에 30가지 이익이 있는데,
1. 온갖 공덕으로 장엄된 청정한 국토에 사는 이익,
2. 대승법의 즐거움을 받는 이익,
3. 아미타불을 가까이 하고 공양하는 이익,
4. 시방세계로 다니면서 모든 부처님들께 공양하는 이익,
5. 모든 부처님들께 법문을 듣고 장차 부처님이 될 수기를 받는 이익,
6. 복덕과 지혜의 양식이 원만해지는 이익,
7. 위없는 깨달음을 빨리 증득하는 이익,
8. 여러 보살들과 함께 모이는 이익,
9. 항상 정정취에 머무는 이익,
10. 한량없는 행과 원이 생각마다 늘어나는 이익,
11. 앵 무 사리 새들이 법문을 노래하는 이익,
12. 바람에 나무가 흔들려 아름다운 음악 소리가 나는 이익,
13. 마니 보배의 물이 흐르면서 괴로움과 공한 것을 말하는 이익,
14. 여러 가지 음악이 미묘한 소리를 내는 이익.
15. 18가지의 큰 서원에 삼악도가 영원히 끊어지는 이익,
16. 금빛 몸이 된 이익,
17. 얼굴이 추접지 않는 이익,

18. 여섯 가지 신통을 갖추는 이익,
19. 항상 물러나지 않는 이익,
20. 온갖 착하지 못한 것이 없는 이익,
21. 수명이 끝이 없이 긴 이익,
22. 옷과 밥이 자연히 생기는 이익,
23. 오직 여러 가지 즐거움만 받는 이익,
24. 32상을 갖추게 되는 이익,
25. 실제의 여인이 없는 이익,
26. 소승이 없는 이익,
27. 여덟 가지 액난을 여는 이익,
28. 삼법인을 얻는 이익,
29. 몸에서 항상 광명이 빛나는 이익,
30. 나라연과 같은 큰 힘을 얻는 이익이라 하셨다.

이상과 같이 법(法)의 이익은 한이 없고 성인의 경지는 헛된 것이 아니요, 진실하고 의심이 없는데 어찌 애욕의 바다에 빠져서도 근심하지 않고 불타는 집 속에 있으면서 두려워하지 않는가. 빽빽하게 짜놓은 어리석은 그물을 적은 지혜의 칼로는 끊을 수 없고 의심하는 뿌리가 깊어서 보통 신심으로는 벗어나기가 어려운 것이다.

그리하여 고통을 달게 받고 재앙을 즐거움 삼아 청정한 국토는 싫어하고 두려운 세상을 사랑하여 불에 타는 나비와 조롱 속에 갇힌 새와 솥 안에 든 고기가 되어서 쾌락이라 하는 것과 같은 것이다.

그러므로 부처님의 능력은 업의 힘과 같지 않고 삿된 원인이 올바른 인연을 취(趣)하지 못한다는 것을 알아야 한다. 또 업의 몸을 벗지 못하면 삼장(三障)에 얽히는 것이고 연화대에 화생하기를 싫어하면 결국 태중(胎中)에 들어가서 육신을 받을 것이요, 육신을 받으면 이 몸은 전부 고통이라 삼계(三界)의 윤회를 어떻게 하겠는가. 이제 여덟 가지 고통 중에 태어나고 죽는 두 가지 고통만 말하면,

첫째 태어나는 고통은 부모 정혈(精血)을 받아 몸이 되는데 생장(生藏)과 숙장(熟藏) 중간에서 42번 변하여 몸이 생기는 것으로 위로는 음식에 눌리고 아래에는 나쁜 냄새가 풍기며 어머니가 차가운 것을 먹으면 얼음 같이 차고 더운 것을 마시면 숯불처럼 뜨거워서 그 고통을 말할 수 없으며, 이 세상에 태어날 때는 더욱 고통이 심하여 손이 땅에 떨어질 때는 살아 있는 소(牛) 가죽을 벗기는 것과 같고 몸이 조이고 옹색하여 아픈 것은 산 거북의 껍질을 벗기는 것과 같아서 원망스러운 생각을 품고 어머니를 해칠 생각도 내다가 겨우 따뜻한 바람을 쏘이게 되면 괴로운 인연을 모두 잊어버리는 것이다. 어릴 때는 물과 불의 재난과 여러 가지 병으로 일찍 죽기도 하고 어른이 되어서는 살림을 경영하여 업의 밭은 익어지고 애욕의 물은 불어나 무명이 발생하고 고통의 싹이 자라나서 식(識)에 얽히고 9거(居)에 갇히어 불 바퀴(화륜火輪)와 같이 돌아 생사윤회가 끊어지지 않는 것이요.

둘째 죽는 고통은 몸 안의 바람의 요소가 요동하여 칼로 몸을 오려내고 불의 요소는 몸을 태우며, 소리는 떨리고 혼백은 놀라 부들부들 떨며, 고통은 극심하고 악업이 나

타나 천 가지 근심과 만 가지 두려움으로 정신을 잃고 헛소리를 하다가 목숨을 마친다. 영혼이 떠날 때는 앞길은 아득하고 캄캄하며 옛날의 원수를 만나면 하늘을 부르고 땅을 쳐도 피할 길이 없으며 업을 따라 육도에 태어나는데 혹 지옥에도 나고, 귀신도 되어 주리고 목이 말라, 헤아릴 수 없는 세월에 울고 있으며, 죄의 형벌을 받을 때는 전신을 칼로 찌르고 불에도 태워 삼계를 벗어나지 못하고, 선악의 업보는 어김이 없어서 생사가 끊일 사이가 없는 것이다.

성문(聲聞)도 어머니 태중을 나올 때는 어둡고 보살도 오히려 전생을 모르는데, 하물며 지혜가 엷은 범부가 어떻게 생사의 고통을 면하겠는가.

그러므로 목련소문경(目連所聞經)에 부처님께서 목련에게 말씀하시기를, "만 갈래 강물이 흘러가는데 물 위에 풀과 나무 조각이 떠내려가는데 앞의 것은 뒤에 것을 보지 못하고 뒤의 것은 앞의 것을 보지 못하지만 모두 바다로 흘러가 모이듯이 세상도 이와 같아서 부귀영화를 누리거나 즐겁고 편안할 지라도 모두 생사는 면하지 못한다. 그 까닭은 불경을 믿지 않아 부처님 나라에 태어나지 못한 때문이다.

그러므로 나는 아미타불 극락세계를 말한다. 극락세계는 가서 태어나기가 쉽다 하여도 사람들이 수행하여 가지 않고 도리어 96가지 삿된 도를 섬기니 나는 이 사람들을 눈 없는 사람이요. 귀 없는 사람이라 한다" 하셨다.

대집월장경(大集月藏經)에 "말법시대 수많은 중생들이 수도하더라도 한 사람도 득도 할 이가 없고 현재 다섯 가지로 혼탁하고 악한 이 세계는 오직 정토 한 문(門)이 있어 통하는 길이라" 하셨다.

이것은 자력만으로는 성취하기가 어렵고 타력은 쉽고 빠르다. 마치 비열한 장수가 전륜성왕의 수레에 오르면 4천하를 날아 갈 수 있고, 보통 사람의 체질이라도 좋은 선약(仙藥)을 먹으면 삼도(三島)에 오를 수 있는 것처럼, 이 정토법문은 진실로 행하기 쉬운 길이고 감응이 빠르므로 부처님과 조사님의 자비로운 말씀을 받들어 믿고 뼈에 사무치도록 하여라.

문(問) : 방거사(龍居士) 말씀에 사실적으로 불국토를 말한다면 여기서 만 리나 된다. 큰 바다는 끝이 없고 움직이면 흑풍이 불어 가는 사람은 수천 만이지만 도착하는 사람은 한두 사람도 없다. 본래의 자기를 만나기만 하면 인연이 필요 없는데 어떻게 생각하여 왕생을 증명합니까?

답(答) : 만일 근본 종지를 생각하면 부처님과 부처님의 나라도 없는데, 가고 못갈 것이 있겠는가. 본연의 진리는 갖추고 있기 때문에 인연이 관계없어 추호도 움직임이 없이 항상 진리와 함께 하지만 사실적으로 말하면 한 가지 뿐 아니라 구품(九品)으로 왕생하여 상품(上品)과 하품(下品)이 같이 통한다.

부처님이 중생을 구제하기 위하여 그들의 능력에 맞추어 변화하여 나타나는 세계(화토化土)에 가서 응신불을 보며,

혹 수행한 결과로 얻은 부처님의 세계 보토(報土)에 가서 진신불(眞身佛)을 보며, 혹 하루 저녁에 상품에 오르고, 혹 헤아릴 수 없는 세월을 지나 소승을 증득하며, 혹 지능이 총명하거나 둔한 부류며, 혹 마음이 안정하거나 산란하거나 깨달음이 빠르거나 늦기도 하여 근기가 같지 않고, 꽃이 일찍 피거나 늦게 피어 시기가 다르기도 하나 범부나 성인이 함께 왕생한 고금의 전기가 분명하므로, 석가세존은 문수보살이 아미타불 극락세계에 태어나서 초지(初地)에 오를 것이라고 예언하셨으며, 무량수경에는 미륵보살이 부처님께 묻기를, "이 세계에서 불퇴전의 자리에 오른 보살이 얼마나 극락세계에 왕생하였습니까?" 하니까, 부처님께서 "이 사바세계에서 불퇴전의 자리에 오른 보살 67억이 왕생했다" 하였다.

지자대사(智者大師)는 평생에 정토업(淨土業)을 닦고 수행한 복과 지혜를 모두 정토에 회향하였으며 임종할 때 제자들로 하여금 16관의 이름을 부르고 합장하여 찬탄하기를 "48원으로 장엄된 정토의 연화대와 보배나무에 가기는 쉬운데 사람이 없다. 불덩어리가 나타나더라도 한 생각 바꾸어 참회한 사람은 모두 왕생하는데 하물며 계·정·혜 삼학을 수행한 사람이야 말할 것 있겠는가. 공덕이 절대로 헛되지 않아 부처님의 지혜와 자비의 음성이 사람을 속이지 않을 것이라" 했으며, 칭찬정토경(稱讚淨土經)에 "시방세계 강가의 모래알 같이 많은 모든 부처님들이 넓고 긴 혀를 내어 삼천대천세계를 덮어 왕생을 증명하신다"고 하셨으니, 어찌 헛된 말씀이 되겠는가.

The Amitabha Buddha is the king of all the Buddhas.

제불의 왕, 아미타불
諸佛之王 阿彌陀佛

아미타불 염불에는 현세의 이익과
내생의 이익이 전부 포함된다.
내생의 이익은 왕생극락하여 성불하는 것이고,
현세의 이익은 재난을 소멸하고
복과 지혜가 자라나며,
병을 물리치고 장수할 수 있으며,
평안하고, 하는 일이 뜻대로 잘 되고,
위로는 조상을 천도遷度하고
아래로는 자손들을 보우하는 등의
모든 이익이 그 속에 포함된다.

문(問) : 유마경에 이 세계에서 여덟 가지 법을 성취하여 행동에 그릇됨이 없으면 왕생한다. 중생을 이익 되게 하고 대가를 바라지 않고, 고통 받는 모든 중생의 고통을 대신 받고 지은 공덕을 남에게 돌려주며, 평등한 마음으로 중생에게 겸손하고, 모든 보살을 부처님처럼 보며, 아직 듣지 않은 경전을 듣고 의심하지 말며, 성문들과 서로 어긋나지 말고, 남의 공양을 질투하지 않고 자기의 이익만 높이지 말며, 마음을 항복받고, 항상 자기의 허물을 반성하고 남의 결점을 비난하지 않아서, 한결같은 마음으로 모든 공덕을 구할 것이거늘 어찌 모자라는 수행과 적은 선(善)으로 왕생을 얻겠습니까?

답(答) : 이치는 그러하나 지혜 있고 능력 있는 상근기(上根機) 사람은 여덟 가지 법을 성취하여 상품에 태어날 것이요, 중·하근기의 사람은 한 가지 법만 구족하고 마음이 결정되어 움직이지 않으면 하품에 왕생하느니라.

문(問) : 관경(觀經)에 16관문은 모두 마음을 밝히고 정(定)을 닦아 부처님의 상호를 관찰하여 정토에 가는데 어떻게 산란한 마음으로 갈 수 있습니까?

답(答) : 九품으로 나누어 경에 말씀하신 것은 상하(上下)가 있으나 두 가지 마음에 지나지 않는 것이다.

첫째는 안정된 마음으로 정(定)을 닦고 관(觀)을 익혀서 상품에 왕생하는 것이요.

둘째는 마음을 오로지 한 곳에만 모아 부처님 명호를 부르고 여러 가지 복을 지어 회향발원하면 하품에 왕생하는 것이다. 일생을 정해 놓고 부처님을 의지하여 목숨이 마치도록 염불을 하되 앉으나 누우나 항상 서쪽을 향하고 행도(行道) · 예배 · 염불 · 발원할 때에 지극한 마음으로 하고, 다른 잡념 없이 관청의 형벌을 당할 때와 도적에게 쫓김을 당할 때와, 물과 불의 재난을 만나는 때와 같이 일심으로 구원을 바라되 고통의 윤회를 빨리 벗어나고 무생법인을 증득하여 모든 중생을 건지고 삼보를 이어 받고 발전시켜 네 가지 은혜 삼보 · 부모 · 국가 · 중생 갚기를 서원할 것이다.

이와 같이 정성을 드리면 반드시 헛되지 않을 것이요, 만일 말과 행동이 같지 않고 신심이 약해서 생각 생각이 계속하지 못하고 자주 틈이 생기면 이것은 게으르고 성심이 없으므로 이렇게 하여 왕생을 발원하면 업장이 무거워 선지식을 만나기도 어렵고 바람과 불의 핍박으로 고통이 심하여 정념(正念)을 이루기 어려운 것이다. 왜냐하면 현재는 원인(因)이 되고 임종은 결과(果)가 되는 것이다. 원인이 진실하여야 결과가 헛되지 않는 것인데 마치 소리가 부드러우면 메아리가 순하고 얼굴이 바르면 그림자가 단정한 것과 같은 것이다.

만일 임종에 십념(十念)을 성취하려면 미리 계율의 다리를 준비하고 모든 공덕을 쌓아 정토로 회향하고 염불하는 생각이 계속되면 조금도 염려할 것이 없다.

선(善)과 악(惡)의 두 길과, 고(苦)와 낙(樂) 두 과보는 모두 신 · 구 · 의 삼업으로 짓고 네 가지 인연(因緣), 등무간연(等無間緣), 소연연(所緣緣), 증상연(增上緣)으로 생기며,

여섯 가지 원인, 십신(十信), 십주(十住), 십행(十行), 십회향(十廻向), 십지(十地), 등각(等覺)을 이루고, 다섯 가지 결과(수다원과 · 사다함과 · 아나함과 · 아라한과 · 벽지불과)를 거두는데 만약 성내고 사음하면 지옥업이 되고, 욕심만 내고 보시하지 않으면 아귀업이 되고, 어리석고 정신이 흐리면 축생업이 되고, 거만하고 질투하면 수라업이 되고, 5계를 잘 지키면 인간업이 되고, 10선(善)을 잘 닦으면 천상업이 되고, 아공(我空)을 증득하면 성문업이 되고, 12인연을 깨달으면 연각업이 되고, 6바라밀을 모두 닦으면 보살업이 되고, 대자 대비한 마음이 평등하면 부처업이 되는 것이니, 만일 마음이 맑으면 향기 좋은 연화대와 보배나무 정토에 나고, 마음이 나쁘면 더러운 국토(積土)에 나는 것이다.

문(問) : 현상(事)은 여러 가지 차별이 있으나 본체(理)는 하나뿐이라, 성과 상(性相)이 같지 않거늘 어찌 걸림이 없겠습니까?

답(答) : 현상(事)은 본체를 따라 이루어지고 본체(理)는 현상을 인연하여 나타나는 것이니, 마치 물결이 천 가지나 되지만 젖는 성질은 모두 같고 그릇이 만 가지나 되어도 모두 쇠로 만든 것이다. 사물은 본체(体)와 작용(用)이 서로 계합하고 이치와 사실이 걸림 없는 것이다.

또 부처님의 교화하는 법문이 많으나 보시 한 가지 법이 바라밀의 첫째요, 만행의 근본이며, 깨달은 경지에 들어

가는 첫째의 원인(因)이 되고 중생을 포섭하는 중요한 법이 되는 것이다.
지도론에 이르기를 "보시를 많이 하면 보물이 항상 생기고, 고통은 없어지고 낙은 생기며, 천상의 길을 인도하고 목숨이 마칠 때에 두려움이 없고, 자비심으로 모든 중생을 구제하며, 고통의 도적과 간의 도적을 부수고, 모든 복덕이 생기며 성현이 되는 근본이요 열반에 들어가는 인연이 되며, 대중 가운데 있을 적에 어려움이 없고 칭찬을 받으며 마음에 뉘우침과 한탄이 없으며 부귀와 복락을 얻는 것이다."

법화경에는 "발심하여 아뇩다라삼먁삼보리를 얻고자 하면 손가락이나 발가락을 그리고 여러 가지를 태워서 부처님과 탑에 공양하면 나라와 처자와 삼천대천 국토의 보물을 공양하는 공덕보다 훌륭하다" 하였다.

문(問) : 육신이 비록 거짓이고 여러 가지 걱정 근심으로 얽혔으나 허망한 육신을 가지고 도를 이루는(성도成道) 지라, 경전에 말씀하시기를 "번뇌의 큰 바다에 들어가지 않으면 값으로 따질 수 없는 보배 구슬을(無價寶珠) 얻지 못한다"고 하는데 만일 이 육신을 버리면 후회가 없겠습니까?

답(答) : 태어나는 것은 반드시 죽고 형상이 있는 것은 모두 공(空)이 되는데 만약 삼보에 지극한 마음으로 귀의하여 한번 몸을 버릴 마음을 일으키면 세상에서 헛되게 살고 헛되게 죽는 것보다 매우 수승하여 능히 무상(無常)한 몸으로 금강과 같은 몸을 얻고 연약한 몸으로 굳센 몸을 얻을 것이니, 취하고 버리는 두 길을 지혜로써 생각해 볼 것이다.

문(問) : 일체 범부도 항상 정(定) 중에 있는데 어찌 수식관(數息觀)을 하여 노끈도 없이 자신을 결박하겠습니까?

답(答) : 법성삼매(法性三昧)는 사람마다 갖추어 있지만 구경의 정문(定門)을 말한다면 오직 부처님만 구비하고 등각보살도 오히려 모르는데 하물며 산란심을 가진 범부가 어찌 감히 추측할 것인가?

그러므로 문수보살이 말씀하시기를 "비유컨데 사람이 활쏘기를 배우는데 처음에는 맞지 않다가도 오랜 연습으로 점점 묘한 경계에 들어가 결국은 낱낱이 맞히는 것과 같아서 나도 처음 삼매를 배울 때는 한곳에만 마음을 두어 점차로 무심(無心)삼매에 들어가서 어느 때나 항상 정중(定中)에 있다"고 하셨다.

그러므로 부정관(不淨觀)과 수식묘문(數息妙門)은 이것이 감로수 같은 법문이요, 생사를 벗어나는 지름길인 것이다.

용수보살 말씀에 "부처님을 관찰하는 십력(十力) 중에 두가지 힘이 제일 큰데, 업의 힘(업력業力)을 쓰면 생사에 들어가고, 정력(定力)을 인연하면 생사를 벗어난다" 하였으며, 정법염경(正法念經)에 "온 우주 사람의 생명을 구제하는 것이 한 끼의 밥 먹는 사이에 마음을 바른 정념(正

念)에 두는 것만 못하다"고 하였으니, 이것이 속박을 벗지 못한 진여(眞如)는 혼침과 산란함이 갖추어 있고 속박을 벗어난 진여는 정(定)과 혜(慧)가 밝은 것이다. 전체와 개체, 앞과 뒤가 걸림이 없거늘 어찌 이치(理)만 옳다 하고 사실(事)을 그르다고 하는가.

문(問) : 보살의 대업은 중생을 교화하는 것이 근본인데 어찌 높은 산, 깊은 계곡의 한적한 사원에 홀로 들어 앉아 중생을 멀리하겠는가? 이것은 본원(本願)을 어기는 것이요, 다른 사람들에게 무슨 도움과 이익을 베풀 것인가?

답(答) : 보살은 본래 중생을 제도하기 위하여 먼저 정혜(定慧)를 닦는데, 깊고 고요한 곳에서 선(禪)을 이루기는 쉽고, 욕심을 적게 하고 수행하는 것은 성현의 길에 들어가는 것이다. 법화경에 "보살이 용맹 정진하여 깊은 산중에 들어 불도를 닦는다"고 하셨다.

문(問) : 심성은 본래 어둡지 않고 뚜렷이 밝거늘, 어찌 선지식을 찾아볼 필요가 있습니까?

답(答) : 일체중생이 진실한 마음 가운데 망령된 마음을 일으키는 것이니, 선지식을 인연하여 참다운 마음을 개발시키는 것이다.

법화경에 "부처님도 일찍 헤아릴 수 없이 수많은 부처님을 가까이 모시고 모든 부처님의 진리를 다 행하고 용맹

정진하여 이름이 널리 드러 났다" 하며, 또 "선지식은 큰 인연이라 부처님을 뵙게 하고, 아뇩다라삼먁삼보리심을 내게 한다" 하였다.

화엄경에는 비유하여 "어두운데 보물이 있어도 등불이 없으면 보지 못하는 것과 같이 불법을 말하는 사람이 없으면 비록 지혜 있는 사람이라도 알지 못한다" 하셨다. 또 "삼천대천세계에 가득 찬 보물을 요구하지 않고 한 귀절 듣지 못한 불법을 즐겨 듣기를 원하며, 또 모든 법이 다른 사람을 인연하여 깨닫지 못할 줄 알지만 항상 선지식을 존경한다" 하며, 기신론에는 "모든 법이 인연이 있는데 인연을 갖추어야 이루어지는 것이다" 하였다. 나무속에 불(火)의 성질이 있는 것은 불의 정인(正因)인데 사람이 방편으로 문지르지 않으면 불을 얻을 수 없는 것과 같이 중생들도 바른 인(正因)을 훈습(勳習)할 힘은 있으나, 만일 불보살과 선지식의 가르침을 받지 않으면 혼자서 번뇌를 끊고 열반에 들지 못한다 하였다.

법구경에 부처님께서 모든 비구에게 말씀하시기를, "무슨 물건이나 본래는 깨끗한데 인연을 따라서 죄와 복을 일으키는 것이니 현명한 사람을 가까이 하면 도덕을 얻고, 어리석은 사람을 가까이하면 재앙이 생기는데 마치 향을 싼 종이는 냄새가 나고, 생선을 묶었던 새끼는 비린내가 나는 것과 같이 점차로 물들고 익히면 자기도 모르게 깨닫게 된다" 하셨다. 계속해서 말씀하시기를, "나쁜 사람에게 물드는 것은 비린내 나는 새끼를 가까이 하는 것 같이 점점 나쁜 것을 익혀서 악한 사람이 되고, 현명한 사람에게 물드는 것은 향기 나는 종이를 가까이 하는 것 같이 좋은 행을 익혀 착한 사람이 된다" 하셨다.

문(問) : 선과 악이 근본은 같아서 바르고 그릇됨이 한 가지 마음인데, 어찌 악을 버리고 선을 취하여 법의 성품을 어깁니까?

답(答) : 성품이 선하고 악한 것이 범부와 성인이 고정하여 옮길 수 없다면 부처님도 악을 끊지 못하여 지옥에 갈 것이요, 악한 사람도 성품의 선을 끊지 못하여 부처가 될 것이다. 그런데 선을 닦고 악을 다스리는 것이 사실이 다르고, 인과가 같지 않으며, 어리석음과 지혜가 차별이 있어 한 생각이 선하면 깨닫는 땅에 들어가며, 한 생각이 악하면 악도에 떨어져 고통을 받는다.

문(問) : 인연 없는 사람은 강제로 교화할 수 없고, 지혜와 능력이 성숙하면 자연히 서로 응하거니와 악하고 믿지 않는 사람은 어찌 교화하오리까?

답(答) : 어리석다고 버리고 지혜 있다고 따르면 평등의 이치가 어긋나고, 악한 이를 버리고 선한 이만 취하면 동체대비(同体大悲)가 없는 것이다.

중생의 묘한 마음은 헤아릴 수 없어 문득 인연이 맞으면 지혜와 능력이 생길 수 있고 비록 제도를 받지 못하더라도 제도 받을 인연을 짓는 것이니, 이것을 생각하면 평등한 마음으로 교화할 것이다.

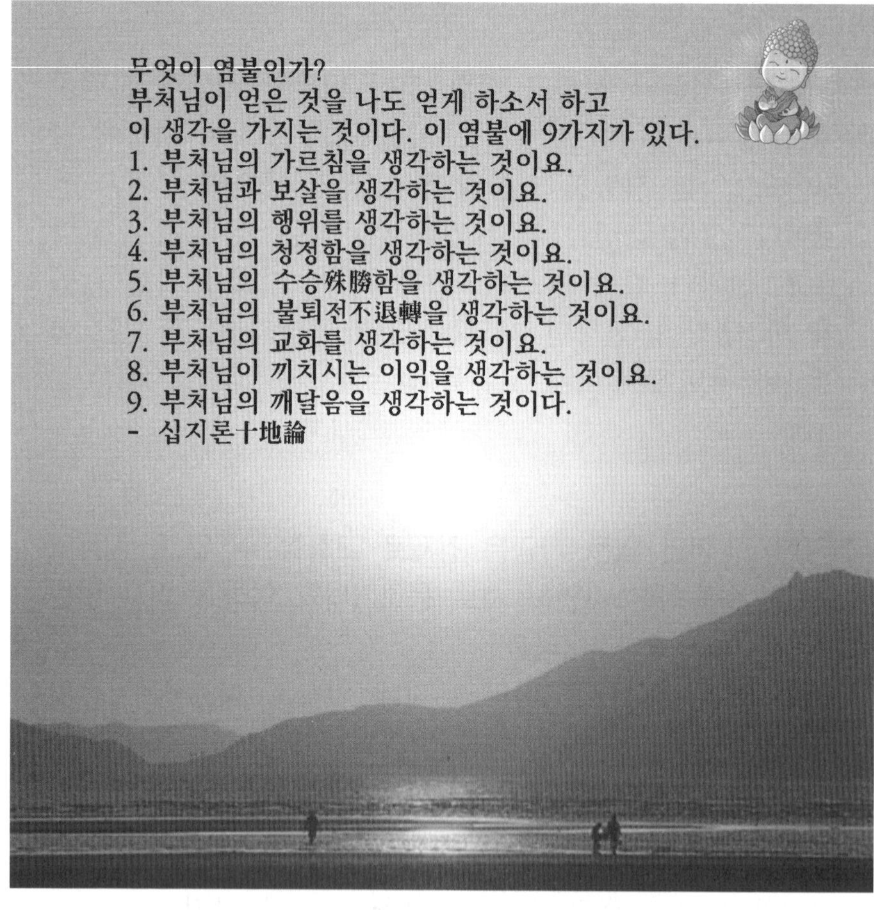
무엇이 염불인가?
부처님이 얻은 것을 나도 얻게 하소서 하고
이 생각을 가지는 것이다. 이 염불에 9가지가 있다.
1. 부처님의 가르침을 생각하는 것이요.
2. 부처님과 보살을 생각하는 것이요.
3. 부처님의 행위를 생각하는 것이요.
4. 부처님의 청정함을 생각하는 것이요.
5. 부처님의 수승殊勝함을 생각하는 것이요.
6. 부처님의 불퇴전不退轉을 생각하는 것이요.
7. 부처님의 교화를 생각하는 것이요.
8. 부처님이 끼치시는 이익을 생각하는 것이요.
9. 부처님의 깨달음을 생각하는 것이다.
- 십지론十地論

문(問) : 만약 모든 선을 행하려고 즐거운 마음을 내면 미워하고 사랑하는 두 가지 괴로움이 열반과 보리를 장애하는데, 취하고 버리는 두 마음이 어찌 걸림 없는 해탈을 얻겠습니까?

답(答) : 열반경에 중생이 두 가지 사랑함이 있는데, 첫째는 착한 것을 사랑하는 것이요, 둘째는 착하지 못함을 사랑하는 것이다. 착하지 못함을 사랑하는 자는 어리석은 사람이 구하는 것이요, 착함을 사랑하는 사람은 보살이 구하는 것이라 하였다. 화엄경에 넓고 큰 지혜를 설하였는데 욕심이 모든 법의 근본이다. 훌륭한 희망을 내는 것은 위없는 깨달음을 구하려는 것이라 하고, 또 선법의 욕심을 끊는 것은 보살이 마군의 일을 하는 것이라 하시고, 처음 도에 들어갈 때는 욕심이 도의 근본이 되고 결국에 가서는 법을 사랑하는 것도 잊을 것이라 하셨다.

문(問) : 중생은 본래 없는데 만일 제도한다면 물속의 달을 건지고, 거울 속에 그림자를 잡는 것과 같은 것이다. 구경에 무엇을 중생이라 하여 제도합니까?

답(答) : 중생이란 내 몸으로 생각하는 무량한 망령된 마음이다. 대집경에 “네가 밤낮으로 생각 생각마다 한량없는 중생을 만들어 낸다” 하시며, 정도삼매경에는 “한 생각이 한 몸을 받는데 선한 생각은 천상·인간의 몸을 받고, 악한 생각은 삼악도의 몸을 받되, 백가지 생각은 백 개의 몸을 받고, 천 가지 생각은 천 개의 몸을 받아 하룻밤 하루 낮에 생사의 뿌리를 심어서 뒤에는 팔억 오천만 잡류의 몸을 받고, 백년 중에 후세의 몸을 심어서 피부와

살과 해골이 삼천 대천세계에 가득 차서 빈터가 없거니와, **한 생각이 일어나지 않으면 편안히 근본으로 돌아감으로 망심중생(妄心衆生)을 제도한다** 하나니, 생각이 빈 것(空)을 깨달으면 일어날 곳이 없다 하며, 또 중생을 남김없이 다 제도해야 성불한다 하셨으니 범부로써 성인이 되는 데는 온갖 선을 행하여야 되는데, 먼저 보리심을 발할 것이다. 보리심은 모든 행의 머리요, 도를 닦는 첫걸음이 되며 처음부터 끝까지 피할 수 없는 것이다."

범망경에 "너희 불자야, 큰 자비심을 내어 만일 소·말·돼지·양 등 모든 동물을 보거든 마음으로 생각하고 입으로 말하되, 너희들은 축생이니 보리심을 발하라 하며, 보살이 산과 들과 내(川)와 모든 곳에 가서 모든 중생으로 하여금 보리심을 발하게 할지니, 만일 보살이 중생을 교화할 마음을 내지 않으면 경구죄(輕垢罪: 가벼운 허물)을 범한다" 하였다.

화엄경에는 "모든 부처님을 뵙고자 하며 한량없는 공덕을 베풀고자 하며, 모든 중생의 고통을 없애고자 하면 반드시 보리심을 발하라 하며, 또 보리심이란 종자와 같아서 능히 일체 모든 불법을 나게 하며, 보리심은 좋은 밭과 같아서 중생의 착한 법을 기르며, 보리심은 넓고 큰 땅과 같아서 세상의 모든 것을 다 포섭하며, 보리심은 깨끗한 물과 같아서 번뇌를 씻으며, 보리심은 큰 바람과 같아서 세상에 걸림이 없으며, 보리심은 큰 불과 같아서 모든 사견(邪見)을 태운다"고 하셨다.

문(問) : 보리(菩提)의 이치는 본성에 스스로 원만히 갖추어 있는데, 어찌 거짓으로 발심시켜 망념(妄念)을 일으키게 합니까?

답(答) : 보살은 심성이 보리인 줄 알면서 능히 큰 보리심을 발하는데, 이것이 참으로 보살이다.

대보은경에 "아사 왕이 오역죄를 짓고 무간지옥에 들어가게 되었지만, 지성으로 부처님을 의지함으로써 무간지옥의 죄를 멸했다" 하니, 이것이 삼보께서 구원한 힘이다. 산림(山林)과 광야, 무서운 곳에 있을 때 부처님의 공덕을 생각하면 무서움이 없어지나니 삼보를 의지하면 반드시 구호를 받는 것이다.

옛 스님 말씀에 "산에 옥(玉)이 있으면 초목이 윤택하고, 우물에 용이 있으면 물이 마르지 않으며, 거처하는 곳에 삼보가 있으면 선이 자라난다" 하니 삼보의 구호하는 힘을 말하는 것이다.

법구경에 "제석천왕이 죽어서 노새(驢) 태중에 들어갔는데 삼보에 귀의 하였더니 노새가 달아나다가 그릇을 깨트리므로 주인이 때려서 노새가 낙태하여 영혼은 천상에 났는데 부처님이 설법하시어 제석천왕이 수다원과를 얻었다" 하며, 목환자경에는 "파금니라는 유란 국왕이 부처님께 사뢰기를 「우리나라는 적고 도적은 많으며, 곡식은 귀하고 질병이 심하며, 국민이 곤경에 빠져서 내가 항상 마음이 편치 못하며, 불법은 너무 광대하여 수행하기가 어려우니 원하옵건데, 불쌍히 여기시와 요긴한 법을 가르쳐 주소서」 하니, 부처님께서 「만일 번뇌장을 없애려거든 목환자 백 개를 꿰어 항상 일심으로 나무불, 나무법, 나무승을 불러 백만 번이 되면 백여덟 가지 맺힌 업을 끊어버리고 위없는 진리를 얻을 것이다」고 말씀하셨다. 왕은 이 말씀을 듣고 기뻐하여 「가르친 대로 봉행하겠습니다」하니, 부처님께서 「사두 비구가 삼보의 이름을 십년 불러서 사다함과를 얻고 점차 수행하여 현재 보향(普香)이라는 세계에서 벽지불이 되었다」 하셨다. 왕은 이 말씀을 듣고 더욱 부지런히 수행하였다" 한다.

문(問) : 지공(志公) 법사 말씀에 괴롭고 슬프다. 참 부처는 버리고 거짓 형상을 만들어 향과 촛불로 공양하여 복을 구하지만, 육적(六賊)의 침해를 면치 못한다 하니 스님의 말씀과 맞겠습니까?

답(答) : 이것은 옛 사람이 범부가 자기 부처는 모르고 한결같이 밖으로 구하며 거짓된 형상에만 집착하고 진리에는 어두우며 도는 닦지 아니하고 복만 구하는 것을 갈파한 것이다.

현우경에, "사위국의 한 장자가 아들을 낳았는데 이때 하늘에서 칠보(七寶)가 내려오므로 이름을 보천(寶天)이라 지었더니 부처님을 만나 출가하여 도를 얻었다.

부처님께서 말씀하시기를 비바시불(毘婆尸佛) 때에 가난한 사람이 부처님을 믿고자 하나 공양할 것이 없어서 흰 돌을 가지고 구슬을 만들어 여러 스님들께 올렸는데, 오늘 보천 비구가 이 사람이다. 그 후로 많은 복을 받고 의식

(衣食)이 풍족하며, 금생에 나를 만나서 도를 증득했다" 한다.

또 진각(眞覺)대사는 정법(正法)을 깊이 믿고 대승경전을 읽으며 행도(行道), 예배(禮拜), 바라밀(波羅蜜)을 행하고 음식·향·꽃·음악·등촉·궁실 등 여러 가지 물건을 다 공양하고 이 공덕을 성불하는데 회향하였다. 다만 복을 지을 때에 집착 없이 기쁘고 즐거운 마음으로 정성을 바쳐 성불하는데 회향하고 널리 중생에게 보시하면 아주 적은 선이라도 좋은 인연이 되어 인간, 천상, 인과에 떨어지지 않을 것이며, 복업(福業)이 커져서 범부와 성인이 모두 제도 받을 것이다.

복은 안락의 근본이요, 지혜는 해탈의 문이라. 두 가지를 잠시도 잊어서는 안 된다. 이것이 성불의 바른 길이 되고 고통을 벗어나는 원인이 되는 것이다. 엄숙히 생각하면 삼계의 도사이시고 사생의 자부이신 부처님은 큰 복과 덕을 갖추셨는데 오히려 해골(散骨)에 예배드리고, 제자의 바늘귀를 꿰어 주셨거늘, 하물며 범부는 복과 덕이 적은데 부처님 말씀을 믿지 않고 교만한 마음만 가득 차서 착한 것을 버린단 말인가.

상법결의경(像法決疑經)에 "부처님께서 말씀하시기를, 어떤 사람이 다른 사람이 복 짓고 가난한 사람에게 보시하는 것을 보고, 이것은 삿되게 명리를 구하는 것이라고 비방하기를 출가한 사람은 선정이나 지혜만 닦을 것이지 보시와 같은 분주한 일을 할 필요가 있느냐 하면 이 사람은 마군의 권속이라 죽어서는 큰 지옥에 떨어져 많은 고통을 받고, 지옥에서 벗어나서는 오백 생을 개의 몸을 받고,

개 몸을 벗고 사람이 되어도 오백 생을 항상 가난한 괴로움을 받는데, 이것은 전생에 남의 보시하는 것을 보고 마음으로 기쁘게 생각하지 않은 까닭이라"고 하셨다.

논(論)에 복덕은 보살의 근본행이며, 성인은 모두 찬탄하고 어리석은 사람은 비방하며, 지혜 있는 사람은 행하고, 어리석은 사람은 멀리 떠나나니, 이 복덕의 인연으로 국왕, 전륜성왕, 천왕, 아라한, 벽지불, 부처님이 된다 하며, 또 수보리가"빈(空) 가운데는 복과 복 아닌 것이 없는데 어찌 복덕을 지어서 성불합니까?" 하고 여쭈니, 부처님께서 "세간에 복이 있는 까닭이라" 하셨는데, 이것은 수보리는 중생들이 무소유(無所有)에 집착함으로 물었고, 부처님께서는 유(有)를 집착 않으므로 대답하신 것이다. 복을 짓는 수행정진을 하고도 오히려 얻지 못하는데 하물며 복덕을 짓지 않겠는가.

비유하면 걸식하는 도인이 집집마다 다니며 걸식을 해도 얻지 못했는데, 배고파 누어있는 개 한 마리를 보고 지팡이로 때리면서 "너 무지한 축생아! 나는 온갖 인연으로 집집마다 밥을 빌어도 오히려 얻지 못하는데, 너는 누워서 얻기를 바라고 있느냐?" 하는 것과 같다고 하셨다.

또는 등불을 부처님께 공양하면 지혜 광명을 얻나니 원인이 바르면 결과가 원만하고 수행이 진실하면 도업을 이루는 것이다. 그러므로 도적이 쇠잔한 등잔에 심지를 돋우고 천안(眼)을 얻었으며 가난한 여인이 적은 등불을 밝히고 수기(授記)를 받은 것이다.

시공덕경에 부처님이 사리불에게 이르시되, "어느 사람이 법당이나 불탑에 등불을 밝히면 명이 마칠 때에 네 가지 광명을 보니, ①원만히 솟는 것을 보고, ②달이 원만히 솟는 것을 보고, ③모든 하늘 대중이 한 곳에 있는 것을 보고, ④부처님이 보리수 아래 앉아 계시거든 자기가 공경 예배하는 것을 본다" 하셨다.

혹 꽃을 흩어 도량을 장엄하는 것도 성불의 원인이 되는 것이다. 법화경에 "꽃 한 가지를 부처님께 공양하면 점점 많은 부처님을 본다" 하며, 대사유경에는 "만일 부처님께 꽃 공양을 아니 하면 비록 정토에 왕생하더라도 의보(依報)가 구족치 못한다" 하셨다.

현우경에, 사위국에 한 장자가 아들을 낳았는데 얼굴이 단정하고 하늘에서 꽃비가 내려오므로 이름을 화천(華天)이라 하며 출가하여 아라한과를 얻었다. 아난이 부처님께 사로되 "화천은 무슨 복을 지어 이렇게 되었습니까?"

부처님께서 대답하시되, "이전 비바시불 때에 가난한 사람이 있어 스님들을 보고 기뻐하여 들에 가서 여러 가지 꽃을 꺾어다가 대중 스님께 올렸더니 그때 가난한 사람이 지금 화천 비구라. 꽃 올린 공덕으로 91겁동안 얼굴이 단정하고 모든 일이 뜻대로 되었다" 한다.

혹 좋은 향으로 불사를 짓는데 한 조각만 불전에 태워도 성불하는 원인이 되고 이전 탑에 향수를 바르면 몸에 전단향내가 난다. 이전 부처님 당시에 전단향이란 장자가 있었는데 좋은 향을 으깨어 이전 탑에 발랐더니 그 뒤로 91겁을 지나오면서 몸에 전단 향내가 나고 입에서 우발화 향내가 났다 한다.

혹 부처님 공덕을 칭찬하고 대승을 찬탄하면 무량한 복을 얻는다. 한 말씀과 한 게송으로 찬탄하여도 빨리 성불하는 공이 있고 광장설상(廣長舌相)과 묘한 음성의 과보가 있다. 관불삼매경에 "이전 보위덕왕불 때에 한 비구가 아홉 제자를 데리고 불탑과 불상에 예배하고 게송으로 찬탄하였더니, 죽어서 모두 동방위덕왕 불 국토에 나서 연꽃 중에 화생하고 부처님을 만나고 염불삼매를 얻어서 부처님의 수기를 받아 열세 개에 각각 성불하였다" 하였으며, 또 부처님 공덕을 칭찬하고 대승법을 찬탄하면 과보가 한량없는 것이다.

지도론에 "보살이 항상 육시로 시방세계의 부처님을 권청하는데, 눈앞에 뵙고 청하면 옳지마는 시방세계의 한량없는 부처님은 보이지 않는데 어찌 청할 수 있습니까?" 하는 물음에 답하기를, "자비로운 마음으로 중생을 생각하며 즐거움을 얻게 하는데 중생은 비록 얻지 못하지만 생각하는 자는 큰 복을 얻나니 부처님께 설법을 청하는 것도 이와 같은 것이다. 중생이 부처님을 대하여 청하지 않을 지라도 부처님은 항상 마음을 보시고 청함을 아는 것이다. 또 다른 사람이 착한 공덕을 짓는 것을 보고 마음으로 기뻐해서 칭찬하기를 '착하고 착하다. 무상한 세상에서 큰마음을 내어 이러한 복을 지었도다' 하면 보살이 다만 기뻐하는 마음만 내어도 이승(二乘)보다 나은데 하물며 자기가 지은 공덕이야 말할 수 있겠는가?"

또 보살이 밤낮으로 항상 세 가지 일을 행하나니,
첫째는 시방세계 부처님께 예배드리고 삼생(三世)에 지은 죄업을 참회할 것이요,

둘째, 시방삼세 모든 부처님께서 행한 공덕을 따라 기뻐할 것이요,
셋째, 부처님께 열반에 드시지 말고 세상에 오래 오래 계시면서 항상 설법해주시기를 청할 것이니,

이 세 가지를 행하면 공덕이 한량없고 성불하기 쉬우며 모든 착한 일을 행하거든 그 공덕을 성불하여 생사를 벗어나는데 회향할 것이다. 이것은 적은 선으로 큰 과보를 얻고, 작은 뜻을 내어 큰마음을 이루는 것이다. 또 큰 원을 발하는 것은 만행(萬行)의 원인이 되며 자비심을 키우고 불종자(佛種子)를 끊어지지 않게 하는 것이다.

그러므로 수행만 하고 원(願)이 없으면 그 수행이 외롭고, 원만 있고 수행이 없으면 그 원은 헛된 것이니, 행과 원이 서로 합하면 남과 내가 같이 이로울 것이다. 화엄경에 "큰 원을 발하지 않는 것은 마구니가 붙은 것이요, 고요한 곳에 있기를 좋아하여 번뇌를 끊는다는 것도 마군이 붙은 것이요, 중생을 교화하지 않으면 마군이 붙은 것이라" 하였다.

마치 쇠를 녹여 그릇을 만드는데 공장의 마음대로 만들고 일정한 격식이 없는 것과 같이 보살이 정토원(淨土願)을 닦은 후에야 정토에 가는 것이니, 이러므로 원을 따라 과보를 얻는 것이라 한다.

또 만일 보리심을 내어 내가 부처가 되어 중생의 고통을 없애 주겠다 말하면 비록 번뇌를 끊지 못하여 어려운 일을 하지 못하더라도 마음과 입의 힘이 중함으로 모든 중생보다 훌륭하다 하며, 또 대장엄론(大莊嚴論)에는 "불국토를 이루는 일은 큰일이라 수행한 공덕만으로는 성취하기 어렵고 원력을 꼭 세워야 되는데 마치 소가 수레를 끌 수는 있지만 소를 모는 사람이 있어야 목적지에 가는 것과 같이 극락세계에 가는 것도 원력을 인연하여 성취되며 원력을 인연하므로 복덕이 증장하여 잃지도 않고 무너지지도 않아 항상 부처님을 보는 까닭에 혹 불상을 조성하고 절을 짓고 불상을 그림으로 조성해 모시면 복덕이 많은 것이다."

작불형상경(作佛形像經)에 우왕이 부처님께, "세존이시여 부처님 열반하신 후에 중생들이 부처님의 형상을 조성하면 얼마나 복을 받습니까?" 하고 물으니, 부처님께서 "만약 사람이 불상을 조성하면 공덕은 말할 수 없어 천상, 인간에 많은 쾌락을 받고 몸에는 금빛이 찬란하게 나며 사람으로 태어나면 제왕, 대신, 장자와 훌륭한 집에 태어나며, 임금도 되어 세계를 다스리고 칠보가 자연히 생기고, 아들이 천명이나 될 것이요, 만일 천상에 태어나면 욕계의 천왕이 되고, 혹 범천왕이 되며, 뒤에는 아미타불 극락국토에 태어나 큰 보살이 되어 반드시 성불하여 열반을 얻는다" 하였다.

화수경(華首經)에는 부처님께서 사리불에게 말씀하시기를 보살이 네 가지 법을 수행하면 위없는 도에 물러가지 않나니 무엇이 네 가지냐 하면,
첫째, 탑과 절이 허물어진 것을 보면 반드시 중수할 것이요,
둘째, 네거리나 사람이 많이 왕래하는 곳에 탑이나 불상을 세워 염불과 복을 짓는 인연을 만들 것이요,

셋째, 비구·비구니들이 다투는 것을 보면 좋은 방편으로 화합되게 할 것이요,
넷째, 불법이 쇠퇴하고 망해 감을 보면 부지런히 경을 읽고 법을 설하여 한 게송만이라도 전하여 끊어지지 않게 하며 법사를 기르고 진심으로 법을 보호하여 신명을 아끼지 않는 것인데,

보살이 이 네 가지 법을 성취하면 대대로 전륜성왕이 되고 하늘의 천신 나라연과 같은 큰 힘을 가진 몸을 얻으며 네 천하를 버리고 출가하여 마음대로 네 가지 범행을 닦으며 목숨이 마치면 하늘에 태어나서 대범천왕이 되고 필경에는 성불하는 것이다.

이러므로 원숭이가 장난으로 돌을 탑이라고 쌓은 공덕으로 천상에 태어났으며, 나무꾼이 놀라서 '나무불'을 부르고 제도를 받았다고 하는데, 하물며 지극한 마음으로 복을 짓고 좋은 과보가 없을 것인가.

혹 범종(梵鍾)을 만들되 엄지손가락만큼 크게 하여도 하늘에 태어나는 복이 되며 한번 쳐서 소리가 울려도 삼악도의 고통이 쉬는 것이다.

무상의경(無上依經)에 "부처님께서 아난에게 말씀하시기를 제석천궁에 상승전(常勝殿)이란 날아가는 큰 집이 있는데, 여러 가지 보물 팔만사천 가지로 장엄하였다. 어떤 남녀 신도들이 이와 같은 훌륭한 보전(寶殿)을 억 천만 개를 지어 여러 스님들께 드리고 다시 한 사람은 부처님 열반하신 후 겨자씨 크기만 한 사리(舍利)를 취하여 아마라자만한 탑을 쌓아 꼭대기의 찰간은 바늘만 하고, 탑의 상륜

위의 노반은 대추 잎만 하고, 불상은 보리(麥)알만 하더라도 이 공덕은 앞에서 말한 것 보다 많아서 백분의 일도 못되며, 천만억분이나 아승지분의 일도 못된다. 무슨 까닭이냐 하면 부처님의 공덕이 한량없는 까닭이라" 하였다.

열반경에는 "부처님 물건과 스님의 물건을 잘 수호하여 절 도량을 깨끗이 쓸고 엄지 손가락만한 탑을 쌓더라도 항상 기쁘고 즐거운 마음을 내면 아촉불의 나라에 태어나는데 이것은 항상 정토가 장엄되어 삼재(三災)에 움직이지 않고 변하지 않는 것이다. 혹 대장경을 써서 진리를 개발시키며 혹 돌이나 쇠붙이에 경전을 조각하고 혹 살을 찢어 피로 먹을 삼아 경을 써서 보고 듣는 사람들로 하여금 기쁘게 한다" 하였다.

법화경에는 "어떤 사람이 법화경 이름을 듣고 스스로 쓰거나 남을 시켜 쓰면 그 공덕은 부처님의 지혜로도 헤아릴 수가 없다"고 하였다. 또 삼보를 숭배하고 불법을 보호하여 정법을 오래 전하고 불법이 흥왕케 하여 밖으로는 우순풍조(雨順風調)하고 가정은 평안하고 나라는 태평하며 안으로 도업은 자라나고 업장은 소멸되며 인과가 원만하여 따로 부처님의 수기를 잃지 않을 것이다.

또 번뇌로 구속된 사람을 출가시키며, 비구 비구니를 널리 제도하고 불종(佛種)을 이어 생사고해에서 벗어나는 진리의 문으로 이끌어 들이면 훌륭한 공덕을 여러 경전에서 찬탄하셨다.

출가공덕경(出家功德經)에 "남녀 노비 여러 사람을 해방하여 출가시키면 그 공덕이 한량없다" 하였으며, 본연경(本緣經)에는 "단 하루를 출가하여도 20억겁을 삼악도에 떨어지지 않는다" 하였고, 승기율(僧祇律)에는 "하루 출가하여 계행을 지킨 사람이 육백육천 육십세 동안 삼악도에 들어가지 않았다" 하며, 취중에 삭발하고 장난삼아 가사를 입고도 반드시 진리를 얻는다고 기약하는데 하물며 애정을 끊고 친족을 떠나 바른 정인(正因)을 구족하고 보살승이 된 사람이야 어찌 그 복을 다 말하겠는가.

불법을 위하여 몸을 잊고 삿된 무리를 끊고 정법의 깃발을 세워 마군을 물리치며 무명의 어두운 집을 지혜의 광명으로 밝히고 번뇌의 숲에 자비의 구름을 덮어 사도에 빠진 사람을 건져 정도로 돌아와 보리심을 발하게 하여 증상의 인연(증상연增上緣)을 맺고 청하지 않는 것이 된다 하였다.

열반경(涅槃經)에는 "다른 사람을 권하여 보리심을 내게 하면 설사 오계를 파할지라도 용서한다" 하셨으니, 이것은 내가 손해보고 다른 사람을 이롭게 하는 것이 보살의 행인 때문이다.

혹 대중스님들께 공양하고 성범(聖凡), 도속(道俗), 귀천(貴賤), 상하(上下) 구별 없이 일체 평등으로 보시하는 무차대회(無遮大會)를 열어 보시를 행하라 하였다.

이러므로 한 숟가락 밥을 공양하고 일곱 번 천상에 났으며, 한줌 보리 가루를 보시하고 현재의 임금이 되었다 하셨다. 또 강원과 선방을 짓고 과수원과 화원을 보시하고 필요한 것을 공급하며 수도하는 것을 도와주라고 하였다.

옛날 지변(支辨)이 참선하는 도반을 도와주었는데 하늘에서 풍악소리가 나고 경 읽는 사미를 뒷바라지 하였더니, 총지(摠持)를 얻었다고 하였다.

대보은경(大報恩經)에는 "밥이나 구슬로 다른 사람에게 보시하고 성내지 않으면 이 인연으로 몸에 금빛이 나고, 항상 광명이 나는 두 가지의 모습을 얻는다" 하며, "탑이 있는 도량을 청소하고 스님을 시봉하고 공경하는 마음을 내면 큰 업을 이루며 잠시 조그만 선심을 내어도 한량없는 깨끗한 인연을 이룬다" 하였다.

보살본행경(菩薩本行經)에 "부처님 당시 아라한이 된 바다갈리(婆多竭梨)가 전생을 살펴보니, 정광불의 옛 탑을 쓸고 닦고 초목을 베어내고 깨끗이 한 뒤에 기뻐서 춤을 추며 여덟 번 돌며 절하고 갔더니 죽은 뒤에 광음천(光音天)에 태어나고 그 후 백번이나 전륜성왕이 되었으며, 얼굴이 단정하여 보는 사람이 모두 기뻐하며, 길을 걸을 때는 저절로 깨끗해지고 구십겁동안 천상, 인간에서 부귀영화와 많은 복을 받고 금생에 석가 부처님을 만나 출가하여 아라한이 되었다" 한다. 어떤 사람이라도 불법승 삼보에 작은 선을 지어도 후생에 많은 복을 받을 것이다.

법전(法傳)에 "기야다(祇夜多)라는 나한이 있었는데 삼명육통(三明六通)을 갖추었다. 그는 전생의 일을 살펴보니 개 몸을 받아 항상 굶주리고 목마름을 참고 견디고 있었다. 그래서 공양주를 자원하여 여러 스님을 시봉하였다" 하며, 대보은경(大報恩經)에는 "모든 법의 깊은 뜻을 생각하고 착한 법을 기꺼이 닦으며 부모와 스님, 선생과 덕 있는 사람에게 공양 올리고 거리에 불탑과 승방 주위에 돌이나 가시 같은 나쁜 물건을 주워 버렸더니 이 인연으로 32상 가운데 하나인 털이 오른쪽으로 도는 모우시(毛右施)것을 얻었다" 하고, 병든 사람을 간호하고, 대중 스님들의 목욕탕을 짓고, 우물을 파고, 변소를 짓고, 위급한 이를 구해주는 것이 모두 큰 보살의 마음이며, 생각으로 헤아릴 수 없는 행을 이루는 것이요, 다른 사람을 이롭게 하는 마음이 중하므로 받는 과보도 특별히 좋다. 그리하여 오래오래 무너지지 않는 몸을 얻고 깨끗한 상호도 얻으며 불국정토에 왕생하며, 명랑하고 안락한 자재(自在)의 몸도 얻는데, 모두 32상 80종호의 인과가 되는 것이라 하였다.

대방불보은경(大方便佛報恩經)에 "삼업을 깨끗이 가지고 병든 사람에게 약을 보시하고 교만하지 않으며 음식을 만족할 줄 알면 이 인연으로 32상 중 평립상(平立相)을 얻는다" 하였다.

복전경(福田經)에는 부처님께서 제석천왕에게 말씀하시되, "내가 옛적에 바라나국(婆羅奈國)에 변소를 지었더니, 이 공덕으로 대대로 항상 깨끗하고 여러 겁으로 길을 가는데 티끌이 묻지 않아 더렵혀지지 않고, 몸에는 광명이 나며 먼지와 때가 생기지 않고, 음식이 자연히 소화되어 변소 가는 번거러움이 없었다" 하였다.

현우경(賢遇經)에는 옛적에 5백명의 상인이 바다에 들어가 보물을 캐는데 5계 받은 거사 한 사람을 안내 할 스승을 삼았더니, 바다의 신이 손에 물을 한 움큼 쥐고 "이 손에 물이 많은가 바닷물이 많은가?" 하는 물음에 거사가 답하기를, "한 움큼의 물이 많다. 바닷물은 비록 많으나 큰 삼재(三災)가 일어나면 마를 수 있지만 어떤 이 한 움큼의 물을 삼보에 공양하거나, 부모를 공양하거나, 혹 가난한 사람이나 동물에게 보시하면 이 공덕은 언제든지 다하지 않을 것이니, 이것을 말하면 바닷물은 적고 한 움큼의 물이 많은 것이다." 바다의 신이 기뻐하여 보물을 주었다 한다.

또 경에 나무를 심어 숲을 만들고 우물을 파고, 변소를 짓고, 다리를 놓으면 이 사람의 복은 밤낮으로 자라난다 하였다.

고승전에는 도안(道安)법사가 선정 중에 있을 때 성승(聖僧)이 나타나 말하기를 "네가 수행과 지식은 보통 사람보다 뛰어나나 다만 복이 적으니 여러 대중 스님들을 목욕시키면 소원을 다 성취할 것이라" 하였고, 또 길을 닦고 구렁이를 메우며 큰 길 옆에 정자도 세우고 과실을 심어 왕래하는 사람에게 보시하고 사람과 짐승들이 다니기 편리하게 해주며 육바라밀을 행하고 팔복전(八福田: 먼 길에 우물 파는 일, 나루에 다리를 놓는 일, 험한 길을 잘 닦는 일, 부모에 효도하는 일, 스님들께 공양하는 일, 병든 사람을 간호하는 일, 재난당한 이를 구제하는 일, 무차대회를 열고 일체 고혼을 제도하는 일)을 닦을 것이다.

한 생각의 착한 원인에 두 가지 과보를 받는데 하나는 천상·인간에 쾌락을 받는 화보(華報)요, 둘째는 부처와 조사되는 과보(果報)다. 또 밥과 간장, 약, 집, 의복, 일체 수용물을 보시하여 중생을 평안케 하면 이것이 부처님의 살림살이요, 보살의 행동이다.

경에 귀신에게 시식하면 다섯 가지 이익을 얻는다고 하였는데 ①은 목숨을 보시하고, ②는 빛을 보시하고, ③은 힘을 보시하고, ④는 안락을 보시하고, ⑤는 변재를 보시한다 하며, 지도론에서는 "귀신이 사람에게서 한 입의 밥을 얻으면 천만 배나 더 나온다" 하였다.

화엄경에 또 "안온(安隱)이란 광명을 놓으면 이 빛이 병든 사람에게 비치면 일체 고통을 없애고 정정취 삼매의 즐거움을 얻고, 좋은 약으로 우환을 구하면 목숨 잇는 향을 몸에 바르게 되고, 참기름 우유 꿀을 보시하면 이 광명을 이루며, 또 두려움이 없는 보시 무외시(無畏施)를 하여 싸움과 시비를 화해하며 외로운 사람을 불쌍히 생각하고, 어렵고 곤란한 사람을 구제하면 많은 복을 받고 정행(淨行)을 닦아 대각을 얻는다" 하셨다.

원인이 강하면 결과도 수승하며 복이 두터우면 과보도 깊은 것이다. 또 축생에게 한 덩어리 밥을 주는 것도 부처님의 업이요, 인연 없는 자비(무연자비無緣慈悲)인 것이다.

법구경에 자비를 행하는데 12이익이 있다고 부처님께서 게송으로 말씀하시기를, "자비를 베풀어 널리 사랑으로 중생들을 건져주면 열한 가지 이익이 있다. 복이 항상 따라오고, 누워도 마음이 편안하고, 나쁜 꿈이 없고 하늘이 보호하고, 사람이 사랑하며, 해독은 멀리하고 전쟁을 면하며, 수재 · 화재가 없고, 가는 곳마다 좋은 일만 생기며, 죽어서는 천상에 간다" 하였다.

그러므로 경에 "일체 성문, 연각, 보살, 모든 부처님이 가진 선근은 자비가 근본이라” 하였다.

비바사론(毘婆沙論)에 “자비를 닦는 자는 불이 태우지 못하고, 칼이 해치지 못하며, 독이 침해하지 못하고, 물이 떠내리지 못하며, 다른 이가 죽이지 못 하나니 그 까닭은 자비심은 절대로 해치지 못하는 법이다. 그러므로 큰 위세가 있어 모든 하늘이 옹호하여 재해가 침해하지 못한다” 하였다.

상법결의경(像法決疑經)에 부처님께서 말씀하시기를 “만일 어떤 사람이 아승지겁으로 시방제불과 보살·성문에게 몸으로 공양하더라도 어떤 사람이 축생에게 먹이 한 입 주는 것만 못하다” 하였다.

장부론(丈夫論)에서는 “자비심으로 한 사람에게 보시하면 공덕이 큰 땅덩어리만하고, 자기를 위해 보시하면 겨자만한 과보를 받으며, 액란을 당한 한 사람을 구하는 것이 모든 사람에게 보시하는 것보다 공덕이 수승하다” 하였다.

화엄경에 “보살이 축생에게 먹이 한 입을 주면서 원을 세우기를, 이 중생들이 빨리 축생을 벗어나 해탈을 얻으라 하고, 영원히 모든 고통을 소멸하고 아울러 모든 괴로운 곳에 있는 중생들이 괴로움을 벗어나기를 발원하고 보살이 이와 같은 한결같은 마음을 일체 중생에게 베풀면 이 선근이 으뜸이라” 하셨다.

열반경에 “과거 부처님은 오직 한결같이 자비를 닦았다. 또 사자가 손가락에 나타나고, 취한 코끼리가 발 아래 절하며, 또 어머니가 자식을 만나고, 장님의 눈이 밝아지고,

성(城)이 금과 유리로 변하고, 돌이 공중에 뜨며, 석씨 여인의 병이 아물고 조달의 병이 나았으니, 이것은 모두 부처님께서 무량겁을 통하여 자비를 닦은 훌륭한 힘으로 고통 받는 사람이 이와 같은 사실을 보았다. 불자는 부처님의 대(代)를 이어 받았으니 마땅히 부처님의 행을 따를 것이라" 하였다.

범망경에는 "불자들아! 자비심으로 방생 업을 행하여라. 모든 남자는 나의 아버지요, 모든 여자는 나의 어머니라. 내가 나고 날마다 부모를 따라 태어나나니, 그러므로 육도 중생이 모두 나의 부모인데, 죽이어 먹는 것은 곧 나의 부모를 죽이며, 또한 나의 옛 몸을 죽이는 것이다. 모든 땅과 물은 이 나의 먼저 몸이요, 일체 불과 바람은 이 나의 본래 몸이다. 그러므로 항상 방생을 할 것이니, 만일 그렇게 하지 않으면 경구죄(輕垢罪)를 범한다" 하셨다. 열반경에는 "일체 중생이 다 생명을 아끼어 칼과 몽둥이를 두려워하니, 내 몸과 같이 생각하여 죽이지도 때리지도 말라" 하셨다.

옛날 등은봉(鄧隱峯)선사가 출가하기 전에 한 원숭이를 쏘아 죽였는데, 조금 뒤에 그 어미가 따라 죽거늘 배를 쪼개어 보니 간과 창자가 마디마디 끊어졌으므로 당장 사냥업을 버리고 출가하여 중이 되었다. 이것은 사람과 짐승이 얼굴과 성질은 다르나 그 애정이 맺힌 것은 같은 것이다.

생명이 같은데 죄보(罪報)가 다르겠는가. 잘못 죽여도 과보가 있는데 하물며 고의로 죽인 죄업이야 말할 것이 있겠는가. 그러므로 삼업을 조심하여 혹 하루 계(戒)를 받고, 혹 팔관재(八關齋)를 지키고 고기를 먹지 않으면 삼재(三災)를 면하고 천상에 날 것이며, 오래 사는 인연이 되고 대자비의 종자가 되는 것이다 하였다.

경에 "옛날 가라월(迦羅越)이란 사람이 부처님과 스님들을 청하여 큰 공양을 베풀었는데 그때 우유를 파는 상인이 와서 주인이 권하여 팔관재를 수지하고 법문을 듣고 날이 저물어 집에 돌아갔더니, 그 부인이 당신 오기를 기다리다가 아침도 먹지 않고 지금까지 기다리고 있다 하여 남편의 팔관재계를 파하였다. 그러나 반재(半齋)를 지킨 공덕으로 천상에 태어나 의식이 풍족하였다. 하루 팔관재를 지키면 육십 만년의 양식을 얻으며, 또 다섯 가지 복이 있다. ①은 병이 적고, ②는 몸과 마음이 편안하고, ③은 음심(淫心)이 적고, ④는 잠이 적고, ⑤는 죽은 뒤에 천상에 난다" 하였다.

현우경에서 부처님께서 아란에게 말씀하시기를, "출가자나 재가자가 효순한 마음으로 부모에게 공양하면 그 공덕은 헤아릴 수 없는 것이다. 왜냐하면 내가 생각해 보니 지난 전생에 자비로운 마음과 효순하는 마음으로 부모를 공양하였으며 부모가 위급할 때에는 몸의 살을 베어 구제하였더니, 이 공덕으로 위로는 하늘 왕이 되고 아래로는 전륜성왕도 되어 마침내 성불한 것이다" 하셨다.

문(問) : 5바라밀(보시 지계 인욕 정진 선정)은 장님과 같고 지혜바라밀은 안내자와 같은데 어찌 편벽되게 뭇행을 칭찬하고 산란한 마음으로 짓는 산선(散善)을 밝힙니까?

답(答) : 뭇 선을 말하는 것은 지혜를 성취하기 위한 때문인데, 경에 "유위법(有爲法)을 나무란 것은 그 탐착을 부수는 것이다. 만일 취하고 버릴 마음이 없으면 일체가 걸림 없거니와 지혜를 밝히지 못하면 만행으로 돕는 인연(助緣)을 삼을 것이다."

법화경에 "부처님 명호가 시방세계에 들려 널리 중생을 이익 되게 하나니 일체 선근을 갖추어서 위없는 마음을 돕는다" 하며, 화엄경에는 "일체법이 여러 인연으로 생기는데 부처님을 보는 것도 그와 같아서 반드시 모든 선업을 빌리나니 만약 지혜를 밝히려면 여러 가지 행으로써 장엄한다" 하였다.

또 지혜를 닦지 않고 유위법만 익히면 다만 생사의 업만 짓는 것인데, 어떻게 열반의 과를 얻겠는가? 만일 보시에 지혜가 없으면 오직 한세상 영화만 얻고 뒤에는 제앙을 받으며, 만일 계행만 지키고 지혜가 없으면 잠깐 천상에 났다가 다시 지옥에 떨어지고, 인욕을 하여도 지혜가 없으면 단정한 얼굴은 얻지만 열반은 증득하지 못하며, 정진하되 지혜가 없으면 한갓 생멸의 공(空)만 이루고 열반에 나아가지 못하며, 선정에 지혜가 없으면 다만 색계선(色界禪)만 행하고 금강정(金剛定)에는 들지 못하며, 만약 만 가지 선을 행하여도 지혜가 없으면 공연히 번뇌의 원인만 만들고 열반을 증득치 못하는 것이다. 그러므로 지혜는 위험한 길을 인도하는 스승이요. 어두운 밤의 밝은 횃불이요. 생사의 바다에 좋은 배요 번뇌에 좋은 약이요, 삿된 산을 허무는 큰 바람이요, 마구니를 타파하는 용맹한 장군이요, 어두운 길을 밝히는 태양이요, 혼미한 정신을 일깨우는 뇌성이요, 장님의 눈을 긁어내는 금비(金錍)요, 애욕의 갈증을 없애는 감로수요, 어리석은 그물을 끊는 지혜의 칼이요, 가난한 사람을 구제하는 보배 구슬이니, 만약 지혜가 밝지 못하면 만행이 헛된 것이다.

문(問) : 모든 법의 적멸상은 말로서 펼 수 없거늘, 어찌 사실(事)을 바로 가르치지 않고 널리 인연을 펴서 문답을 합니까?

답(答) : 능가경(楞伽經)에 "부처님께서 대혜(大慧)에게 말씀하시기를 만일 일체 법을 설하지 않으면 교법은 없고 교법이 없으면 불 · 보살 · 성문 · 연각도 없는데 누가 설법을 하겠는가. 이러므로 보살마하살은 언설(言說)에 집착하지 말고 방편을 따라 법을 연설하여라" 하였다.

총지(總持)는 문자가 없지만 문자는 총지를 나타내며 이치(理)를 떠나서 말이 있을 수 없고, 말을 떠나서 이치가 없다는 것을 알아야 한다. 참다운 성품은 보편하기 때문이요, 말할 수도 없고, 다르게 말할 수도 없나니 인연으로 닦은 것이 자성이 없는 연고이다.

대개 선법(善法)에 네 가지가 있는데, ①은 자성선(自性善)이니 탐 진 치가 없는 세 가지 선이요, ②는 상응선(相應善)인데 착한 마음이 일어날 때 심왕(心王)과 심소(心所)가 동시에 일어나는 것이요, ③은 발기선(發起善)인데 신구(身口) 두 가지 업을 발하여 마음의 생각을 표하는 것이요, ④는 제일의선(第一義善)인데 근본 성품이 청정한 것이다.

또 두 가지가 있다. ①은 이선(理善)으로 즉 제일의(第一義)요, ②는 사선(事善)으로 즉 육바라밀이다. 요즈음 이선(理善)을 말하지만 이선(理善)은 크게 악한 사람도 본래 갖추고 있는데 어찌 성불하지 못하랴만 반드시 사선(事)을 행하여 이치를 드러내며 큰 복덕의 방편을 행하여야만 묘한 법신을 이루는 것이다. 마치 창고 속에 금이 있고 산 속에 옥이 있고, 돌 속에 불을 감추고, 땅속에서 물이 나는 것과 같은데, 만약 인연을 만나지 못하면 만들어 사용하지 못하여 본래 갖추고 있지만 없는 것과 같은 것이다.

중생이 부처가 될 세 가지 원인도 이와 같아서 마음이 있는 사람은 모두 정인(正因: 본연의 진여·이치로서의 원인)은 갖추었으나 연인(緣因: 지혜를 도와 정인을 개발하는)과 요인(了因: 진여의 이치를 비추는 지혜로)을 얻지 못하면 신을 이루지 못하는 것이다. 요인(了因)은 지혜로 장엄하여 바르게 관찰함이요, 연인(緣因)은 복덕으로 장엄하여 묘행(妙行)으로 개발시키는데, 세 가지 인(因)이 구족하면 부처님 십호를 가져서 자기도 이롭고 남도 이로움이 많은 것이다

법화경에 "내가 상호(相好)로서 몸을 장엄하여 광명이 세상에 비치며 대중 가운데서 가장 높아서 실상의 이치를 말하는 것이다" 하며, 또 "복덕이 적은 사람은 이 법을 믿지 않는다"고 하였다. 대개 선근은 잃기가 쉽고 악업은 없애기가 어려운 것이다

열반경에 비유로서 말씀하시기를 "돌을 그리면(畫) 무늬가 항상 있고, 물을 그리면 빨리 없어져 오래가지 못하는데, 성내는 것은 돌을 그리는 것과 같고, 선근은 물을 그리는

것과 같다. 그러므로 이 마음은 항복 받기가 어렵고 착한 일은 잊어버리기 쉽고, 사람의 몸을 얻기는 어렵고, 잠깐 사이에 다른 세상으로 가게 되는 것이다."

제위경(提謂經)에는 "가령 어떤 사람이 수미산 꼭대기에서 실을 내리고 한 사람은 밑에서 바늘을 가지고 기다리는데 중간에 모진 바람이 불어 실이 바늘구멍에 들어가기가 참으로 어려운데, 사람의 몸 얻기가 이보다 더 어렵다" 하였다.

보살처태경(菩薩處胎經)에 "내가 수 없는 세월을 생사의 길에 왕래하면서 몸을 버리고 몸을 받을 때 포태법(胞胎法)을 떠나지 못하여 나의 경력을 생각해 보니 한 가지만 기억하고 다른 것은 다 잊어 버렸다. 아주 흰 개의 몸을 받아서 뼈가 수미산만큼 쌓여있다. 가는 바늘로 땅을 찔러 내 몸에 닿지 않는 곳 없는데 하물며 잡색 개는 그 수를 헤아릴 수 없다. 그러므로 내가 마음을 단속하여 욕심내고 집착하고 게으름을 피우지 않으며 하루 종일 잠시도 선을 잊어버리고 악을 행하지 아니하였다" 하고, 또 "무상(無常)은 빠르고 빨라서 생각 생각 옮겨가는데 돌에서 번쩍이는 불과 바람 앞에 등불과 달아나는 물결과 지는 해와 꽃잎의 이슬과 번개 불과 같은 것이다" 하였다.

법구경에 부처님께서 범지(梵志)에게 말씀하시기를 "세상에 네 가지 오래가지 못하는 것이 있다. ①은 항상 하면 반드시 무상하고, ②는 부귀하면 반드시 빈천이 따르고, ③은 만나면 반드시 헤어지고, ④는 강건한 자도 반드시 죽는 것이다" 하였다.

위의 말씀과 같이 만 가지 덕과 뭇 선은 깨달음의 양식이 되고 오직 두 가지 장애가 되는 것은, ①은 믿지 않음이요, ②는 성내는 것이다. 믿지 않음은 행하지 못한 선과 행하고자 하는 선을 장애하고, 성내는 것은 이미 행한 선과 현재 행하고 있는 선을 없애는 것이다. 믿지 않으므로 썩은 종자와 같이 영원히 선근을 끊고 바른 법을 무너뜨리며 삿된 소견을 기르는 것이요, 성냄으로서 공덕을 불태우고 깨달음을 막는 것이다. 또 성내지 않음은 자비로부터 생기고 큰 신심은 지혜로부터 이루어지는데, 지혜의 칼을 휘두르면 의심의 뿌리가 끊어지고 자비의 구름이 많아지면 성내는 불꽃이 점차로 사라지는 것이다.

그러므로 지혜를 인연하여 생사고해(生死苦海)를 건너가고, 믿음을 인연하여 깨달음의 문에 들어가며, 자비심을 인연하여 부처님 궁전에 머물고, 참는 마음을 인연하여 부처님의 옷을 입는 것이다.

화엄경에 "믿음은 도의 근원이며 공덕의 어머니라. 일체의 선근을 기르고, 믿음은 지혜와 공덕을 기르며, 믿음은 반드시 부처님 자리에 이르며, 믿음은 몸으로 하여금 깨끗하고 밝게 하며, 믿음의 힘은 굳세어 무너뜨리지 못하며, 믿음은 영원히 번뇌의 근본을 없애며, 믿음은 오로지 부처님 공덕으로 향하게 하며, 믿음은 공덕이 무너지지 않게 하는 종자가 되며, 믿음은 보리수(菩提樹)를 기르며, 믿음은 가장 훌륭한 지혜를 더하여 늘게 하며, 믿음은 모든 부처님의 영험을 나타내는 것이다."

대장엄법문경(大莊嚴法門經)에 "성내는 사람은 백겁동안 지은 선업을 멸한다" 하며, 화엄경에는 "보살이 한번 성내는 마음을 내면 백만 가지 장애의 문을 만드는 것이요, 공덕을 겁탈하는 도적이 되며, 마음에 성을 내면 큰 대도(大道)의 원수와 도적이라" 하셨다.

문(問) : 만 가지 선을 닦는 것은 모두 깨달음을 돕는 것이라면 어떻게 오랫동안 깨달음을 성취하지 못하며 어떻게 해야 빨리 원만 성취할 수 있습니까?

답(答) : 게으르고 방일하면 이루지 못하고 용맹 정진해야 빨리 성취하는 것이다.

비유경에, 한 비구가 밥을 배불리 먹고 방안에서 잠만 자고 놀고 있었는데 4일만 지나면 죽을 것이라. 부처님께서 불쌍히 여기고 비구에게 말씀하시기를 "네가 유위불(維衛佛) 때 일찍 출가하여 경전과 계율은 생각지 않고 배부르게 먹고 잠만 잤더니 죽어서 지네(蜈松)가 되어 5만년을 지내다가 다시 소라와 조개와 나무의 좀 벌레가 되어 각각 5만년을 지냈다. 이 네 가지 벌레는 어두운 곳에 있으면서 몸을 탐착하고 목숨을 아껴 밝은 곳을 싫어하고 어두운 곳에 있기를 즐겨 한번 잠이 들면 백년을 지나서 깨고 죄의 그물에 얽혀 벗어나지 못하다가 금생에 죄를 다 마치고 중이 되었는데, 어찌 잠만 자고 공부를 하지 않느냐" 하시니, 비구가 그 말씀을 듣고 부끄럽고 두려워서 스스로 경책하여 다섯 가지 장애인 빈욕(貧欲), 신표(慎表), 수면(睡眠), 도회(掉悔), 의법(疑法)을 제거하고 아라한이 되었다고 한다.

보리심으로 윤회를 벗어나 왕생극락한다
경 가운데 세 무리(상 · 중 · 하배)들의 왕생하는 것이
모두 보리심을 발하였기 때문이니 보리심이란 무엇인가.
곧 중생들이 날마다 쓰는 신령스럽게 느끼는 성품이다.
만약 능히 이 신령스럽게 느끼는 성품을 개발하거나
혹은 능히 관상삼매(觀像三昧)를 성취하거나
혹은 능히 일심불란(一心不亂)을 성취하면은
저 왕생극락하는데 무엇이 어려우랴.
-경허대사 염불집

문(問) : 상상근기(上上根機)는 단번에 자기 마음을 깨치는데 어찌 만행(萬行)을 하여 도를 도울 필요가 있습니까?

답(答) : 규봉선사(圭峯禪師)의 사구요간(四句料簡)이 있는데,

①은 점차로 수행하여 한꺼번에 깨닫는 점수돈오(漸修頓悟)로 마치 나무를 베는데 조금씩 조금씩 점점 떨어져 결국 한꺼번에 넘어지는 것과 같고,

②는 한꺼번에 깨치고 점차로 닦는 돈오점수(頓悟漸修)로 마치 사람이 활쏘기를 배우는데 한꺼번에 하는 돈(頓)은 촉이 바로 중심을 맞추는 것이요, 점차로 하는 점(漸)은 오래 오래 연습을 통하여 맞추는 것이고,

③은 점차로 닦고 점차로 깨닫는 점수점오(漸修漸悟)로 9층 집을 올라갈 때 발길은 점차로 높아지고 보이는 것은 점점 멀어지는 것과 같고,

④는 한꺼번에 깨치고 한꺼번에 닦는 돈오돈수(頓悟頓修)로 실을 물들이는데 여러 가닥이 한몫 한빛이 되는 것과 같은 것이다.

위의 4구는 올바른 지혜로 진리를 증득하여 깨닫는 증오(證悟)를 말하는데, 오직 돈오점수(頓悟漸修)는 깨달아 아는 선오(鮮悟)를 말한다. 태양이 솟아오르면 서리와 이슬은 점차로 녹아 없어지는 것과 같은 것이다.

화엄경에 "처음으로 보리심을 발할 때에 정각(正覺)을 이룬다"고 하지만 "그런 뒤 십지(十地)에 올라 점차로 닦아 증득한다" 하셨으니, 깨닫지 못하고 닦는 것은 참으로 닦

는 것이 아니라, 한꺼번에 깨닫고 점차로 닦는 것(돈오점수頓悟漸修)이 부처님 법에 맞는 것이다. 한꺼번에 깨치고 한꺼번에 닦는 것(돈오돈수頓悟頓修)도 오랜 세월을 두고서 점점 닦아서 금생에 문득 깨달은 것으로 이것은 본인 스스로 경험할 것이다.

문(問) : 인도의 96종 외도가 각기 수행문이 있어 부지런히 고행하여 업이 없지 않거늘 어찌 윤회를 벗어나 해탈을 얻지 못합니까?

답(答) : 열반의 올바른 이치를 요달하지 못하고 오직 생명의 인연만을 닦아서 탐착의 마음을 일으키고 희망의 뜻을 두어 고통으로서 고통을 버리고 어리석음으로 어리석음을 쌓아 오르고 내리면서 윤회하고 있으니, 모래를 쪄서 밥을 짓는다는 비유가 여기에 맞는 것이다.

문(問) : 오직 외도만 선을 닦아 해탈을 얻지 못할 뿐 아니라 불법을 닦는 사람도 도를 얻지 못하는 것은 무슨 까닭입니까?

답(答) : 모두 내(我)가 있으므로 몸과 마음을 결박하는 번뇌(結)를 끊지 못하는데 무릇 일을 할 때에 '내'가 하는 것이라 하여 대상의 소득(所得)에 따라 인과를 집착하나니, 만약 두 가지 무아(無我)의 이치를 알면 한 마음(一心)을 증득하여 번뇌에 움직이지 않고 그 자리에서 해탈할 것이다.

문(問) : 뭇 선을 칭찬하여 과보가 틀리지 않는다고 하는데 어찌 부지런히 수행하는 사람도 증득하는 사람이 없습니까?

답(答) : 선을 닦는 사람이 현세에 반드시 받는 이익(利益)과 눈에는 보이지 않으나 은연 중에 받는 이익(利益)의 두 가지가 있는데, 법화현의(法華玄義)에는 네 가지로 해석하였다.
업을 잘 수행했으면 현재는 비록 착한 일을 못하더라도 전생에 지은 선업의 힘을 빌리는 것이니, 이것은 **명기(冥機)**인데 비록 영험을 보기 어려우나 은밀히 법신의 이익을 입은 것이 되어 보고 듣지 못하고 깨닫고 알지 못하는 **명익(冥益)**이며, 응신(應身)은 현세에서 드러난 이익을 주고 법신은 은밀히 드러나지 않은 이익을 주는 것이다.

②는 **명기현익(冥機顯益)**인데 과거 전생에 선근을 심어서 명기(冥機)를 이루었고, 금생에 부처님을 만나 법문을 듣고 현세에서 드러난 이익을 얻는데, 이것은 현익(顯益)이라 한다. 부처님께서 출세하시어 처음으로 제도를 받은 사람들인데 이 사람들은 아직 수행을 하지 않았는데 부처님께서 그 지혜와 능력(根機)에 따라 직접 가셔서 제도한 것이다.

③은 **현기현익(顯機顯益)**인데 현재 부지런히 정진하고 전날의 허물을 반성하고 뉘우쳐 다시 맹서하는 예참을 하여 영험을 얻는 것이다.

④는 **현기명익(顯機冥益)**인데, 한 평생 부지런히 수행하여도 감응을 보지 못하나 은밀한 가운데 이익이 있는 것이다. 이 네 가지 뜻을 알면 한번 머리 숙이고 합장하는 것이 복이 헛되지 않아 종일 감응이 없어도 후회가 없을 것이다.

문(問) : 한평생 수행하여 착한 일을 한 사람이 고생하고 악한 짓을 많이 한 사람이 잘 사는 것은 무슨 까닭입니까?

답(答) : 업이 삼생을 통하여 설고 익음이 같지 아니하고(生熟不同), 또 세 가지 과보가 두텁고 엷음이 있다. 인도의 제19대 조사 구마라다(鳩摩羅多) 말씀에 "전생에 공덕을 닦다가 끝에 가서 악을 행하였으면, 금생에 처음은 복을 받아 편히 살다가 갑자기 재앙을 만나 집안이 망하는데 이것은 전생의 죄업으로 그러한 것이요, 금생에 복을 짓고 화를 당한 것이 아니다. 또 전생에 나쁜 짓을 많이 하다가 우연히 지혜 있는 사람을 만나 법문을 듣고 복을 지었으면, 후생에 처음은 가난하고 불법을 믿지 않아도 점점 부자가 되어 잘살게 되는데, 이것은 전생의 선업으로 이렇게 된 것이요, 금생에 악을 짓고 복을 받는 것이 아니라" 하였다.

논(論)에 "지금 내가 고통 받는 것은 다 전생의 업이요, 금생에 복을 지은 것은 내생에 과보를 받는다" 하였다. 만약 살생하는 사람이 오래 살고 보시하기를 좋아하는 사람이 가난하게 사는 것을 보고 위의 말씀을 믿으면 삿된 소견을 내지 않지만, 이러한 이치를 알지 못하면 근심하고 뉘우쳐서 선과 악의 영험이 없다고 할 것이다. 다만 선을 행할 때에 마음이 물러나지 아니하고 중단하지 않으면 복의 과보는 날마다 새로울 것이니, 지혜 있는 사람은 잘 알지어다.

문(問) : 악이 선을 이기면 화가 생기고 복은 없어지며, 선이 악을 이기면 업장이 녹아지고 도력이 나타날 것인데, 어찌 선행을 쌓은 사람이 화를 받는 것은 무슨 까닭입니까?

답(答) : 업이 삼생을 통한다는 것은 이미 밝혔지만 이제 다시 의심을 풀어 주리라.

첫째는 모든 불·보살께서 화현을 보이시고 세상의 뜻에 따라 괴로움과 즐거움을 같이하며 천만 화현으로 중생을 인도하시는데, 혹 편안하다가 문득 위태하여 만물이 극도에 가면 반드시 다시 돌아옴을 보이며, 혹 영화를 누리다가 갑자기 망하여 한번 융성하면 반드시 쇠퇴함을 나타내어, 영화를 탐착하는 사람으로 하여금 세상의 무상을 깨닫게 하고, 벼슬하여 관록을 믿는 사람에게는 복이 한(限)이 있음을 알게 하여 가만히 탐심과 애욕의 번뇌를 없애고 정도(正道)와 사도(邪道)를 보이되 혹 순행(順行)도 하고 역행(逆行)도 하는데, 이것은 비밀스럽게 교화하는 신비로운 방편이라 범부로서는 알 바가 아니다.

둘째는 선과 악이 한결같지 않고 과보는 인연을 따르며 업력은 생각하기 어려워 그 형세를 막지 못하는 것이다.

그러므로 열반경에 말씀하시기를, 업에 세 가지의 과보가 있는데, ①은 현보(現報)로써 현재에 지은 선과 악의 행위에 대하여 지금 이 세상에서 이 몸으로 괴로움과 즐거움을 받는 것이요, ②는 생보(生報)로서 금생에 업을 지어 내생에 과보를 받는 것이요, ③은 후보(後報)로서 금생에 업을 지어 백 천을 지나서 과보를 받는 것이라 하며, 또 금생에 악은 적고 선이 많으면 지옥에 갈 무거운 죄를 돌려서 가볍게 받고, 선은 적고 악이 많으면 현세의 가벼운 죄를 돌려서 지옥의 무거운 죄를 받으며, 순전히 착한 일만 한 사람이 현세에 잠시 머리만 아파도 백천만겁의 지옥고통을 면하는 것이다. 이러므로 보살은 원을 세우기를 금생에 모든 빚을 다 갚고 악도에 떨어져 고통을 받지 않기를 바란다고 하였다. 악행을 하는 사람은 현재는 비록 안락하더라도 과보는 아비지옥에 들어가서 무량겁으로 고통을 쉴 새 없이 받으며, 수행력이 높은 도인은 임종 시에 약간의 고통을 받아도 무시이래의 악업이 다 녹아 없어지는 것이다.

셋째 당나라 삼장법사가 구세 지나가 중이 되었는데, 복덕과 지혜가 세상에서 제일이라 불법을 크게 펴고 중생을 많이 제도하였는데, 열반에 들 때에 병환으로 누었더니 병을 간호하던 명장(明藏)선사가 보니 키 큰 두 사람이 흰 연꽃을 들고 법사 앞에 와서 말하기를 "스님이 무시이래로 오면서 중생을 괴롭히고 해친 모든 악업이 적은 병환으로 모두 소멸하였으니 다행스럽게 생각하십시오." 하니, 법사가 돌아보고 합장하며 오른쪽으로 돌아 누었더니 제자가 묻기를 "스님께서는 결 정코 미륵보살의 내원궁에 나시겠습니까?" 하니 "그래 난다" 대답하고 평안히 가셨다. 이와 같은 이치를 알면 인과를 잘 아는 사람이 될 것이다.

문(問) : 대개 선을 행하면 순전히 선을 행할 것이지 어찌 악을 지으며, 이미 악을 지으면 어떻게 선을 행하리오. 만일 선과 악을 같이 행하면 헛된 노력만 하는 것이 아닙니까?

답(答) : 출가 보살은 모든 장애가 없어 순전히 선만 행하여 깨달음에 이를 수가 있지만, 재가 보살은 사업에 엉켜서 순전히 밝히기는 어렵고 힘을 따라 선을 행할 것이다. 대개 업을 단번에 바꾸고 악을 완전히 끊기는 어렵지만 점차로 공덕을 모아서 깨달음의 길로 나아갈 것이다. 만약 악만 짓고 수행하지 않으면 악이 다 할 날이 없을 것이니 모름지기 선을 행하여 악의 원인을 끊을 것이다.

비유경에 말씀하시기를 "옛날 한 국왕이 있어 사냥을 하고 돌아오는 길에 절에 들어가 탑을 돌고 스님에게 예경을 올리니 신하들이 웃었다.

왕이 말하기를 '금(金)이 가마 솥 안에 있는데 물이 끓으면 손으로 건질 수가 있겠느냐?' 하니 '건질 수 없습니다'고 대답하였다.

왕이 '찬물을 부으면 건질 수 없겠는가?' 하니 '건질 수 있습니다' 하고 대답하였다.

왕이 말하기를 '내가 임금으로서 활 쏘고 사냥하는 것은 끓는 물과 같고, 사루고 향과 등을 밝히고 탑을 도는 것은 끓는 물에 찬물을 붓는 것과 같다'"고 하였다.
대개 왕이 됨에 선행과 악행이 있는데, 어찌 악만 있고 선은 없다고 하겠는가?

문(問) : 재가 보살도 순전한 선을 행할 수 있습니까?

답(答) : 마음이 철석같이 굳세어 지성으로 부처님을 의지하여 사슴이 그물 속에 갇혀있는 것과 같이 머리에 불이 붙은 것과 같이 급한 마음으로 오직 살아나고 벗어날 길만 찾을 것이지, 인간의 잡된 일을 돌아보지 말 것이다.
옛부터 지금까지 이러한 사람들이 많다.
비유경에 "옛날 한 국왕이 도덕을 크게 좋아하여 항상 탑을 백번 도는데 그때 다른 나라에서 전쟁을 일으켜 쳐 들어와 나라를 빼앗으려 하였다. 모든 신하들이 놀라서 곧 왕에게 아뢰기를 '탑돌이를 그만 두고 도적을 막으소서' 하니, 왕은 '설사 적군이 쳐들어오더라도 나의 탑 도는 한정을 채우지 않고는 그칠 수가 없다' 하고 태연한 마음으로 탑만 돌고 있었는데, 얼마 후 적군은 물러갔다 한다.
대개 결정한 마음만 있으면 무슨 일이든지 안 될 것이 없다. 그러므로 강과 산이 영험한 것이 아니라 오직 사람이 신령한 것이니, 다만 정성만 지극하면 모든 것이 마음대로 되는 것이다.
저 얼음 속에서 고기가 뛰어나오고 눈 속에서 죽순이 나오는 것은 신(神)의 힘이 아니요, 지성심으로 되는 것이다.

문(問) : 만행의 근본은 마음인데 도법을 닦는 문중에 무엇을 먼저 해야 합니까?

답(答) : 진실하고 정직한 것을 먼저 하고 자비심으로 중생을 교화하는 것을 도로 삼나니, 정직하므로서 행동이 굽지 아니하여 진여에 계합하고, 자비하므로 소승에 떨어지지 않고 공덕이 부처님과 같나니, 이 두 가지 문을 행하면 나와 남이 같이 이로울 것이다.

문(問) : 이 책 이름을 무엇이라 합니까?

답(答) : 만약 거짓 이름을 물으면 항하 강가의 모래알 숫자와 같지만 간략히 말하면 전체를 모아서 만선동귀(萬善同歸)라 하고 본 이름에 열 가지 뜻이 있다.

①명은 이치와 사실이 걸림이 없음이요, **이사무열(理事無閡)**
②명은 권교(權敎: 근기에 맞도록 가설한 방편)와 실교(實敎: 구경 불변하는 진실)를 쌍으로 행함이요, **권실쌍행(權實雙行)**
③명은 진제 속제가 아울러 행함이요, **이제병진(二諦并陳)**
④명은 본체(性)와 현상(相)이 원융함이요, **성상편즉(性相徧即)**
⑤명은 본체(体)와 작용(用)이 자재함이요, **체용자재(体用自在)**
⑥명은 공(空)과 유(有)가 서로 이룸이요, **공유상성(空有相成)**

⑦명은 정행업(正行業)과 조행업(助行業)을 겸하여 닦음이요, **정조겸수(正助兼修)**

⑧명은 같다거나(同) 다르다는(異) 것이 하나의 진리요, **동이일제(同異一際)**

⑨명은 수행하는 것과 자성이 둘이 아니요, **수성불이(修性不二)**

⑩명은 원인(因)과 결과(果)가 어긋남이 없는 것이다. **인과무차(因果無差)**

문(問) : 이 글이 어떠한 중생의 근기에 맞으며 어떠한 이익을 얻습니까?

답(答) : 나와 남이 같이 이롭고 처음부터 바로 대승의 깊고 미묘한 교리를 깨닫는 사람(頓機)이나 소승·대승의 차제순서를 밟지 않으면 깨칠 수 없는 중생(점기漸機)이 함께 걷는 것이다.

내가 이로운 것은 도를 돕는 원만한 문이요 수행하는데 현미한 거울이며, 남을 이롭게 하는 것은 진리가 막히는 데는 밝은 해가 되고, 상견(常見)과 단견(斷見)을 가지는 데는 좋은 의사가 되는 것이다.

돈기(頓機)로 수행하는 사람은 자성에서 일어나는 문을 어기지 않고 법계의 행을 이루며, 점차로 수행하는 사람은 방편 교를 하지 않고 마침내 일불승(一佛乘)에 들어가게 된다.

만약 이 글을 믿으면 부처님 말씀을 따르는 것이요, 만약 비방하면 부처님의 뜻을 어기는 것이니, 믿고 비방하는데 인과가 분명한 것이 큰 바다와 같은 교법 가운데서 한 티끌만큼 간단하게 서술하여 법계의 모든 중생에게 널리 보시하오니 원컨데 정도(正道)를 널리 알리고 부처님 은혜를 갚고저 한다.

게송을 읊기를,

보리심은 발함이 없이 발하고
불도는 구함이 없이 구하도다.
신통한 작용은 행함이 없이 행하고
참 지혜는 조작이 없이 짓도다.
가엾은 마음 낼 때는 내 몸과 같은 줄 알고
사랑을 행할 때는 없는 데까지 든다.
버릴 것이 없으면서 보시를 행하고
가질 것이 없으면서 계행을 갖추도다.
정진함에 게으름 없음을 요달하고,
인욕을 익힘에 손상할 것 없음을 알도다.
지혜는 인식작용의 대상 없음을 깨닫고
선정은 마음이 머무르지 않음을 알도다.
거울은 몸체는 없으나 모양을 갖추고
증득함은 말이 없으나 평온하도다.
물 가운데 달 같은 도량 건립하여
자정이 공한 세계를 장엄하도다.
허수아비 같은 공양구를 벌려서
그림자와 메아리 같은 부처님께 공양하도다.
죄의 본성이 공한데 참회하고

법신이 상주한데 권청하도다.
회향함에 무소득(無所得)을 깨닫고
수희(隨喜)함에 복이 진여(眞如)와 같도다.
찬탄함에 너와 내가 비고 현묘하며
발원함에 주객이 평등하도다.
예배할 때는 그림자가 법회에 나타나고
경행할 때는 발이 허공을 밟도다.
향을 사루메 열반의 뜻을 요달하고
경을 외움에 실상을 깊이 통달한다.
꽃을 뿌림에 집착 없음을 나투고
손가락 퉁기어 번뇌 제거함을 표한다.
계곡의 메아리 같은 구제의 문을 열어
허공에 꽃 같은 만행을 익히도다.
깊이 인연 있는 자성 바다에 들어가
언제나 허깨비 같은 법문 안에 노닐다.
물듦이 없는 번뇌 끊기를 맹세하고
유심정토에 왕생하기를 발원 하도다.
진여법성의 땅을 밟고 다니며
무득관문(無得觀門)에 드나든다.
거울 속의 그림자 같은 마군을
항복 받고 꿈속의 큰 불사를 이룬다.
널리 환화 같은 중생을 제도하여
열반과 깨달음을 함께 증득하도다.

- 만선동귀집 끝 -

나뭇가지 흔드는 바람소리의 울림을 듣고
마음의 밀전密傳을 받을 수 있네.
聽風柯之響 密可傳心
아미타경에 이른다.
"물새와 수림樹林이 모두 다 부처님을 염하고,
법을 염하며, 승을 염한다."
이로 알건대 경계란 마음에 즉한 경계이고,
심心이란 경계에 즉한 심이다.
주관과 객관(대상)이 나누인 듯하나,
일체이며 다른 것이 아니다.
능히 경계가 마음임을 안다면 바로
이것이 비밀리에 전수하는 뜻이다.
끝내 남에게 줄 어떠한 일법一法도 없다.
- 영명연수대사의 주심부註心賦

부록

영명선사가 전하는 교훈(垂誡)

도를 배우는 데는 별로 기이하고 신통한 것을 구할 것 없고, 다만 육근(根) 육진(塵)의 무량겁으로 온 업식(業識)을 씻는 것이 중요하다.

너희들이 정욕의 생각을 없애고 망녕된 인연을 끊어서 세상의 모든 애욕의 대상을 만날 때 목석같이 되면, 설사 진리의 눈이 밝지 못하더라도 자연히 깨끗한 몸을 성취할 것이다.

만약 참되고 올바른 스승을 만나거든 간절한 마음으로 가까이 모시고 배울 것이다. 가령 참구하여 통하지 못하고 배워서 이루지 못하더라도 귀에 박혀있어 오래도록 진리의 종자가 되어 대대로 악도에 떨어지지 않고 태어날 때마다 사람의 몸을 잃지 않고 겨우 머리를 들고나면 한 가지를 들어 천 가지를 깨달을 것이니 모름지기 도를 믿으라. 참된 지식(선지식)은 사람 중에서 가장 큰 인연이 되므로 중생을 잘 교화하여 불성을 보게 한다.

아주 가엾은 것은 말세의 선객들은 말만 배우고 진실로 아는 것은 없으며 걸음마다 유(有)를 행하면서도 입으로는 공(空)을 말하며, 자기 자신이 업력에 끌리는 것은 책망하지 않고 다른 사람에게 인과가 없다고 가르치며 술을 마시고 고기를 먹어도 보리(깨달음에 걸리지 않고 도적질하고, 음행을 해도 반야지혜)에 방해됨이 없다 하여, 살아서는 나라의 법에 걸리고 죽어서는 지옥에 떨어지고, 지옥 죄를 다 받고는 다시 축생과 아귀에 들어가 백천만겁을 벗어날 기한이 없는 것이니, 한 생각을 돌이키면 당장 사도를 바꾸어 정도가 될 것이요, 만일 스스로 참회하고 스스로 수행하지 않으면 모든 부처님께서 출현하시더라도 구제할 수 없는 것이다.

만일 심장과 간을 쪼개어도 목석과 같이 감각이 없으면 고기를 먹을 것이요, 술맛이 오줌똥과 같으면 술을 마실 것이요, 잘난 남자나 예쁜 여자를 볼 때 송장과 같이 본다면 음행을 할 것이요, 나의 재물과 남의 재물을 똥 묻은 흙과 같이 보면 도적질을 할 것이다. 설사 이와 같은 지위에 오르더라도 오히려 내 마음대로 함부로 하지 못할 것이다.

한량없는 성인의 법신을 증득하여야 세상의 역경과 순경의 일들을 행할 것이다. 옛날 성인께서 교법을 낸 것이 어찌 다른 마음이 있겠는가. 다만 말법시대의 출가승들이 계율을 지키는 사람이 적어서 착한 마음으로 찾아오는 신도를 되돌려 도심(道心)에서 물러갈까 두려워하여 널리 막고 보호하시고자 천경만론(千經萬論)에 말씀하신 것이 만일 음행을 버리지 않으면 일체 청정의 종자를 끊고, 만일 술을 버리지 않으면 일체 지혜의 종자를 끊고, 만일 도적질을 버리지 않으면 일체복덕의 종자를 끊고, 만일 고기를 버리지 않으면 일체 자비의 종자를 끊는다고 하셨다.

삼세의 모든 부처님과 선사들이 한결같이 말씀하셨는데, 어찌 뒤에 배우는 사람들이 성인의 말씀을 들어 따르지 않고 스스로 정인(正因)을 헐고 도리어 마군의 말을 하는

가. 이것은 다만 전생의 업종자가 많이 쌓이고 이 세상에 나서는 그릇된 스승을 만나서 선의 힘은 녹아지고 악업의 뿌리는 빼기가 어려운 까닭이다.

어찌 보지 못하였는가? 옛 성인의 말씀에 한 마군의 일을 보면 만 개의 화살로 심장을 꿰뚫는 것같이 하고, 한 마군의 소리를 들으면 천 개의 송곳으로 귀를 쑤시는 것같이 하여 빨리 멀리 여의고 듣고 보지 말라 하셨으니, 각기 스스로 마음을 깊이 연구하고 조심하여 너무 쉽게 생각하지 말아라.

팔일성해탈문(八溢聖解脫門)

여덟 가지 거룩한 해탈법문

예불하는 것은 부처님의 덕을 공경하는 것이요,
염불하는 것은 부처님의 은혜를 느끼는 것이요,
계율을 가지는 것은 부처님의 행적을 따르는 것이요,
경을 봉독하는 것은 부처님의 이치를 밝히는 것이요,
좌선하는 것은 부처님의 경지에 도달함이요,
참선하는 것은 부처님 마음에 하나가 되는 것이요,
깨닫는 것은 부처님의 도를 증득함이요,
설법하는 것은 부처님의 원(願)에 만족함이다.

실제의 이치로서는 한 티끌도 없지만 불사를 하는 데는 한 법도 버리지 않는 것이다. 그리하여 이 여덟 가지 일이 네 방위와 네 모서리와 같아서 하나라도 빼어서는 안 되는 것이니, 앞의 성인과 뒷 성인이 그 법은 한가지니 육바라밀도 겸하여 행할 것이다.
육조스님께서 공(空)을 집착하는 사람은 한 모서리에 막히어 문자를 세울 필요가 없다고 하는데 자신이 혼미한 것은 도리어 괜찮지만 불경을 비방한 것이다. 그 죄업이 깊고 중하니 경계하지 않을 것인가 한다.

계물경정토(戒勿輕淨土)

정토를 가볍게 하지 말라

어떤 사람이 묻기를, "다만 견성(見性)해서 도를 깨치면 생사를 벗어나는데 하필 저 부처님을 생각하여 극락세계에 태어나고자 합니까?" 하니,

대답하기를, "참으로 수행하는 사람은 잘 살펴라. 사람이 물을 마셔 보아야 차고 더움을 아는 것과 같이 이제 귀감(龜鑑)을 두어 의심으로 한다.

모든 어진 사람들이여, 자기의 행해(行解)와 실득(實得)을 보면 견성하고 도를 깨치어 부처님 수기를 받으며 조사의 위를 잇기를 능히 마명과 용수와 같겠는가?

걸림 없는 변재를 얻고 법화삼매 증득하기를 지자대사와 같겠는가?
종지(宗)와 설법을 다 통하고 수행과 지혜 겸하기를 혜충(慧忠)국사와 같겠는가?

이 모든 대사께서 말씀과 가르침을 베풀어 왕생을 권하였으니 이것은 내가 이롭고 다른 사람도 이익 되게 함인데, 어찌 나와 남을 그르치기를 좋아하겠는가. 부처님께서 틀림없이 찬탄하시고 모든 성인들이 부처님의 가르침을 받아 어기지 않는 것이다.

왕생전(往生傳)에 실려 있는 고금의 높은 선배들의 사적이 한없이 많으니 잘 보아 알 것이다. 또 스스로 생각컨데 목숨이 마칠 때에 나고 죽고 가고 오는(생사거래生死去來)

것을 마음대로 하겠는가?
수시로 몸에 악업의 중한 장애가 나타나지 않겠는가?

현재의 몸이 능히 윤회를 벗어나겠는가?

삼악도의 여러 종류 가운데 자유로이 오고 가되 고뇌가 없겠는가?
천상·인간과 시방세계에 마음대로 의탁하되 능히 걸림이 없겠는가?
만일 그렇지 못하겠으면 한때 공고한 마음으로 영겁의 고통을 만들어 큰 이익을 잃지 말지어다.
장차 누구를 원망하겠는가. 슬프고 슬프도다.

선정사료간(禪淨四料簡)

유선유정토 유여대각호 현세위인사 내세작불조
有禪有淨土 猶如戴角虎 現世爲人師 來世作佛祖

선정 있고 정토수행도 있으면 마치 뿔난 호랑이와 같다.
이 세상엔 남의 스승 되고 오는 세상엔 부처와 조사 되리라.

무선유정토 만수만인거 약득견미타 하수불개오
無禪有淨土 萬修萬人去 若得見彌陀 何愁不開悟
선정 없고 정토수행만 하면 만 사람 닦아 만 사람 극락 가오리,
아미타불 뵈옵게 되리니 깨닫지 못할 걱정이 없다.

유선무정토 십인구차로 음경약현전 등이수타거
有禪無淨土 十人九蹉路 陰境若現前 登爾隨他去

참선은 있고 정토 없으면 열사람에 아홉은 미끄러져
죽음의 경계 앞에 나타나면 잠깐 사이 그를 따라간다.

무선정토 철상여동주 만겁여천생 역개인의첩
無禪淨土 鐵床與銅柱 萬劫與千生 役箇人依帖
선정도 없고 정토수행도 없으면 무쇠 평상과 구리 기둥,
일만 겁 일천 생에 의지할 곳이 없다.

모든 어진 사람들이여 빨리 성불하여 생사를 벗어나려거든
위의 네 가지를 가려서 행할지어다.

악생어심 환괴기형 여철생구 반식기신
惡生於心 還壞其形 如鐵生垢 返食其身
악이 마음에 나서 도리어 그 몸을 망치나니
마치 쇠에 녹이 나서 그 몸을 먹는 것과 같다.

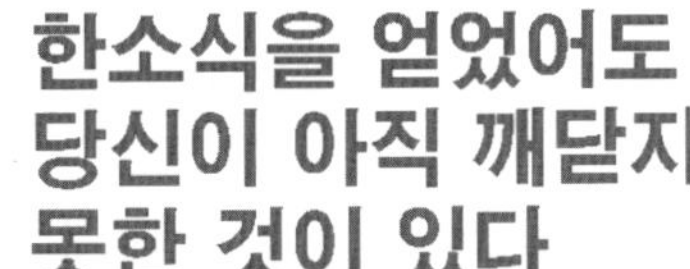

한소식을 얻었어도 당신이 아직 깨닫지 못한 것이 있다

개오開悟하였으나 왕생往生(극락)을 원하지 않으면
감히 장담컨대 노형은 아직 깨닫지 못한 것이 있다.
만약 진실로 깨달았다면 서방극락에 왕생하니
만 마리 소라도 당기지 못한다.
-연지대사

염불요문

念佛要門

염불요문 서

경전에 염불 법문이 많이 있는데, 염불에도 두 가지가 있다.

하나는 **염불삼매 법문**이니, 능엄경에 부처님을 생각하고 부처님을 염하면 현재와 장래에 부처를 보나니 육근을 모두 단속하고 깨끗한 생각(염불심)이 항상 계속하면 방편을 빌리지 않더라도 저절로 마음이 열린다 하였으니, 이것은 곧 자력(自力)으로 염불삼매를 닦아 자성을 깨닫는 것이요,

둘은 **염불정토 법문**이니, 무량수경에 법장 비구가 세자제왕불 전에 48원을 말씀하시되, 내가 부처 되는 국토에는 악도라는 이름도 없을 것, 내 국토에 나는 이는 다시는 삼악도에 떨어지지 않을 것, 내 국토에 나는 이는 육신통이 구족할 것, 내 국토에 나는 이는 모두 정정취(正定聚)에 들어가 결정코 성불할 것, 누구나 내 나라를 믿고 좋아하여 나려는 이는 열 번만 내 이름을 불러도 반드시 날 것, 또 누구나 보리심을 내어 모든 공덕을 짓고 지성으로 염불하면 그가 죽을 때에 내가 대중과 함께 가서 그 사람을 영접할 것.

이와 같은 48원을 설하고 "만일 이대로 되지 않으면 성불하지 않겠습니다" 하셨다. 그 뒤로 법장 비구가 무량겁으로 난행 고행하여 48원을 성취하여 아미타불이 되었

으니, 누구나 이 원력을 믿고 염불 발원하면 결정코 정토에 왕생 성불하는 것이다.

보조국사는 원효성사와 같이 통불교 사상으로 수심결과 간화결의론(看話決疑論)을 지어 참선을 지도하고 원돈성불(圓頓成佛)론을 지어 의교수행(依敎修行)을 권장하고 염불문을 지어 염불삼매와 정토왕생을 지시하였으니 보조국사는 참으로 해동불일이며, 염불요문은 성불의 지남침이라 할 수 있다.

바라는 바는 모든 불자들이 이 글을 자세히 읽고 실천 수행하면 금생에 틀림없이 이 몸을 제도할 것이다.

불기 2525년 신유 중추절
정업제자 수산 만오 근지

염불 요문(念佛要門)

보조국사지눌 저

염불인유경(念佛因由經)

대개 말세 중생들은 근기와 성품이 어둡고 둔하며 탐욕과 습기가 두텁기 때문에 오랫동안 생사에 빠져 온갖 고통을 면하지 못한다.

그러므로 스승과 벗의 경책을 받지 않으면 고통에서 벗어나는 즐거움을 얻기 어려운 것이다. 그리하여 나는 너희들 과거의 잘못을 꾸짖어 오념(五念)을 쉬고 오장(五障)을 퇴운 뒤에 오탁(五濁)을 뛰어넘고 구품연화대에 오르게 하리니, 너희들은 뜻을 모아 내 말을 들으라.

오정심(五停心)이란,

첫째는 탐욕이 많은 중생에게는 **부정관(不淨觀)**이요,

둘째는 성이 많은 중생에게는 **자비관(慈悲觀)**이요,

셋째는 산란심이(散亂心) 많은 중생에게는 **수식관(數息觀)**이요,

넷째는 어리석은 중생에게는 **인연관(因緣觀)**이요,

다섯째는 업장이 많은 중생에게는 **염불관(念佛觀)**이다.

염불 요문

오념은 쉬었으나 아직 세상의 반연을 떠나지 못하므로 다시 오장(五障)에 걸린다. 오장이란 첫째는 서로 계속하는 애욕이니 번뇌장(煩惱障)이라 하고, 둘째는 법문을 알아 집착하는 것이니 소지장(所知障)이라 하고, 셋째는 몸을 사랑하여 업을 짓는 것이니 보장(報障)이라 하고, 넷째는 마음을 없애고 고요함만 지키는 것이니 이장(理障)이라 하고, 다섯째는 온갖 법을 두루 관찰하는 것이니 사장(事障)이라 한다.

오장을 틔우지 못하기 때문에 오탁에 걸린다.

오탁(五濁)이란,

첫째는 한 생각이 처음으로 움직여 공(空)과 색(色)을 분별하지 못하는 것이니, **겁탁(劫濁)**이라 하고,

둘째는 견해와 지각이 어지러히 일어나 고요한 성품을 흔드는 것이니, **견탁(見濁)**이라 하고,

셋째는 삿된 생각을 번거로이 일으켜 현재의 티끌을 일으키는 것이니, **번뇌탁(煩惱濁)**이라 하고,

넷째는 생멸이 머물지 않아 생각 생각이 옮겨 흐르는 것이니, **중생탁(衆生濁)**이라하고,

다섯째는 각기 의식(意識)과 목숨을 받아 그 근본을 돌아보지 않는 것이니, **명탁(命濁)**이라 한다.

오념이 쉬지 않으면 오장이 어떻게 통하며, 오장이 통하

지 않으면 오탁이 어떻게 맑아지겠는가. 그러므로 오념이 쉬지 않으면 장애와 흐림이 많기 때문에 반드시 열 가지 염불삼매의 힘으로 차츰 청정한 계율의 문에 들어가서 계율의 그릇이 순수히 맑고 한 생각이 도에 맞은 뒤에야 마음을 쉬고 오장과 오탁에서 뛰어나 바로 극락에 이르러 계·정·혜 삼학을 깨끗이 닦아서 미타의 위없는 큰 깨달음을 함께 증득할 수 있을 것이다.

그러므로 이 도를 증득하려면 모름지기 열 가지 염불을 닦아야 한다.
열 가지란,

첫째는 몸을 경계하는 염불이요,
둘째는 입을 경계하는 염불이요,
셋째는 뜻을 경계하는 염불이요,
넷째는 움직이면서 생각(동억動憶)하는 염불이요,
다섯째는 고요히 생각(정억靜憶)하는 염불이요,
여섯째는 말하면서 가지는(어지語持) 염불이요,
일곱째는 묵념하는(묵지默持) 염불이요,
여덟째는 관상(觀想) 염불이요,
아홉째는 무심(無心) 염불이요,
열째는 진여(眞如) 염불이다.

이런 열 가지 염불은 다 한생각의 참된 깨달음에서 나온 것으로써 염불의 지극한 공을 이루는 것이다. 그러므로 생각함이란 지키는 것이니, 참 성품을 보전하고 기르되 꼭 지키고 잊지 않는 것이요, 부처란 깨달음이니 참 마음을 살피고 미루어 보아 항상 깨어있어 어둡지 않는 것이다.

그러므로 생각이 없는 한생각이 깨달아 알고, 뚜렷이 밝아 밝고 뚜렷하여 생각이 끊어지면 그것이 진정한 염불이다.

첫째 몸을 경계하는 염불이란,

살생 도적질 음행을 버려 몸의 그릇이 청정하고 계율의 거울이 뚜렷이 밝은 후에 몸을 단정히 하고 바로 앉아 서쪽을 향해 합장하고 한결같은 마음으로 '나무아미타불'을 공경히 생각하여 부르되, 부르는 수가 끝이 없고 생각이 간단(끊어짐) 없이, 심지어 앉는 것도 잊고 앉지 않아도 한 생각이 앞에 나타날 때를 몸을 경계하는 염불이라 한다.

둘째 입을 경계하는 염불이란,

거짓말, 푸짐한 말, 이간질하는 말, 악담 등을 버리고 입을 지키고 뜻을 거두어 잡아 몸이 깨끗하고 뜻이 깨끗한 뒤에 한결같은 마음으로 '나무아미타불'을 공경히 생각하여 부르되, 부르는 수가 끝이 없고 생각이 간단없어, 심지어는 입을 잊고 입이 아니라도 저절로 생각하는 때를 입을 경계하는 염불이라 한다.

셋째 뜻을 경계하는 염불이란,

탐욕, 분한, 우치, 교만 등을 버리고 뜻을 붙잡고 마음을 밝히며 마음거울에 생각이 없어진 뒤에 일심으로 '나무아미타불'을 깊이 생각하여 부르되 부르는 수가 끝이 없고 생각이 간단없어, 심지어는 뜻을 잊고 뜻이 아니라도 저절로 생각하는 때를 뜻을 경계하는 염불이라 한다.

넷째 움직이면서 생각하는 염불이란,

십악을 버리고 십계를 바로 가져 활동하고 돌아다니며 엎어지고 자빠질 일, 일심으로 항상 '나무아미타불'을 생각하여 부르는 수가 끝이 없고 생각이 간단 없어서 심지어는 움직임이 극도에 이르러서 움직이지 않을 때에도 저절로 생각하는 것을 움직이면서 생각하는 염불이라 한다.

다섯째 고요히 생각하는 염불이란,

십계가 깨끗하고 한생각이 어지럽지 않아 일이 없어 한가하거나 밤에 혼자 있을 때에 일심으로 '나무아미타불'을 생각하여 부르는 수가 끝이 없고 생각이 간단없어, 심지어는 고요함이 극도에 이르러 움직일 때도 저절로 염불이 되는 것을 고요히 생각하는 염불이라 한다.

여섯째 말하면서 가지는 염불이란,

남과 이야기 할 때나 아이를 부르고 하인을 나무랄 때에 밖으로 감정을 따르지만 안으로는 생각이 움직이지 아니하여 일심(一心)으로 '나무아미타불'을 고요히 생각하여 부르는 수가 끝이 없고 생각이 간단 없어, 심지어는 말을 잊고 말이 없어도 저절로 생각하는 때를 말하여 가지는 염불이라 한다.

일곱째 묵념하는 염불이란,

입으로 외우는 생각이 지극해지고 생각 없는 생각이 은밀히 계합하여 자나 깨나 어둡지 않고 움직이거나 가만있거나 항상 생각하여 일심으로 '나무아미타불'을 가만히 생각하여 부르는 수가 끝이 없고 생각이 간단없어 심지어는 묵념도 잊고 생각하지 않는데 저절로 생각하는 것을 묵념염불이라 한다.

여덟째 관상염불이란,

저 부처님의 몸이 법계에 충만하고 미묘한 금색 광명이 중생들 앞에 두루 나타난다고 관하고 부처님의 광명이 내 몸과 마음을 비춘다고 생각하여 꾸부리거나 펴거나 보고 듣는 것이 다른 물건이 아님을 알아 뜻과 정성이 지극하여 일심으로 '나무아미타불'을 지극히 생각하되 부르는 수가 끝이 없고 생각이 간단 없어 열두 시간과 4위의(威儀) 가운데서 항상 공경하여 어둡지 아니하면 그것을 관상염불이라 한다.

아홉째 무심(無心) 염불이란,

염불하는 마음이 오래되어 공을 이루어 차츰 무심삼매를 얻고 생각이 없는 생각이 들지 않아도 저절로 들어지며, 생각 없는 지혜가 원만히 하려 하지 않아도 저절로 원만해지고, 받으려하지 않아도 저절로 받아지며 힘이 없이 이루어지는 것을 무심염불이라 한다.

열째의 진여 염불이란,

염불하는 마음이 지극해지고 앎이 없는 앎이 저절로 알아져, 삼심(지성심, 깊은 마음, 회향발원심)이 한꺼번에 비고, 한 성품이 움직이지 않아 원만히 깨달은 큰 지혜가 밝아 홀로 높아진 것을 진여 염불이라 한다.

만일 먼저 십악과 팔사(八邪)를 끊지 않으면 어떻게 십계의 청정함에 순응할 수 있으며, 또 몸의 그릇이 깨끗하고 계율의 거울이 뚜렷이 밝지 않으면 어떻게 열 가지 염불에 계합할 수 있겠는가. 그러므로 몸의 그릇이 깨끗한 뒤에야 법장(法藏)을 간직할 수 있고, 계율의 거울이 뚜렷이 밝아진 뒤에야 부처님의 감응이 밝게 비출 수 있는 것이다. 그러므로 경전에 아무리 맛있는 제호(醍醐)를 얻었더라도 보배 그릇이 아니면 담아 두기 어렵다 하였다. 지금 염불하는 사람으로서 몸의 그릇이 청정하고 계율의 거울이 뚜렷이 밝아지면 어찌 참된 법의 맛을 간직할 수 없겠는가?

근래에 속인이나 삿된 무리들은 십악과 팔사를 끊지 않고 오계와 십선을 닦지 않고서 잘못된 이해와 사사로운 정으로 망녕되이 염불하되, 삿된 소견을 털어놓고 방자하게 서방에 나고자 하니, 그것은 모난 나무를 둥근 구멍에 끼우려는 것과 같다. 그런 사람은 제 뜻으로 염불을 가진다고 생각하지마는 부처님 뜻이 어찌 그 삿된 생각에 맞어주시겠는가?

그러므로 계율을 부수고 부처를 비방하면서 망녕되이 진실과 청정을 구하는 죄로 결박이 더욱 무거워 죽어서는 지옥에 떨어져 그 몸과 마음을 스스로 해치나니, 그것은 누구의 허물이겠는가. 너희 계려(戒侶: 계율을 수행하는 도반)들은 이것을 거울삼아 먼저 십악과 팔사를 끊고 다음에는 오계와 선을 닦아 과거 허물을 뉘우치고 미래의 과보를 맹세하여 동지들과 결사(結社)하고 생사대사의 해결할 뜻을 결정해서 삼장재월(정월 · 5월 · 9월)과 팔왕절(입춘 입하 입추 입동 춘분 추분 동지 하지)을 지키며 육재일을 가져서(8일 · 14일 · 15일 · 23일 · 29일 · 30일) 모름지기 열 가지 염불로 업을 삼아 오래 오래 공을 들이고 힘을 쌓아 진여염불에 결합하면 날마다 때마다 다니거나 서거나 앉거나 눕거나 아미타불의 참 몸이 가만히 그 앞에 나타나 정수리를 어루만지시면서 수기를 하실 것이다.

그리하여 임종할 때에 친히 극락세계의 구품연대로 맞이하되 반드시 상품에서 마주 앉으리니, 진중하여야 한다.

부처님이 부처님을 염하는
진여염불眞如念佛
오래 공들이고, 있는 힘을 다 모아 저 진여염불眞如念佛과
하나를 이루면 날마다 시간마다 가고 오고 앉고 누움에
아미타불의 참 모습이 그윽이 앞에 나타나셔서 그대 머리
위에 향기로운 손을 얹으시고 길이 길이 피어나는 큰 기쁨을
주실 것이다. 또 목숨을 마칠 때에 이르러서는 아미타부처님께서
몸소 극락세계의 아홉 층 연꽃 좌대座臺로 맞아들이시어
반드시 가장 뛰어난 저 아홉 번째 연꽃 좌대에서 여러분을
맡으시고 길이길이 그 곳에 머물게 하실 것이니,
아, 부디 애쓰고 또 애쓰라.
-보조국사 지눌선사의 《염불요문念佛要門》 중에서

수삼밀증염불삼매문(修三密證念佛三昧門)

대개 염불하는 법이 두 가지가 있으니, 첫째는 모양이 없는 것이요, 둘째는 모양이 있는 것이다.

모양이 있는 염불이란,

곧 염주를 가지고 한번 염불할 때마다 염불하는 수를 헤아려서 한 번의 수도 빠뜨리지 않는 것이다. 만일 한 번의 수라도 빠뜨리면 그것을 간단(間斷: 끊어짐)이라 하여 구하는 바 삼매를 성취할 수 없다. 그러므로 숨을 길게 하여 한번 호흡 할 동안 염불하고 염주 한 알씩을 돌리는 것을 일념이라 하며 이렇게 열 번 하는 것을 십념이라 한다. 다못 숨길의 길고 짧음을 따르고 염불의 수는 헤아리지 말아 오직 숨길을 한껏 길게 하여 염불 소리는 높지도 않고 낮지도 않으며 느리지도 않고 급하지도 않아 한 번의 숨길에 염주 한 알을 돌리는 것을 일념이라 하며, 이렇게 일백 여덟 번 숨길을 돌리면 백팔염이라 한다. 부처님을 바로 향해 앉아 염불하는 뜻이 어지럽지 않으며 다시 정진하여 마음을 깨끗이 하여 하루 낮, 하루 밤을 지내고 내지 이레 낮, 이레 밤을 지나 염불이 끝나면 곧 아미타불을 뵈올 수 있을 것이요, 혹은 꿈속에서도 스스로 뵈올 것이다. 경전에 십념이면 다 왕생한다는 말이 바로 이 뜻이다.

모양이 없는 염불이란,

코끝으로 드나드는 숨길을 생각하되 오로지 생각을 쏟아

아미타불을 관하는 것이다. 드나드는 숨길을 간단없이 하면 생각 생각이 뚜렷이 밝아지고 그 마음이 안정되어 안팎이 환히 밝아질 것이다. 그리하여 탐욕 분노 우치 등 삼독이 삼매로 변하여 번뇌를 아주 항복 받고 믿는 마음이 더욱 늘어나 빨리 물러가지 않는 지위(불퇴전지)를 얻게 되는 것이다. 그러나 오직 의혹하여 믿지 않거나 이 법을 비방하거나 무거운 죄의 업장을 가진 이나 거만하거나 게으른 사람은 이 문에 들어오지 못한다.

구생행문요출(求生行門要出)

구생행문(求生行門: 정토왕생을 구하는 수행문)이란 무엇인가?

염불에는 다섯 문이 있고, 수행에는 네 가지 법이 있으니, 이곳의 깨끗한 업이 익으면 극락의 붉은 연꽃이 벌써 난다는 것이다. 대개 높고 낮은 근기를 살피어 돈점(頓漸)의 교법을 널리 설명하였으니, 처음에는 자기 역량을 따라 수행하고 제 공부를 헤아려서 할 것이다.

한가한 때를 타고 고요한 곳을 잡아 혹은 구품의 법칙을 따르고 혹은 삼배(三輩)의 법규에 의지하여 좋은 인연이 있으면 단체를 만들고 훌륭한 벗이 없으면 외로이 닦되, 반드시 동지를 구하며 불경을 깊이 연구하고, 다른 사람들과 실업이 세상 일을 이야기 하지 말고 모든 인사를 끊고 티끌 인연을 물리치며 실없는 일을 말하지 말고, 때가 아니면 나가지 말라.

베옷 입고 나물밥 먹으며 계율을 지니고 재(齋)를 가져서 행과 원을 서방에 회향하고 일과 이치를 정토를 위하여 온전히 닦아라. 이 법에 의지하면 결정코 왕생할 것이다. 이 세계의 정진은 많지 않더라도 극락세계에는 무량겁으로 낙을 받으리라. 그러므로 원만 있고 행이 없으면 그 원은 반드시 헛될 것이요, 행만 있고 원이 없으면 그 행은 반드시 외로울 것이니, 행과 원이 서로 합하고 복과 지혜가 서로 도와야 반드시 왕생하여 불도를 빨리 이룰 것이다.

천친론(天親論)

사수법(四修法)을 관행하고 삼심(三心) 오념(五念)의 행을 써야 빨리 왕생할 수 있다. 무엇이 넷이냐?

첫째는 공순히 닦는 공경수(恭敬修)이니, 저 아미타불과 모든 성중들께 공경하고 예배함을 공경수라 한다. 목숨이 마치기를 한정하고 맹세코 중단하지 않으면 그것이 곧 항상 닦는 **상시수(常時修)**라.

준감로소(準甘露疏)에 공경수가 다시 다섯 가지가 있다.

첫째는 인연이 있는 성인을 공경하는 것이니, 다니거나 서거나 앉거나 눕거나 대 소변 할 때에도 항상 서방을 보호하는 것이다.

둘째는 인연이 있는 불상과 교법을 공경하는 것이니, 아미타불의 불상을 모시고 정토 경전을 읽을 것이다.

셋째는 인연이 있는 스승과 벗을 공경하는 것이니, 정토 교법을 아는 이를 친근하고 공경하는 것이다.

넷째는 같이 배우는 이를 공경하는 것이니, 곧 정토 업을 함께 닦는 이들이 서로 권하여 이롭게 하는 것이다.

다섯째는 삼보를 항상 공경하는 것이니, 그것은 정토에 나는 좋은 인연이 되기 때문이다. 이와 같이 공경히 수행하면 결정코 왕생할 것이다.

둘째는 남음 없이 닦는 무여수(無餘修)이니, 전문으로 저 부처님 명호를 부르고 전문으로 저 부처님과 모든 성중께 예배하고 찬탄하며 다른 여업(餘業)은 하지 않는 것이니 목숨이 마치도록 맹세코 중단하지 말 것이다。

셋째는 간단(중단) 없이 닦는 것이니, 계속하여 공경 예배 염불 찬탄 억념 관찰 회향 발원하여 생각 생각이 계속하고 다른 업은 하지 않는 것이다. 또는 탐심 진심 번뇌를 내지 않으며 만일 범하였거든 곧 참회하여 한시도 지체하지 말고 항상 깨끗하게 하여 종신토록 그치지 않을 것이다.

넷째는 회향하여 닦는 것이니, 보살은 이미 생사를 벗어났으니 모든 지은 선근 공덕을 회향하여 성불하기를 구할 것이니 이것은 곧 자기가 이로움이요, 미래 겁이 다 하도록 중생을 교화하는 것은 곧 다른 이를 이롭게 하는 것이다. 요사이 중생들은 모두 번뇌에 얽혀 매여 악도와 생사고통을 면치 못하였으니 인연을 따라 수행하여 지은 모든 선근을 회향하여 아미타불 세계에 나기를 원할 것이다. 저 세계에 가서 나면 다시는 두렵고 괴로움은 없다. 이와 같이 네 가지를 닦아서 나아가면 나와 남이 같이 큰 이익을 얻을 것이다.

위의 **삼심**이란, 지성심(至誠心) 심심(深心) 회향발원심(回向發願心)이요, **오념**은 예배(禮拜) 칭명(稱名) 억념(憶念) 작원(作願) 회향(回向) 등이다.

일행삼매는 왕생을 구하는 법문인데 홀로 한가히 거처하여 산란심을 없애고 전일한 마음으로 염불하면 아미타불을 볼 것이다.

문수반야경에 이렇게 말씀하셨다.

일행삼매구생문 독처공한사란의
一行三昧求生門 獨處空閑捨亂意

계심전념견미타 문수반야여시설
係心專念見彌陀 文殊般若如是說

문수반야경에 "일행삼매를 밝히려거든 고요한 곳에 혼자 있으면서 온갖 어지러운 뜻을 없애버리고 한 부처님께 마음을 매어두되, 그 상호는 관하지 말고 오로지 명호만 부르면 곧 염불하는 가운데 아미타불과 일체 모든 부처님을 볼 것이다" 하였다.

「물음」 : 왜 상호는 관하지 말고 오로지 명호만 부르라 합니까?

「답」 : 중생들은 업장이 두텁기 때문에 관을 성취하기가 어렵다. 그러므로 부처님은 그들을 가엾이 여겨 오로지 명호만 부르게 하신 것이니, 명호는 부르기가 쉽기 때문에 계속 하면 곧 왕생하는 것이다.

「물음」 : 한 부처님만 부르는데 어떻게 여러 부처님이 나타나십니까? 그것은 사와 정이 서로 사귀고 하나와 많은 것(일다一多)이 섞여 나타나는 것이 아닙니까?

「답」 : 모든 부처님의 큰 자비심은 평등하고 아미타불의 원력은 깊기 때문이다.

「물음」 : 모든 부처님은 다같이 삼심을 증득하여 자비와 지혜의 과보가 원만하므로 그 감응도 다르지 않을 것입니다. 그러므로 어느 방위(方位)라도 예배하고 생각하여 한 부처님만 부르면 왕생할 수 있을 것인데, 서방만을 칭찬하여 오로지 예배하고 염불하라 하니 무슨 뜻입니까?

「답」 : 모든 부처님의 증득한 이치는 평등하여 오직 하나이다. 그러나 행과 원을 따라서 거두어 주심은 인연이 없는 것이 아니다. 그런데 아미타불은 본래 깊고 무거운 서원을 세워 이 광명과 명호로써 시방세계 중생을 구제하리라 하셨으니, 다못 신심으로 염불하여 나기를 구하면 종신토록 염불하거나 내지 열 소리 한 소리에 이르기까지 다 부처님의 원력으로 쉽게 왕생할 수 있는 것이다. 그러므로 석가부처님과 모든 부처님들이 서방을 향하라고 권하심이 다를 뿐이요, 다른 부처님을 부르고 생각하여 죄를 없애지 못한다는 말은 아니다. 재계하여 아미타불과 관음·세지 두 보살을 관하고 생각하면 그 몸은 정토에 나서 연화대에 앉으리라.

재계관상미타불 관음세지이대사
齊戒觀想彌陀佛 觀音勢至二大士

신생정토좌련화 십육관경여시설
身生淨土坐蓮華 十六觀經如是說

『십육관경 수지법문(修持法門)』에 간략히 말하기를, "재계하여 몸을 깨끗이 한 뒤에 맑은 마음과 깨끗한 생각으로 서방을 향해 편히 앉아서 눈을 감고 잠자코 관하되, 아미타불의 순금의 색신은 서방에 칠보로 된 못 가운데 큰 연못 위에 앉아 계시는데 키는 16척이요, 두 눈썹 사이 조금 위에 오른쪽으로 감긴 흰 털이 있어서 광명은 번쩍이며 그 몸은 자금색이다. 이렇게 그 흰 털에 마음을 두고 생각을 모아 함부로 털끝만큼이라도 다른 생각을 내지 말고 눈을 감거나 눈을 뜨거나 항상 보이게 한다. 그것은 생각 생각에 잊지 않으려 하기 때문이다.

이렇게 오래 계속하면 생각하는 마음이 성숙하여 자연히

감응 되어 부처님의 전신을 보게 될 것이다. 이 법이 최상이니, 이른바 마음으로 부처님을 생각할 때에 '이 마음이 곧 부처다' 하는 것이니, 그것은 입으로 염불하는 것보다 낫다.

다음에는 관세음보살을 생각하고 관하되 몸은 자금색이요, 손에는 흰 연꽃을 들었으며 그 천관(天觀) 가운데 서 있는 한 분의 화신부처님이 화불(化佛)이다 하고, 또 다음에는 대세지보살을 생각하되 몸은 자금색이요, 그 천관과 살상투 위에는 보배 병이 하나 있다 하며 또 다음에는 자기 몸이 서방극락세계에 나서 연꽃 속에서 가부좌 하고 앉았는데, 연꽃이 오므라졌다는 생각과 피었다는 생각을 하며 부처님과 보살이 허공에 가득하다고 보는 것이다" 하셨다。

또 달마스님의 말에 "염불이란 무엇인가? 생각함이란 기억하는 것이니, 계행을 생각해 지니고 정근하기를 잊지 않는 것이요, 부처란 깨달음이니 몸과 마음을 살펴 악(惡)이 일어나지 않게 하는 것이다" 하였다. 또 "입에 있으면 외운다 하고 마음에 있으면 생각한다 하나니, 한갓 외우기만 하고 생각하기를 버리면 도에 무슨 이익이 있겠는가" 하였다。

이상의 왕생을 구하는 법문은 모두 대 참문 『미타도량참법(彌陀道場懺法)』에 있는 것으로서 간추려 낼 필요가 없겠지마는 문리가 약하고 식견이 엷은 사람들은 그 광대한 법문에서 종지를 얻지 못하겠기에 지금 구생(求生: 정토왕생을 구하는)의 요점만을 간략히 추려내어 정토 업을 닦는 사람들에게 보이는 것이니, 몇 번이고 되풀이 해 읽고 조급하거나 경홀히 하지 말지어다.

대저 염불하는 이는 삼업이 깨끗해야 한다. 삼업이란, 몸·입·뜻의 업이다. 몸을 단정히 하고 바로 앉아 부처님을 뵈옵듯 하는 것을 몸의 업이 깨끗하다 하는 것이다. 입에는 잡된 말이 없이 온갖 희롱과 웃음을 끊는 것을 구업이 깨끗하다는 것이다. 뜻에는 망상을 버리고 온갖 반연을 쉰 것을 뜻의 업이 깨끗하다는 것이다. 이렇게 날마다 해마다 항상 깨끗이 한 뒤에 부처님의 명호를 생각하면 왕생할 자격이 있겠지만은 만일 위에 말한 것과 어긋나면 왕생하기 어려울 것이다.

목우자(牧牛子) 가로되,

요즈음 간간히 보리심에서 물러나 덕이 없는 사람들이 오로지 부처님의 계율을 의지하지 않고 삼업을 단속하지 않고 방종하고 게으르며 남을 업신여기고 시비를 따지는 것으로 근본을 삼으면서, 어떤 일에도 장애와 어려움이 없다고 하니 바로 이런 무리들이다.

- 염불요문 끝 -

- 보적경寶積經

무생법인無生法忍(나고 죽음이 없는 법을 알게 됨)을 깨달으셨다.
그 법法 연설하심을 듣고 믿고 이해하고 기뻐하여
그때에 부왕이 칠만 명의 석종釋種(석가 종족)과 함께
항상 부지런히 정진하여 불도佛道를 얻으실 것이라"고 하시니,
지금에 마땅히 서방극락세계의 아미타부처님을 생각하시어
석가여래께서 말씀하시기를 "부왕父王(정반왕)이시여!

시 심 작 불
是心作佛

(염불왕생요결)

염불왕생요결(念佛往生要訣)

주필야비 광명 등촉
晝必夜備 光明燈燭이요

서필한비 의금신탄
署必寒備 衣衾薪炭이요

생필사비 복혜 정토
生必死備 福慧淨土라

밝은 낮에 어두운 밤을 준비할지니, 밝은 등불이요

더운 여름에 추운 겨울을 준비할지니, 의복과 연탄이요

편안히 살 때 고통의 죽음을 준비할지니, 복 짓고 염불할 것이다.

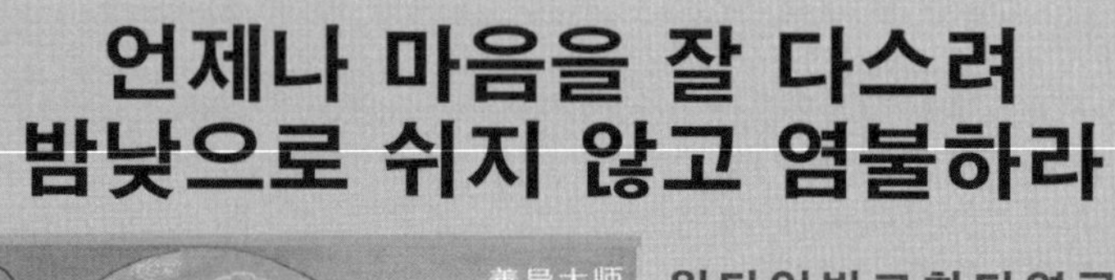

원컨대 모든 사람들은 잘 생각하여
다니거나 머물거나 앉거나 눕거나
언제나 마음을 잘 다스려
밤낮으로 쉬지 않고 염불하라
그러면 임종에 다다랐을 때
한 생각에 목숨을 마치고
다음 생각에 극락정토에 왕생하여
영겁토록 무위無爲의 즐거움 누리며
곧 성불成佛에 이르게 되니
어찌 즐겁지 아니한가.

선도善導 대사 (아미타불의 화신, 정종 제2조)

선도대사 전수무간설(專修無間說)

1. **전수(專修)** : 중생의 업장이 두텁고 지경(智境)은 가늘며 마음은 추하여 관법을 성취하기가 어려우므로, 성인이 불쌍히 여기사 명호만 전념함을 권하셨다. 이것은 명호는 부르기 쉽고 상속이 잘되어 곧 왕생하게 되는 것이다.

생각 생각이 계속하여 목숨 마칠 때까지 이르면 열이면 열이 생(往生)하고, 백이면 백이 생하는 것이니, 그 이유는 바깥 잡연이 없어 정념(淨念)을 얻게 되고 부처님의 본원(本願)에 서로 응하고 부처님의 가르침을 어기지 아니하고 부처님의 말씀을 순종하는 까닭이니 이것을 전수(專修)라 한다. 그러나 전수를 버리고 잡업(雜業)을 닦아 왕생을 구하는 이는 백에 하나 둘이나, 천에 삼·사인밖에 왕생하지 못하나니, 그 이유는 잡연이 어지럽게 움직여 정념을 잃고 부처님의 본원과 서로 응하지 못하고, 부처님의 가르침을 어기고 부처님의 말씀을 순종치 않고, 염불 생각이 상속하지 못하고 생각(망념)이 상속하여, 부처님 은혜를 갚을 마음이 없고 비록 업행(業行)이 있으나 항상 명리와 서로 응하여 정토에 왕생함을 스스로 장애하는 까닭이니라.

2. **무간수(無間修)** : 몸으로는 아미타불께만 예배하고, 입으로 아미타불만 부르고, 뜻으로는 아미타불만 생각하며

만일 성냄과 탐냄과 어리석음을 범하였거든 시간을 지체하지 말고 곧 참회하여 항상 깨끗하게 할 것이니, 이것이 무간수니라.

삼계의 불타는 집은 위험하고 오탁(五濁)의 악세도 두렵도다. 삼독(탐심 진심 치심)은 안으로 일어나고 삼재(흉년 병란 질병)는 밖으로 침해하여 불안 공포와 생사가 그칠 때가 없으니, 이러한 많은 고통을 어찌하여 벗어날꼬. 시방 삼세의 부처님 중 제일이신 아미타불의 무량수 무량광의 위신력(威神力)이 아니시면 도저히 어려운 것이니, 오직 지성심(至誠心), 심심(深心), 회향발원심, 분발심, 공포심을 내어 부지런히 염불하면 현세의 모든 재앙은 없어지고 복덕이 구족하며 당래에 정토에 왕생할 것이다. 그러므로 부처님께서 염불의 십종 공덕을 말씀하셨는데, 아홉 가지 공덕은 현세에 받고 한 가지 공덕은 극락세계에 가는 것이다.

염불왕생요결 머리말

불교의 수행문(修行門)에는 팔만사천 문이 있다고 경론(經論)에 말씀하셨다. 그러나 이를 크게 나누어 보면 향상일구문(向上一句門), 의교수행문(依教修行門), 즉신성불문(即身成佛門), 염불왕생문(念佛往生門) 등의 네 가지로 말할 수 있다.

향상일구문이란 선종(禪宗)으로서 자력(自力)으로 자아(自我)를 발굴하여 자기완성을 목적으로 하는 수행의 길이며, 의교수행문이란 교종(教宗)으로서 부처님의 말씀에 따라 실천전도(實踐傳道)를 목적함이요, 즉신성불문이란 진언종인 밀교(密教)로서 대일여래를 교주로 삼아 진언의 위신력에 의하여 성불하는 길이다. 염불왕생문이란 정토종(淨土宗)으로서 아미타불의 명호를 불러 서방극락세계에 태어나 불퇴전지(不退轉地)에 올라 아미타불을 친견하고 자성미타(自性彌陀)를 발견하여 사바세계로 되돌아와 중생을 제도하려는 수행문인 것이다.

다시 말하면 팔만사천문을 묶어 네 문이 되었으니, 이 네 가지의 수행문 가운데 가장 보편적이며 성불의 첩경은 바로 이 염불이라 하겠다.

『아미타경』에 "선남자 선녀인들이 1일 내지 7일 동안에 걸쳐 일심불란(一心不亂)하게 염불하면 이 사람은 죽어서 곧 아미타불의 극락국토에 태어난다" 하였고, 『무량수경』

에는 “설사 내가 성불하였더라도 시방 중생이 신심으로 나의 세계에 태어나길 원하여 십념(十念)만 부른 사람이 오역죄(五逆罪)가 있는 이를 제외하고 왕생하지 못한다면 나는 마침내 성불하지 않겠습니다” 하였으다. 백정인 장선화도 십념(十念)으로 왕생했고, 파계승인 웅준은 염불한 공덕으로 재생(再生)하여 왕생하였으니, 이 얼마나 쉬운 수행방법인가!

수산스님은 우리나라 정토종 중흥의 서원을 세워 많은 정토서적을 저술하여 반포하였으며 이번에 또 『염불왕생요결』을 엮어 출간하게 되어 이 책이 염불인들에게만 지남이 될 뿐 아니라 사회정화에 목탁이 될 책이라 생각하고, 감히 사부대중에게 일독(一心)을 권하는 바이다.

1971년 1월 20일 가야산 석지관 반담(伴談)

자서(自序)

불자들이 난행 고행하여 성불하려고 힘을 쓰는데, 성불하려는 목적은 무엇인가? 성불하면 일체종지(一切種智)를 얻고 육신통(六神通) 십력(十力) 사무외(四無畏) 등 위덕(威德)은 다 말할 수 없지만은 그중 제일의 목적은 열반이라 할 것이니, 열반은 곧 생사를 벗어난다는 의미라, 부처님께서 출가 수도하신 것도 생로병사(生老病死)를 벗어나려는 목적인 것이다.

중생이 육도를 윤회(輪廻)하여 한량없는 생사를 받는데, 고통만 많을 뿐 아니라 수행에 큰 장애가 되어 성불하기가 매우 어렵다.

불경에 나한도 출태(出胎)할 땐 잊어버리고, 보살도 전생일이 아득하다 하였거든 항차 범부로서 여간 수행한다 하여도 몸을 한번 바꾸면 전생에 하는 것이 무엇인지 알지 못하고 갈피를 잡지 못하여 이리 저리 헤매게 되며, 만일 악도에 떨어지면 무량겁으로 나오지 못하고 고통만 받게 되니, 어찌 수도할 정신이 있으리요. 삼 아승지겁 닦아 성불한다는 것도 발심 보살에게 하는 말이요. 박지 범부들이야 백 아승지 겁이라도 어려운 것이다.

그런데 정토 법문은 나의 심력(心力)과 아미타불 원력(願力)에 의지하여 이 목숨 마치자 곧 정토에 왕생해 생사를 벗어나 열반을 증득하는 것이다. 다시 말하면, 다른 법문은 열반을 증하여서 생사해탈(解脫)을 하는 것이요, 정토법문은 열반을 증치 못하여도 생사해탈은 하는 것이다. 그러니 다른 법문은 단지 자기 힘으로 수행하므로 모든 번뇌가 완전히 없어져야 생사해탈 하지만 정토법문은 아미타불 원력을 의지하므로 신심으로 염불하면 누구나 다 왕생하나니, 삼매를 얻고 번뇌를 끊은 이는 상품에 나서 곧 무생법인(無生法忍)을 얻고, 삼매를 얻지 못한 이는 하품에 나니, 하품이라도 생사를 받지 아니 하므로 물러가지 않고 수도하여 빨리 열반을 증하는 것이다. 그러므로 정토법문을 경절문(徑截門: 가장 빠른 해탈법문) 중 경절이라 한다.

부처님 말씀에 "사람의 몸 얻기는 손톱 위에 흙 같고 사람의 몸 잃고 악도에 들어가는 것은 온 지구의 흙 같다" 하였으니, 육도 윤회한다는 것이 실상은 삼악도 윤회라 할 수 있다. 지나간 윤회는 다 말할 수 없거니와 앞으로 생사도 또한 그럴 것이다.

이렇게 얻기 어려운 몸으로 만나기 어려운 불법을 만났으며, 그 중에도 제일 귀중한 염불 법을 만났으니, 억 천만에 만나기 어려운 좋은 기회라 이런 기회에 생사대사를 해결 못하면 다시 윤회에 들어 고통을 받을지니, 지옥은 주야에 만 번 죽이고 한번 살리는데 구리쇠 물을 먹이면 간장이 타서 녹아지고 칼과 톱으로 끊으면 뼈와 살이 찢어져서 슬픈 곡성은 산천을 울려 차마 들을 수 없으며, 아귀는 기갈이 심하고 맹렬한 불이 속을 태워 항상 울고 있으며, 축생은 서로 잡아먹어 잠깐도 마음을 놓지 못한다.

이렇게 무량겁으로 고(苦)를 받으니 송장의 해골을 모으면 백두산보다 높고 피 흘린 것은 태평양 물보다 많을 것이라, 이것을 생각하면 얼마나 참혹하며 얼마나 원통한 일인가. 대개 죽고 사는 것이 한 생각에 달려 있어 생각이 맑으면 정토가 나타나고 생각이 나쁘면 지옥이 나타나는 것이니, 어떻게 노력하더라도 금생에 생사해탈을 하여야 사는 것이다.

이 책자는 경에 있는 부처님 말씀과 여러 성현의 법문을 뽑아 모아 엮은 것이니 자세히 읽어보면 모든 의심이 풀리고 신앙심이 날 것이며, 이에 따라 수행하면 만 명에 만이 다 틀림없이 생사해탈을 할 것이다.

오직 사부대중과 모든 중생은 이 기회를 놓치지 말고 발심 염불하여 다 같이 왕생성불하기를 원하는 바이다.

불기 2514년 신해 정월 일일 수산 삼가이 씀

정토 예불문

지심귀명례 서방정토 극락세계 사십팔대원 아미타불

지심귀명례 서방정토 극락세계 대자대비 관세음보살

지심귀명례 서방정토 극락세계 대희대사 대세지보살

지심귀명례 서방정토 극락세계 일체청정 대해중보살

유원사성 대자대비 수아정례 명훈가피력

원공법계 제중생 동입미타 대원해

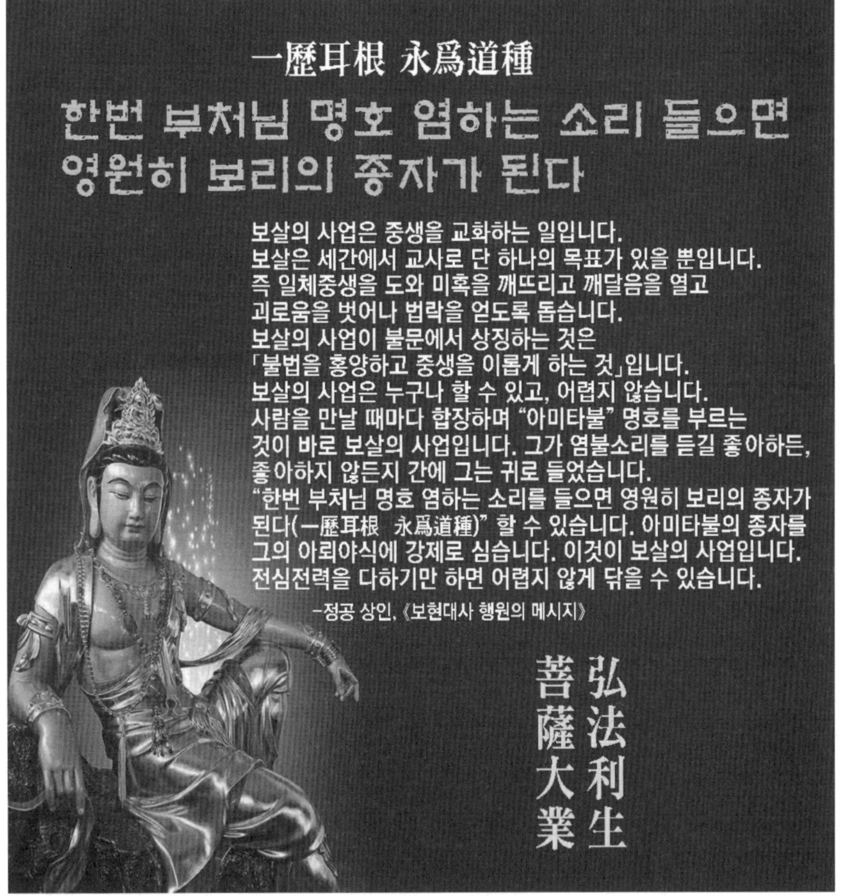
一歷耳根 永爲道種
한번 부처님 명호 염하는 소리 들으면
영원히 보리의 종자가 된다
보살의 사업은 중생을 교화하는 일입니다.
보살은 세간에서 교사로 단 하나의 목표가 있을 뿐입니다.
즉 일체중생을 도와 미혹을 깨뜨리고 깨달음을 열고
괴로움을 벗어나 법락을 얻도록 돕습니다.
보살의 사업이 불문에서 상징하는 것은
「불법을 홍양하고 중생을 이롭게 하는 것」입니다.
보살의 사업은 누구나 할 수 있고, 어렵지 않습니다.
사람을 만날 때마다 합장하며 "아미타불" 명호를 부르는
것이 바로 보살의 사업입니다. 그가 염불소리를 듣길 좋아하든,
좋아하지 않든지 간에 그는 귀로 들었습니다.
"한번 부처님 명호 염하는 소리를 들으면 영원히 보리의 종자가
된다(一歷耳根 永爲道種)" 할 수 있습니다. 아미타불의 종자를
그의 아뢰야식에 강제로 심습니다. 이것이 보살의 사업입니다.
전심전력을 다하기만 하면 어렵지 않게 닦을 수 있습니다.
-정공 상인, 《보현대사 행원의 메시지》
弘法利生
菩薩大業

염불왕생요결(念佛往生要訣)

마음의 본각(本覺)을 부처라 하고, 마음의 시각(始覺)을 생각이라 하나니, 이 시각과 본각이 가만히 계합하여 삼매를 이루는 것이다.

『관경(관무량수불경)』에 부처님이 아난과 위제희에게 말씀하시되, "모든 부처님들은 법계의 몸으로 일체 중생의 생각 가운데 드시나니, 그러므로 너희들이 부처님을 생각할 때, 이 마음이 곧 32상 80종호라, 이 마음으로 부처를 짓고 이 마음이 곧 부처라. 부처님의 바르게 아는 지혜가 마음에서 나나니, 이러므로, 마땅히 한결같은 마음으로 부처님을 자세히 관하라" 하셨으니, 일심으로 염불하여 아미타불이 나타날 때에 곧 나의 심불(心佛)이 나타나고, 나의 심불이 나타나면 아미타불이 나타나서, 내 마음이 곧 아미타불의 마음이요, 아미타불의 마음이 곧 나의 마음부처라, 일체요 둘이 아닌 것이다.

우익선사 말씀에, "자성미타(自性彌陀)와 유심정토(唯心淨土)를 많이 말하는데 무엇으로 마음이라, 성(性)이라 하는가? 자성은 도리로 된 것이 아니요, 마음은 반연한 그림자가 아니라, 세로는 삼세(三世)를 다하고 가로는 시방(十方)을 두루 하였으므로, 십겁 전 성불하신 아미타불이 자성 밖에 있지 않고, 십만억 불토 밖에 있는 극락이 실상으로 마음 안에 있는 것이니, 미타가 곧 자성미타이므로 생각하지 아니할 수 없고 정토가 유심정토이므로 나지 아니 할 수 없다.” 하셨으니 이것은 곧 부처와 중생이 둘이 아니요, 마음과 국토가 하나이므로 서방정토가 실지로 분명히 있고 아미타불이 지금 설법하고 계시지마는 내 마음은 허공보다 넓어서 마음 안에 있다는 것이다.

근래에 어리석은 무리들이 내 마음이 정토인데 서방정토가 어데 있으며, 내 성품이 미타인데 서방 미타불이 어데 있느냐고 이런 마 설을 하는 자가 간혹 있으니, 참으로 통탄할 일이다. 내가 여기에 생각한 바가 있어서 **『염불왕생요결』**이란 책자를 내어서 일반의 의심을 풀게 하고 스스로 경책을 삼고자 한다.

네 가지 문을 갈라내니,

첫째는 깊은 신(信)을 세움이요,
둘째는 간절한 원(願)을 발함이요,
셋째는 부지런히 수행함이요,
넷째는 널리 회향함이라.

첫째, 깊은 신(信)을 세움

부처님 말씀에 “신(信)은 도의 근원이요. 공덕의 어머니라. 모든 착한 뿌리를 기른다” 하시며, 『지도론』에는 “깨끗한 믿음이 있어야 불법에 들어가며, 믿음이 없으면 들어가지 못한다” 하였으며, 『유마경』에는 “서방정토에 가고자 하면, 깊이 믿는 마음이 있어야 하나니, 정토의 모든 부처님들은 정토를 바로 믿는 사람이다” 하였고, 『종경록』에는 “믿지 아니하는 사람은 천불이라도 구제할 수 없다" 하였다.

가사 태양을 차갑게 하고 달을 뜨겁게 할지언정 부처님 말씀은 털끝만치도 변하지 않는 것이니, 석가모니불 교법과 아미타불의 48원과 육방의 모든 부처님의 찬탄하심을 꼭 믿을 것이며, 또는 나의 마음이 광대하여 이와 같은 깨끗한 공덕이 있음을 믿으며, 또 인과의 법칙은 조금도 틀리지 아니하여 깨끗한 인을 지으면 깨끗한 과를 얻는 것이니, 지성으로 염불하면 결정코 정토에 왕생함을 믿을 것이다.

『아미타경』에서 부처님이 사리불에게 이르시되, "여기서 서쪽으로 십만억 불토를 지나서 세계가 있으니 이름은 극락이요, 그 세계에 부처님이 계시니 호는 아미타라, 지금 설법하고 계시니라. 사리불아, 저 세계를 어찌해서 극락이라 하느냐? 그 나라 중생은 아무 고통도 없고 순전한 낙만 있으므로 극락이라 한다.

사리불아, 저 부처님을 어찌해서 아미타라 하느냐? 저 부처님의 광명이 한량이 없어 시방 세계를 두루 비추어도 걸림이 없으므로 아미타라 한다. 또 사리불아 저 부처님의 목숨과 그 나라 백성들의 목숨이 한량없고 가이 없는 아승지겁이라, 그러므로 아미타불이라 한다.

사리불아, 저 세계에는 언제나 기묘하고 여러 빛깔을 가진 새들이 밤과 낮으로 화평하고 맑고 아름다운 소리를 내어 5근 5력 7보리분 8성도분 등의 법문을 설하는데, 그 나라 중생들이 이와 같은 소리를 듣고는 다 부처님 법문과 스님을 생각 하느니라. 사리불아, 너는 이런 새들이 정말 죄업으로 태어난 것이라고 말하지 말아라. 저 부처님 세계에는 3악도(惡道)가 없다. 저 세계에는 악도(惡道)라는 이름조차 없는데 어찌 이런 것이 있겠느냐? 이 새들은 모두 법문을 노래하기 위하여 아미타불께서 화현으로 만든 것이다.

사리불아, 내가 지금 아미타불의 한량없는 공덕을 칭찬하는 것 같이 6방의 항하사(恒河沙) 수와 같이 많은 부처님들이 제각기 그 세계에서 넓고 긴 혀를 내어 삼천대천 세계를 덮으시고 진실한 말씀으로 이르시기를, 너희 중생들이 말도 생각도 할 수 없는 공덕을 칭찬한 여러 부처님들이 보호하고 염려하시는 이 경을 믿으라" 하시니라.

사리불아, 너는 어떻게 생각하느냐? 어찌해서 여러 부처님들이 보호하고 염려하시는 경이라 하느냐? 사리불아, 선남자 선녀인이 이 경 이름을 듣고 가지거나 여러 부처님 이름을 듣는 이들은 모두 여러 부처님들이 함께 보호하고 염려하심이 되어 아뇩다라샴막샴보리에서 물러나지 아니 하리니, 그러므로 사리불아, 너희들은 내 말과 여러 부처님의 말씀을 잘 믿을 지니라."

무량수경에서 부처님이 아난에게 이르시되, "무량 겁 전에 부처님이 계시니 이름이 세자왕여래시라. 이 세상에 가장 거룩한 임금이 있더니 부처님 법문을 듣고 크게 감동하와 출가하여 비구가 되었으니 이름은 법장이라. 법장 비구가 세자재왕부처님 앞에서 48원을 말하였다.

가령 제가 부처 되오면 이 48원을 완전히 성취하려 하옵는데, 만일 이것이 이루어지지 아니한다면 저는 결정코 성불하지 않키로 서원하나이다.

(1) 내가 부처되는 국토에는 지옥 아귀 축생 3악도가 없을 것.
(2) 내 국토에 나는 이는 다시 3악도에 떨어지지 않을 것.
(3) 내 국토에 나는 이는 모두 황금색의 광명이 몸에 날 것.
(4) 내 국토에 나는 이는 모두 평등하게 좋은 몸을 가질 것.
(5) 내 국토에 나는 이는 모두 숙명통(宿命通)을 얻어서 무량 겁 이전의 지내온 세상 일을 다 알 것.
(6) 내 국토에 나는 이는 모두 천안통(天眼通)을 얻어 무량 세계를 다 볼 것.
(7) 내 국토에 나는 이는 모두 천이통(天耳通)을 얻어 한량없는 모든 부처님 설법을 들을 것.
(8) 내 국토에 나는 이는 모두 타심통(他心通)을 얻어 시방 세계에 있는 중생들의 마음을 알 것.
(9) 내 국토에 나는 이는 모두 신족통(神足通)을 얻어 시방 세계를 잠간 동안에 통과할 것.
(10) 내 국토에 나는 이는 번뇌의 근본인 '나'라는 소견을 내지 않을 것.
(11) 내 국토에 나는 이는 바로 정정취(正定聚)에 들어가 성불할 것.
(12) 나의 광명은 한량없어 무량세계를 비칠 것.
(13) 나의 목숨은 한량이 없어, 천만억 겁으로 세일 수 없을 것.

(14) 내 국토에는 수 없는 성문들이 세일 수 없이 있을 것.
(15) 내 국토에 나는 이는 목숨이 한량없을 것. 다만 중생을 제도하기 위해서는 목숨의 장단을 마음대로 할 것.
(16) 내 국토에 나는 이는 나쁜 일은 이름도 들을 수 없을 것.
(17) 내 이름과 공덕은 시방 제불이 다 칭찬하지 않는 이가 없을 것.
(18) 어떤 중생이나 지극한 마음으로 내 국토를 믿고 좋아하여 나려는 이는 열 번만 내 이름을 불러도 반드시 날 것, 다만 오역죄와 정법을 비방한 이는 제외함.
(19) 보리심을 내어 많은 공덕을 닦고 지성심으로 원을 세워 내 국토에 나려는 이는 그가 죽으려 할 때에 내가 대중들과 함께 가서 그 사람을 영접할 것.
(20) 시방세계 중생이 내 이름을 듣고 내 국토를 사랑하여 많은 공덕을 심고 지성심으로 나려는 이는 반드시 나게 될 것.
(21) 내 국토에 나는 이는 반드시 32상을 구족할 것.
(22) 다른 세계 보살이 내 국토에 나는 이는 필경 일생보처(一生補處)에 이를 것. 그의 소원이 중생을 제도하기 위하여 여러 세계로 다니면서 보살행을 닦으려하는 이는 말할 것 없음.
(23) 내 국토에 나는 이는 밥 먹을 동안에 수 없는 세계를 다니면서 여러 부처님께 공양할 것.
(24) 내 국토에 나는 이는 부처님께 공양하려면 어떠한

공양구나 마음대로 얻을 것.

(25) 내 국토에 나는 보살은 누구든지 부처님의 지혜를 얻을 것.

(26) 내 국토에 나는 보살은 다 나라연천과 같은 몸을 얻을 것.

(27) 내 국토에 소용하는 물건은 매우 아름답고 무수히 많을 것.

(28) 내 국토에 나는 이는 아무리 공덕이 적은 이라도 높이 4백만리 되는 보리수의 빛을 볼 것.

(29) 내 국토에 나는 이는 스스로 경법을 읽고 외우며 다른 이에게 말하여 듣게 하는 변재와 지혜를 얻을 것.

(30) 내 국토에 나는 이는 걸림 없는 지혜와 변재를 얻을 것.

(31) 나의 국토는 매우 밝고 깨끗하여 제불 세계를 한꺼번에 비추어 보되 마치 거울로 얼굴 보듯 할 것.

(32) 나의 국토는 집이나 물이나 연못 화초 나무, 온갖 물건이 여러 가지 보배와 향으로 되어 거기서 나는 향기는 시방 세계에 퍼져 그 냄새를 맡은 이는 모두 부처님의 행을 닦을 것.

(33) 시방의 무량 중생이 내 광명에 비추기만 하면 몸과 마음이 부드럽고 깨끗하여 하늘 사람보다 뛰어날 것.

(34) 시방 세계의 어떤 중생이나 내 이름을 듣기만 하면 보살들의 무생법인(無生法忍)과 깊은 지혜를 얻을 것.

(35) 시방 세계의 어떤 여인이 내 이름을 듣고 믿으며

보리심을 내는 이가 만일 여자 몸을 싫어하면 후생에는 여신을 받지 아니할 것.

(36) 시방 세계의 보살이 내 이름을 듣기만 하여도 필경 성불할 것.

(37) 시방 세계의 천상 인간 사람이 내 이름을 듣고 귀의하여 좋은 마음으로 보살행을 닦으면 천상 인간의 공경을 받을 것.

(38) 내 국토에 나는 이는 옷 생각만 하여도 옷이 몸에 입힐 것.

(39) 내 국토에 나는 이는 받는 쾌락이 번뇌 없는 비구(아라한)와 같을 것.

(40) 내 국토에 나는 이는 시방에 여러 부처님의 정토를 보고자 하면 보리수에 비추는 것이 마치 거울에 얼굴 보듯 할 것.

(41) 다른 세계 보살이 내 이름을 들은 이는 성불할 때까지 육근이 원만하여 불구자가 되지 아니할 것.

(42) 다른 세계 보살이 내 이름을 들은 이는 모두 깨끗한 해탈삼매를 얻어 무량한 부처님께 공양하면서도 삼매를 잃지 아니할 것.

(43) 다른 세계 보살이 내 이름을 들은 이는 후생에 부귀가에 태어날 것.

(44) 다른 세계 보살이 내 이름을 들은 이는 즐거운 마음으로 보살행을 닦아서 선근 공덕을 구족할 것.

(45) 다른 세계 보살이 내 이름을 들은 이는 무량 제불을 한꺼번에 뵈올 수 있는 온통 평등삼매를 얻어 항상 부처님을 뵈올 것.

(46) 내 국토에 나는 보살들은 듣고 싶은 법문을 들을

것.

(47) 다른 세계 보살이 내 이름을 들은 이는 곧 불퇴지에 들 것.

(48) 다른 세계 보살이 내 이름을 들은 이는 곧 음향인, 유순인, 무생법인에 들어가서 부처님 법에 물러나지 아니할 것.

법장비구는 이렇게 48원을 말하고 다시 노래를 읊었다.

내가 세운 이 원은 세상없는 것,
위없는 바른 길에 가고야 마니
이 원을 성취하지 못 할진대
언제라도 부처는 안 되렵니다
한량없는 오랜 겁 지나가면서
내가 만일 큰 시주 되지 못하여
가난뱅이 고생을 제도 못하면
언제라도 부처는 안 되렵니다

이 노래를 마칠 때 땅은 여섯 가지로 진동하며, 연꽃이 하늘로부터 내려와 머리 위에 뿌려지고 훌륭한 풍류소리와 함께 공중에서 외치기를 너는 결정코 성불하리라 하였다.

아난아, 법장 비구는 크고 아름답고 망가지지 않는 정토를 장엄하였다. 그리하기 위하여 한량없는 겁으로 보살행을 닦았는데 마음이 깨끗하여 집착심과 삼독은 아주 없어졌고, 참는 힘과 선정과 지혜를 갖추었으며, 거짓과 게으름이 없고, 사람을 친절이 대하고, 착한 길로 인도하며,

삼보와 스승을 공경하고 큰 원력으로 수행을 쌓으며, 이러한 공덕으로 중생을 가르쳐 주었다.

입으로는 자기를 해치고 남을 해치는 거짓말을 아니 하고 나와 남을 이롭게 하는 말만 하며, 재물과 여색을 끊고 6바라밀 행을 닦아 오랫동안 공덕을 쌓았으므로 어느 곳에나 생각하는 대로 깊고 묘한 법문이 샘솟듯 하여 중생을 구제하였다. 세상에서 존귀한 이가 되거나 인간과 천상의 왕이 되거나, 항상 부처님을 공경 공양하여 말할 수 없는 공덕을 지었으며, 입과 몸에서 나오는 향기는 무량세계에 풍기고 얼굴은 거룩하고 손으로 무슨 보배든지 마음대로 솟아 나오게 하는 생각할 수 없는 훌륭하고 자재한 몸이 되었다.

아난이 부처님께 아뢰되, "법장보살은 벌써 성불하셨습니까? 아직 성불하지 아니 하셨습니까?"

부처님이 대답하시되, "법장보살은 벌써 성불하셨나니, 서쪽으로 십 만억 세계를 지나서 극락이라는 세계에 계시며 부처 되신 지는 지금까지 십겁이 되었느니라.

아란아 극락세계는 금 은 주(珠) 옥으로 땅이 되었고 광명이 찬란하며, 아름답고 깨끗하여 3악도가 없고 기후는 항상 따뜻하여 몸에 알맞고, 무량수불의 광명은 다른 부처님이 미칠 수 없으며, 어느 중생이나 이 광명을 보는 이는 3독이 없어지고, 몸과 마음이 화평하고 즐거워 착한 마음이 생기며, 3악도에 빠진 이들도 이 광명을 만나면 고통이 소멸되고 죽은 뒤에는 해탈을 얻느니라.

또 칠보로 된 나무가 간 곳마다 있으며 보리수 높이는 5

백만 리요, 밑둥이 둘레는 50유순, 가지는 30만 리나 퍼져있어 여러 가지 보배로 장엄하였으며, 바람이 불면 보배 나무에서 부처님의 법을 찬탄하는 소리가 시방 세계 여러 부처님의 국토에 퍼지나니, 그 소리를 듣거나 나무의 빛을 보거나 향기를 맡거나 맛을 보거나 그 광명이 몸에 비치거나 마음으로 그런 일을 생각하는 중생들은 물러나지 않는 자리에 이르게 되어 성불할 때까지 육근이 맑고 깨끗하여 근심이 없느니라.

아란아, 그 국토 사람들은 이 보리수를 보고는 세 가지 법인을 얻나니 첫째는 음향인, 둘째는 유순인, 셋째는 무생법인이니라. 이것은 다 무량수 부처님의 위신력과 원력으로 되는 것이다.

또 강당과 궁전들은 모두 칠보로 되었으며 연못도 옥으로 되어, 가운데 팔공덕수가 가득 찼으며 연꽃은 청색·황색·적색·백색 등으로 찬란한 광명이 나며 그 세계에 나는 이는 훌륭한 몸과 신통한 공덕을 갖추었으며 궁전 의복 음식, 여러 가지 장엄은 타화자재천과 같이 아름다우며, 식사 때가 되면 칠보로 된 바루에 맛있는 음식이 소복이 담겨 저절로 앞에 놓이되, 실로 먹는 것이 아니고 그 빛을 보고 냄새만 맡으면 자연히 배가 부르며, 식욕은 조금도 없고 일이 끝나면 그릇과 음식이 저절로 가 버리고, 그 세계는 깨끗하고 쾌락함이 열반 경계와 흡사하니라.

아난아, 극락세계에 나는 중생들은 결정코 성불할 수 있는 정정취(正定聚)뿐이요, 사정취(邪定聚)와 부정취(不定聚)는 없느니라.

시방세계의 모든 부처님들이 모두 소리를 같이하여 무량수불의 말 할 수 없는 위신력과 공덕을 찬탄하시나니, 모든 중생이 그 명호를 듣고 기뻐하여 지성으로 그 세계에 나기를 원하는 이는 모두 왕생하여 물러나지 않은 자리에 있거니와 오역죄와 정법을 비방한 이는 그렇지 못하느니라."

미륵보살이 부처님께 아뢰되, "이 세계에서 얼마나 되는 불퇴전 자리에 들어간 보살이 극락세계에 왕생하나이까?"

부처님이 대답하시되, "이 세계에서 67억 불퇴전 자리에 오른 보살이 왕생하나니, 이밖에 시방세계 보살들이 수없이 왕생하였느니라. 미륵아, 무량수불의 이름을 듣고 잠깐이라도 즐거워하면 이 사람은 위없는 공덕을 얻느니라.

미륵아, 가령 이 삼천대천세계에 불길이 가득 찼더라도 이 불을 뚫고 가서 이 경전을 듣고 무량수불의 법을 믿고, 읽고, 외우며 말씀대로 행할지라. 이 경전은 많은 보살들이 듣고자 하여도 얻지 못하나니, 어떤 중생이나 이 경전을 듣기만 하면 위없는 보리에 물러나지 않을 것이니, 그러므로 누구든지 이 경전을 전심으로 믿고 외우고 행할 것이니라. 내가 지금 너희들에게 이 경전을 말하여 무량수불과 극락세계 형편을 알게 하였으니 만일 더 듣고 싶은 것이 있거든 마음대로 말하여라. 만일 내가 열반한 뒤에는 한탄하여도 어쩔 수 없느니라. 이 다음 말세에 여러 경전이 모두 없어지더라도 이 무량수경만은 나의 자비로써 백 년 동안을 더 남아 있게 할 것이므로 이 경전을 만나는 이는 소원대로 제도함을 받게 될지니라."

『다라니잡집경』에서 부처님이 비구에게 이르시되, "서방 안락세계에 부처님이 계시니 호는 아미타라. 만일 4부중이 아미타불을 부르면 임종 시에 아미타불이 대중으로 더부러 이 사람 앞에 나타나거든 이 사람이 보고 기쁜 마음을 내어 공덕을 얻고 연꽃 중에 화생하여 큰 신통을 갖추고 광명이 빛나리라. 이때에 항사(恒沙) 세계의 모든 부처님들이 다 안락세계를 찬탄하셨다."

『대승성무량수결정광명왕여래경』에서 부처님이 묘길상 보살에게 이르시되, "염부제 사람의 수명이 백세인데 그 중에 악한 일을 하여 일찍 죽는 이가 많으니 묘길상아, 만일 중생이 이 경 공덕이 수승함을 보고 또 무량수불 명호를 듣고 지성으로 부르고 읽고 공양 예배하면 이 사람이 다시 수명을 더하여 백세를 채우리라."

『예참의 십왕생경』에 이르되, "만일 중생이 아미타불을 염하여 왕생을 원하는 자는 아미타불이 25보살을 보내어 보호하여 행·주·좌·와, 일체 때와 일체 곳에 악귀들이 침범치 못하게 하니라."

『상법결의경』에 이르되, "부처님 열반 후 정법 5백년은 계행을 지키는 것이 굳세고, 상법 천년은 선정을 닦는 것이 굳세며, 말법 만년은 염불이 굳세느니라."

『현호경』에 이르되, "가령 어떤 이가 세계에 가득찬 칠보와 의, 식, 주, 약으로 모든 중생에게 공양하여 다 아라한과를 증득케 하면 그 복이 많겠느냐? 많지 않겠느냐?" 현호 아뢰되, "심히 많습니다." 부처님이 현호에게 이르시되, "어떤 사람이 다른 이를 권하여 아미타불을 염하면 이 공덕이 저보다 많으니라."

『다라니잡집경』에 이르되, "사부대중이 세계에 가득찬 칠보로 시방의 모든 부처님께 보시하여도 한 사람이 돈 한 푼, 향 한 개, 꽃 한 가지로 성심껏 아미타불께 공양하는 것만 같지 못하나니, 이런 공덕을 짓는 이는 모든 불·보살·금강·하늘이 다 기뻐하고 죽을제 극락세계에 나느니라.

부처님이 말씀하시되 염불하는 이는 열 가지 공덕을 얻나니, 첫째는 모든 하늘 신장들이 밤낮으로 수호하고, 둘째는 관세음보살 같은 25보살이 항상 보호하시며, 셋째는 시방 제불이 호념하시고 아미타불은 광명을 놓아 비추어 주시며, 넷째는 모든 악귀들이 침범치 못하며, 다섯째는 수재·화재·도적과 횡사(橫死)가 없으며, 여섯째는 전생 죄업이 소멸하고 죽인 원수가 해탈을 얻어 다시 보복이 없으며, 일곱째는 꿈이 항상 좋고 꿈에 아미타불을 간혹 뵈오며, 여덟째는 마음이 기쁘고 기력이 좋아지며 일체 하는 일이 뜻대로 되며, 아홉째는 모든 세상 사람에게 예배와 칭찬을 받으며, 열째는 목숨 마칠 때를 당하여 두려운 생각이 없고 바른 생각이 나타나 아미타불과 모든 보살들이 금대(金臺)로 맞아 주어 서방정토에 왕생하여 미래제가 다하도록 좋은 낙을 받느니라."

『관무량수경』에 이르되, "선남자 선여인이 다만 부처님 명호와 두 보살 이름만 들어도 무량겁 생사의 죄를 없애거든 하물며 생각함이랴. 나무아미타불 한소리에 80억겁 생사의 중죄가 멸하나니 잘 알아라. 염불하는 사람은 사람 가운데 분타리화라. 관세음보살 대세지보살이 좋은 벗이 되느니라."

『화엄경』에 이르되, "차라리 지옥고를 받고 부처님 명호를 들을지언정 한량없는 낙을 받고 부처님의 이름을 듣지 아니하면 못 쓰느니라."

『나선비구경』에서 국왕이 나선사문에게 묻되, "사람이 평생에 나쁜 짓을 하다가 죽을 때에 염불하고 극락세계에 간다는 것은 내가 믿지 않습니다" 나선스님이 답하되, "큰 돌이라도 배에 실으면 빠지지 아니하고, 작은 돌도 그대로 놓으면 가라앉는 것이니, 그와 같이 '부처님 힘'(佛力)을 의지하면 죄가 있어도 갈 수 있습니다."

『정토혹문』에 한 선객이 묻되, "영명선사는 달마 선법을 깨치고 소국사의 법을 이어 법안종의 3조인데, 어찌하여 정토를 찬양하고 왕생을 원하였습니까?" 천여선사 대답하시되, "깨친 사람이 왕생을 원하는 것이니, 네가 아직 깨치지 못 하였도다. 만일 깨쳤다면 정토에 가는 것을 소만 마리라도 만류치 못할 것이다. 네 생각에는 한번 깨친 뒤에는 습기가 다 녹아서 다시 퇴전치 않다 하는가? 다시 불법을 배울 것이 없다 하는가? 부처님과 같아서 낳는데 들어가고 죽는데 들어가도 경계에 끌려서 요동치 않으리라 하는가? 경에 나한도 출세 할 적에는 매(昧)하고 보살도 전생 일을 모른다 하는데 항차 근래에 조그마한 지경이야 말할 것 있겠는가? 요사이 선객들이 부처님의 참뜻과 달마의 현미한 기밀(機密)을 알지 못하고 염불하는 이를 보고 이는 어리석은 사람의 하는 것이라고 비소하니 나는 말하되 그것이 어리석은 사람을 비루하게 여김이 아니라, 이것은 문수 · 보현 · 마명 · 용수 등 큰 성인들을 비루하게 여김이라 하노니, 스스로 정도(正道)를 미(迷)하고 선근을 잃으며, 혜명(慧命)을 상하고 불종을 끊을 뿐 아니라, 또한 정법을 비방하고 성인을 없이 여기는 죄를 짓는 것이니, 불조께서 불쌍하다 하시리라.

영명선사께서 이것을 원통히 여겨 심간(心肝)을 쪼개내어 정토를 주장하여 자기도 닦고 다른 이를 교화하였으며 임종할 적에 좋은 서상이 나타나서 극락 상품에 왕생하였다. 대저 영명선사는 달마 직지(直指)의 선을 깨치고 또 극락에 나서 선자(禪者)의 국집한 소견을 풀고 말법에 정토신앙을 권하였으니 나는 참으로 종교에 공덕이 많다 하노라."

『정토십의』에서 묻되, "다 같이 염불하여 한 부처님 정토에 날진댄 어찌 시방 부처님 국토 중에 한 부처님을 생각지 않고 하필 서방 아미타불만 생각합니까?"

지자대사 답하시되, "범부는 지혜가 없어 자기 마음대로 못하고 오직 부처님 말씀만 믿음으로 아미타불만 생각하니라. 석가모니부처님의 팔만 장경 곳곳에 중생을 권하여 아미타불을 불러 극락세계로 가라고 하셨으니, 저 무량수경 · 관경 · 왕생론 등 수십 경론에 은근히 서방에 나라고 가르쳤거니와 다른 부처님 정토는 다 못 한 경전 두 경전에 왕생을 권하였을 뿐 이니라."

『감노소기』에 이르되, "염불하여 정토에 나기를 구하는 자와 또 다른 법을 수행하는 자의 우열(優劣)이 같지 않으니 다른 법을 닦는 자는 단지 자기 힘뿐이므로 많은 겁을 지내도록 수행하여 물러가지 않아야 성도를 이루나니 매우 어렵고, 염불을 하여 정토에 나는 자는 아미타불의 원력을 힘입어 정토에 왕생하여 타락이 없는 것이니, 매우 쉬운 것이다.

비유하면 두 사람이 바다를 건너 보물 있는 산에 가려는데 한 사람은 나무를 심어 배를 만들려 하니 세월이 오래 걸려 장애가 많아서 건너가지 못하나니 자기 힘으로 수행하는 이는 이와 같고, 한 사람은 해변에서 큰 상선의 선주를 만나 사정하여 곧 배를 얻어 타고 보물 장소에 가는 것이니 염불하여 왕생하는 것은 이와 같으니라."

『양무위자 결의집』 서문에 이르되, "중생이 정각을 깨치지 못하고 육도에 윤회하여 잠깐도 쉬지 못하나니, 천상은 비록 즐거우나 복이다 하면 5쇠상(衰相)이 나타나고, 아수라는 전쟁으로 고가 많고, 축생은 서로 잡아먹고, 귀신은 기갈(飢渴: 배 고프고 목이 마름)이 심하고, 지옥은 긴긴 밤에 고통으로 울음을 울고, 인간에는 행복하나 생·노·병·사와 여러 가지 고통이 얽히었고, 오직 정토에는 고통이란 전혀 없다.

연꽃에 화생하니 태어나는 고가 없고, 목숨이 한량없으니 늙고 죽는 고가 없고, 부모·처자가 없으니 친한 이와 이별하는 고가 없고, 착한 사람만 모아 사니 원수와 만나지 않고, 궁전 의식을 마음대로 수용하니 빈궁고가 없다. 만일 그 나라에 나면 고가 없고 낙만 받는데, 듣지 못한 사람은 진실로 불쌍하거니와 착한 사람이 세 가지 믿지 않는 마음을 내어, 나기를 구하지 아니 하니 참으로 애석하도다.

첫째는 내가 불조(佛祖)보다 뛰어나니 족히 (정토에) 날 것이 없다 한다.

시방의 부처님이 한량없으나 보현보살이 아미타불 뵙기를 원하고, 불국토가 공하나 유마거사가 항상 정토를 닦았으며, 시방의 부처님이 넓고 긴 혀로 칭찬하시고, 시방의 보살이 다 가고자 하는데 스스로 헤아려 보건데 여러 성인보다 참으로 낫겠는가. 족히 날 것이 없다 하니 스스로 속는 것이 아닌가?

둘째는 곳곳이 다 정토라 서방에 반드시 날 것이 없다 한다.

용맹은 조사로되 능가경에 수기(受記: 부처님으로부터 내생에 부처가 되리라는 예언을 받음)의 글이 있고, 천친은 보살이로되, 무량수국에 나기를 구하는 게송이 있으니, 저가 다 큰 보살로 왕생하였거늘 반드시 날 것이 없다 하니 스스로 거만치 않는가?

셋째는 우리 같은 범부들이 능히 날 수 없다 한다.

불무더기는 없어지고, 배에 돌은 빠지지 않는 것이니, 백정노릇을 하던 장선화는 십념(十念)하여 연꽃에 화생하고, 파계승 웅준이는 두 번 살아나서 극락에 났으니, 세상 사람의 죄악이 이렇지 않은데 능히 나지 못한다 하니 스스로 버리는 것이 아니겠는가?

원효대사는 『유심안락도』에 이르되, 모든 범부가 염불하여도 해(解)에 이르지 못하면 이것이 물러가는 자리니, 만일 예토(穢土)에 있으면 네 가지 물러가는 인연이 있어 퇴전하고, 서방에 나면 네 가지 인연이 있으므로 물러가지 아니하나니 네 가지 인연이란, 첫째는 목숨이 길고 병이 없으므로 물러나지 아니하며, 예토는 목숨이 짧고 병이 많으므로 물러가는 것이요, 둘째는 불보살이 선지식이 되어 이끌어주므로 물러가지 아니하며 예토는 악한 사람이 많으므로 물러가는 것이요, 셋째는 여인이 없고 육근경계가 모두 도를 도우므로 물러가지 않으며 예토는 여인이 있으므로 물러가는 것이요. 넷째는 순전히 착한 사람만 있으므로 물러가지 아니하고, 예토는 악심과 무기(無記)심이 있으므로 물러가느니라.

또 이르되 삼승의 성인과 삼현(三賢) · 이승(二乘) · 7방편(方便) · 발심이상 보살과 내지 방편도에 미치지 못한 사부대중 남녀, 무근(無根) · 이근(二根)과 포용과 귀신, 팔부신중이 다만 보리심을 내어 전심으로 아미타불을 염하며 예토는 싫어하고 정토를 기뻐하며 임종에 정념(淨念)이 현전한 자는 다 왕생하나니, 만일 용맹 정진하여 관하는 힘이 분명하고 임종 시에 마음이 산란치 않은 이는 상품에 날 것이고 최후 임종에 십념을 계속하는 이는 하품에 나느니라. 이 중에 보살 왕생이 삼품이 있고, 이승 왕생이 상 · 중 · 하가 있고, 범부 왕생도 상 · 중 · 하가 있어 구품으로 되었느니라.

무생無生을 깨쳤기에 생하지 않는 것이 없고
무상無相을 깨쳤기에 형상 아닌 것이 없다.
무아無我에 노닐기 때문에 아我가 아닌 것이 없고
무아이기 때문에 평등하게 거두어들이지 않음이 없다.
_원효대사 〈유심안락도〉 중에서

감산대사 말씀하시되, "참선하는 이가 많으나 반드시 생사를 벗어나는 이가 매우 드물거니와 염불하는 이는 생사에서 벗어날 것이 의심 없나니, 왜냐하면 참선은 생각을 없애야 되고, 염불은 생각을 두는 것이니, 중생이 오랫동안 망상에 빠졌으므로 생각을 버리기는 매우 어렵거니와 만일 더러운 생각을 변화시켜 깨끗한 생각을 이루면 독으로 독을 다스리는 법이라. 그러므로 참구는 깨닫기 어렵고 염불은 이루기 쉬운 것이다."

『원조율사 정업예참』의 서문에 이르되, "원조가 단에 내려오므로 율을 배우는데 다못 성품이 용열하고 행실이 불량하더니, 뒤에 천태신오 법사를 만나 친절이 가르침을 받아 먼저 허물을 고치고 선과 교를 연구하면서 큰 서원을 발하여 항상 사바 오탁악세에 나서 큰 스승이 되어 중생을 제도하여 불법에 들어오게 하리라 하여, 이런 주견을 세워 수년을 지냈으나 정토문에는 조금도 생각이 없고, 염불하는 이를 보고는 도리어 비방하였더니, 뒤에 중병에 걸려 몸이 매우 고통하고 정신이 혼미하여 어찌 할 줄을 몰랐다가 다행히 병이 나아서 먼저 잘못을 참으로 깨쳐 눈물을 흘려 참회하며 먼저 배운 것은 다 버리고 전문으로 20여 년을 정토만 닦았다."

또 **『선도화상 전수(專修)설』을 보니** 전수하면 백에 백이 (극락세계에) 다 나고, 잡(雜)으로 닦아 왕생한 사람은 천에 일 이 뿐이란 것을 믿고 일심으로 4자 명호(아미타불)

를 놓치지 아니하였다.

『십주비바사론』에 용수보살이 말씀하시되, "보살이 불퇴(不退)를 구하는데 두 길이 있으니, 하나는 행하기 어려운 길이요, 둘은 행하기 쉬운 길이다.

「행하기 어려운 길」이란, 이 오탁악세 부처님 없는 시대에 불퇴를 구하기 어려우니 이 어려움이 많으나 다섯 가지만 말하리라。첫째는 외도와 서로 친해서 불법을 요란케 함이요, 둘째는 성문(聲聞)은 자리(自利)만 하여 큰 자비를 장애함이요, 셋째는 악한 사람이 다른 이의 승한 덕을 파함이요, 넷째는 착한 과(果)를 전도시키고 범행(梵行)을 무너뜨림이요, 다섯째는 다만 자기 뿐이요 타력의 가피가 없음이니, 이와 같은 일이 눈에 닫는 대로 다 그런지라 비유하면 육로로 걸어간 즉 매우 괴로움 같은 것이다.

「행하기 쉬운 길」이란 다만 부처님 믿는 인연으로 정토에 나기를 원하면 부처님 원력을 타서 곧 정토에 왕생하여 부처님의 힘을 입어 곧 대승 정정취(正定聚)에 들어가나니, 정정이 곧 불퇴라, 비유하면 수로에 배를 타면 즐거움과 같으니라."

중봉조사 말씀하시되, "사바의 고여, 사바의 고여, 사바의 고통을 누가 다 헤아릴까? 세상 사람들은 고통을 낙을 삼아 그 가운데 있기를 좋아한다. 가죽푸대 속에 머리를 내어, 무명만 기루어 병이 되었도다. 세 마디 기운이 끊어지면 천재로 화하여 땅에 묻히도다. 오도에 윤회하여 쉬지 못하니 백 천생에 고통을 받도다. 모든 어진선배여, 어찌 미타를 염하여 사바 고통을 벗지 않은가?

서방의 낙이여, 서방의 낙이여, 서방의 즐거움을 누가 능히 알까?

사람과 국토가 다 수승하며 차고 더움과 삼악도가 없도다. 연꽃 속에 머리를 내어 하늘 음악과 법문을 자주 듣도다. 유리땅에 티끌은 전연 없고 금과 옥으로 집이 되었도다. 옷과 음식은 절로 생겨 뜻대로 수용하며, 목숨은 한량없어 헤아릴 수 없도다. 모든 어진 선배여, 어찌 미타를 염하여 서방 즐거움을 취하지 않는가."

영명선사의 사료간과 일원선사 해석

첫째, 선(禪)만 있고 정토가 없으면 열 사람에 아홉은 미끄러지나니, 음경(陰境)이 만일 나타나면 잠간 사이에 저를 따라 가느니라.

(참선하여 이치는 알았으나 견사혹을 끊지 못하고 왕생 발원을 아니하면 임종시에 음마陰魔가 나타나 업을 따라 악도에 떨어진다.)

둘째, 선은 없어도 정토만 있으면 만 명에 만이 극락에 가나니, 아미타불만 뵈오면 어찌 깨치지 못함을 걱정할까 보냐?

(견성은 못하여도 염불 발원하면 부처님 힘을 입어 왕생한다.)

셋째, 선도 있고 정토도 있으면 뿔난 범과 같나니, 현세에 사람의 스승이 되고 스승이 되고 내생에 부처와 조사가 될 것이다.

(견성하고 왕생 발원하면 곧 물러가지 않은 자리에 올라 성불한다.)

넷째, 선도 없고 정토도 없으면 지옥에 들어가나니, 백겁 천생에 믿고 의지할 곳이 없느니라.

(염불도 참선도 아니 하면 지옥에 떨어지므로 불보살의 자비로도 어찌할 수 없다.)

모든 어진 이들이여, 빨리 생사를 벗어나 성불 할려거든 위의 네 가지에중에 선택하여 행할지니라.

초석선사 정토시에, "사바세계에 나는 자는 지극히 어리석어 많은 고가 얼키어도 끊을 생각을 하지 않나니, 세상에 있을 적에 깨끗한 업 짓지 않으면 임종하여 어떻게 떠날 수가 있으랴! 백 천 경전 가운데 많이많이 권하셨는데, 억만 명 사람 속에 하나 둘이 알 뿐이다. 진중하신 부처님이 금색 팔로써 이내 몸 이끌어서 연화중에 들도다."

『보권 염불문 유전기』에 이르되, "슬프다, 인간에 여러 가지 착한 일이 있으나 염불의 공덕이 제일 크나니라. 인의와 효성과 여러 가지 착한 행은 다 유루(有漏)복이어서 윤회를 면치 못하나, 오직 염불은 죽을 때에 바로 서방에 가서 성불하는 것이니, 성불 하려는 자는 이것을 버리고 무엇을 할 것이 있겠는가? 그런데, 세상 사람이 고담(古談)을 좋아하고 염불 책은 즐기지 아니하니, 이는 참으로 잘못된 생각인 것이다.

경에 이르되, 염불 책을 보시하던지 전하던지 보던지 듣는 사람은 모두 극락세계에 왕생하여 성불한다 하였거늘, 하물며 재물을 들여 인쇄해 보시하고 읽는 공덕으로 어찌 왕생하지 못하겠는가?

물질의 흥하고 망함은 예나 이제나 무상한지라. 후세에 착한 사람이 나의 뜻과 같이 계속 인쇄하여 천만년을 유전하고 모든 중생과 같이 왕생 성불을 원하는 바이다."

연지대사 말씀하시되, "사부대중이 생사의 고를 벗고자 하면 제일 신심을 일으키기 어려운 것이니 혹 먼저 신(信)하다가 뒤에 의심하며, 처음은 부지런하다가 끝에는 게을러 지나니, 다 생사가 급한 마음이 간절치 못하며, 애착심이 중하고, 신심이 약한 때문이니, 이것은 수행하는데 큰 병이요, 승속 간에 업이 깊은 까닭이다.

재가 신도도 정토에 나고자 하면 오계를 받아 지니고, 살생을 금하고 도리어 방생하며, 깊은 신심과 간절한 원으로 염불하면 결코 왕생할 것이요, 만일 믿기만 하고 행치 않으면, 밥은 먹지 않고 밥 이야기만 함에 배가 부르지 않음과 같으니라."

『지례대사 염불 시계소(施戒疏)』에 이르되, "심성은 본래 원융해서 걸림이 없건만은 훈습(熏習)에 따라 업보도 차별이 있나니, 본성을 따라 수행하면 부처님 정토가 나타나고, 망심을 따라 지으면 오도에 윤회하는 것이라. 그러므로 사바에 있는 이는 벗어나기 어렵고 타락하는 이가 많으니라.

경에 이르되, 사람 몸 얻기는 손톱 위에 흙 같고, 사람 몸 잃고 악도에 가는 이는 온 땅에 흙 같다 하였으니, 바로 삼승의 행이 구비 하여사 사도를 벗어날지니, 대개 경계는 강하고 번뇌는 성하여 자기 힘으로 해탈하기는 참으로 어려운 것이요, 극락에 나는 이는 국토가 아름답고 몸과 마음이 깨끗하여 빨리 성불하느니라."

유엄대사에게 누가 묻기를, "욕계천(欲界天)에 나는 이는 십선을 닦고, 색계천(色界天)에 나는 이는 선정을 닦고, 정토에 나는 이는 무생묘관(無生妙觀)을 닦아야 되는데, 근래에 학자들은 경전의 뜻을 모르고 하늘에 나기는 어렵고 정토에 나기가 쉽다 하니 누가 믿으리까?" 대답하되 "법은 어렵고 쉬움이 없거늘 어렵고 쉬움은 사람에 있나니, 어렵다는 것은 의심이니 지척이 만리요, 쉬운 것은 신심이니 만 리가 지척이다. 무생 묘관을 닦아 나는 이는 상품왕생의 일문(一門)이니 일문만 열고 많은 문을 막을 수 없는 것이다. 부처님이 자비로 중생을 제도하실 때에 방편 문이 많으니 묘관을 닦아 나는 이도 있고, 십념하여 나는 이도 있고, 광명 진언을 외워 나는 이도 있고, 여러 가지 복을 닦아 나는 이도 있느니라."

『대지도론』에 이르되, "부처님은 법왕이 되시고, 모든 보살은 법의 신하가 되나니 모든 신하가 제일 존경하는 이는 오직 부처님 법왕이시라. 모든 보살이 스스로 생각하되, 예전에 반야를 비방하고 악도에 떨어져서 많은 고를 받았으며, 또 무량겁으로 오면서 여러 가지 수행을 하였으나 고통을 면하지 못하다가, 뒤에 선지식을 만나 나에게 염불을 가르치시어 모든 죄가 녹아지고 정토에 나니, 내가 이제 아미타불께 예배하고 사례할 지라. 부모와 친구와 인간 천상 왕들도 나를 건지지 못하고 오직 아미타불께서 섭수(攝受)하시어 고통을 벗어났느니라."

『장노선사 연화승회록문』에 이르되, "이 세상 사람은 오래 산다 하여도 백세를 넘기지 못 하는데, 서방정토는 목숨이 한량없어 한번 연꽃 속에 태어나면 다시는 죽는 일이 없으며, 잠간도 쉬지 아니하고 보리에 이르게 되므로 문득 물러나지 않는 자리를 얻어 성불을 할 수 있는 것이다. 만일 '물러나지 않는 자리'(不退轉地)에 이르러 무생법인을 증득하면, 탐욕세계에 있어도 욕심이 없고 더럽히지 않기 때문에, 넉넉히 '인연 없는 자비'(無緣大慈)와 내 몸같이 아끼는 마음으로 티끌 세계에 다시 들어가서 흐린 세상에서 운명을 같이 할 수 있는 것인데, 소견이 옅은 무리들이 조금만 지견이 나면 문득 생각하기를, 삼계에 뛰어나 십지(十地)에 올랐노라 하면서, 정토를 비방하고 사바세계를 좋아하다가 눈을 한번 감게 되면 어쩔 수 없이 헤매게 되어 말이나 소와 짝을 짓고 지옥에서 오락가락 하게 되니, 제가 무엇이기에 감히 큰 권보살(權菩薩)인 체 하는가? 참으로 알 수 없는 일이다."

『보왕삼매 염불직지』에 이르되, “선과 염불이 첫길은 다르나 구경성불하는 것은 같은 것이다. 참선은 화두만 들고 부처를 구하지 아니하나니, 만일 자기가 바른 지견을 갖추지 못하고, 또 바른 지견 가진 사람을 만나지 못하면 비록 퇴전은 아니 하더라도 많이 마(魔)에 걸리나니, 부처님의 구호(救護)한 힘이 없는 까닭이요, 염불은 모든 것을 버리고 오직 부처님만 생각하나니, 비록 바른 지견과 바른 스승이 없더라도 다못 아미타불과 정토를 확실히 믿으면 원을 따라 왕생하는 것이라. 조금 장애가 있더라도 곧 바른대로 돌아가나니 아미타불께서 원력으로 구호하신 때문이니라.”

사심선사 이르시되, “너희들이 나무아미타불을 부르고 극락세계에 왕생치 못하면 내가 발설지옥에 들어가리라.”

공곡선사 이르되, “염불법문이 수행에 빠른 길이라, 이 몸과 세상은 모두 허망하니 오직 정토에 가야만 될 것이라 생각하고, 지성으로 염불하되 빨리 하던지 천천히 하던지 큰 소리나 작은 소리를 가리지 말고 다못 몸과 마음이 한가하고 담담하여 생각을 놓지 아니하여 시끄러우나 고요하나 바쁘나 한가하나 항상 일심 되어 산란치 아니 하면 문득 경계에 부닥치거나 인연을 만남에 몸을 뒤집는 소식을 알 것이니, 비로소 적광(寂光)정토가 이곳을 여의지 않았고, 아미타불이 자심에 지나지 않음을 알 것이다. 만일 마음으로 깨치기를 구하면 도리어 장애가 되는 것이니, 다못 신심을 굳게 세워 모든 잡념에 끌리지 않으면 비록 깨치지 못하였더라도 목숨이 마침에 정토에 나서 차례대로 수행하여 물러가지 아니 하리라."

둘째, 간절한 원을 발함

『지도론』에 이르되, "불사를 성취하는 데 행만 있는 복덕으로 되지 않고, 반드시 원력이 있어야 하나니, 비유하면 소가 수레를 끌 수 있지만 몰고 가는 사람이 있어야 가는 것과 같이 정토에 왕생하는 원도 그러하여 행하는 복덕은 소와 같고 원은 모는 것과 같다 하였다. 석가모니부처님께서는 아미타경에서 세 차례나 극락세계에 왕생을 발원하라고 말씀하셨으니, 원은 반드시 크고 바르게 세워 보리심을 발하여 모든 중생과 같이 정토에 가서 성불하여 중생제도 하기를 원할 것이고, 세속의 복락과 또는 자기만이 잘 되기를 원해서는 안 된다. 사바세계의 더럽고 악한 것은 싫어하고 극락세계의 깨끗하고 착한 것을 기꺼워하여 항상 간절한 마음으로 왕생을 원할 것이다."

『화엄경 보현행원품』에 보현보살이 부처님의 공덕을 찬탄하고 모든 보살과 선재동자에게 말씀하시되, "선남자여 여래의 공덕은 가사 시방에 계시는 모든 부처님께서 가히 말할 수 없는 겁을 지내면서 말씀하더라도 다하지 못하리라 이러한 공덕을 성취코자 하면 열 가지 넓고 큰 행원을 닦아야 하나니, 첫째는 모든 부처님께 예경하는 것이요, 둘째는 부처님을 찬탄하는 것이요, 셋째는 널리 공양하는 것이요, 넷째는 업장을 참회하는 것이요, 다섯째는 남들이 짓는 공덕을 기뻐하는 것이요, 여섯째는 법륜 굴리시기를 청하는 것이요, 일곱째는 부처님께 세상에 오래 계시기를 청하는 것이요, 여덟째는 항상 부처님을 따라 배우는 것이요, 아홉째는 항상 중생을 수순하는 것이요, 열째는 지은 바 모든 공덕을 널리 회향하는 것이다.

이 사람이 임종할 마지막 찰나에 육근은 다 흩어지고 일체 친족은 다 떠나고 모든 위엄과 세력은 다 사라지며 정승 대신과 궁성 내외와 코끼리, 말, 수레, 보배, 재물 등 이러한 것은 하나도 따라 오는 것이 없고 오직 이 원(願)만은 서로 떠나지 아니하여 어느 때나 항상 앞길을 인도하여 일찰나 동안에 극락세계에 왕생하며, 왕생하고는 즉시에 아미타불과 문수보살 · 보현보살 · 관자재보살 · 미륵보살 등을 뵈옵고 이 모든 보살들이 몸매가 단정하고 엄숙하여 구족한 공덕으로 장엄하고 계시거든 그때에 그 사람이 스스로 연꽃 속에 태어났음을 보고 부처님의 수기를 받고 무수한 겁을 지내도록 시방세계에 널리 다니며 중생을 제도하고 멀지 않아 성불하느니라."

『문수발원경』에 문수보살이 말씀하시되, "원하옵나니 내가 임종할 때에 모든 장애가 다 없어져서 아미타불을 친견하옵고 극락세계에 왕생하오며, 극락세계에 왕생하고는 모든 큰 원을 다 이루고 아미타부처님께서 그 자리에 보리의 수기를 주옵소서."

「여래십대발원문」에 설하였으되, ①은 내가 길이 삼악도 떠나기를 원하옵니다. ②는 내가 빨리 탐 · 진 · 치 삼독심

끊기를 원하옵니다. ③은 내가 항상 불법승 삼보 이름 듣기를 원하옵니다. ④는 내가 부지런히 계정혜(戒定慧) 삼학 닦기를 원하옵니다. ⑤는 내가 항상 부처님을 따라 배우기를 원합니다. ⑥은 내가 보리심에서 물러나지 않기를 원하옵니다. ⑦은 내가 결정코 극락세계에 나기를 원하옵니다. ⑧은 내가 빨리 아미타불 뵈옵기를 원하옵니다. ⑨는 내가 몸을 많은 세계에 나누기를 원하옵니다. ⑩은 내가 모든 중생 제도하기를 원하옵니다.

『철오선사어록』에서 말씀하시되, "우리들의 나고 죽음에 대하여 두 가지 힘이 있으니, 첫째는 마음의 힘이니, 마음은 갈래가 많아서 무거운데 떨어지고, 둘째는 업의 힘이니, 사람이 빚을 짐에 강한 자가 먼저 끌고 가는 것과 같나니, 업의 힘이 크지만 마음 힘은 더욱 크나니 업은 실체가 없고 마음에 의지하므로 마음이 중하면 업도 또한 강한 것이라, 이제 중한 마음으로 정업을 닦으면 정업이 강하여 목숨이 마칠 때에 결정코 서방에 나고 다른 데는 아니 날 것이니, 큰 나무나 담이 평소에 서쪽으로 기우러지면 뒷날 넘어질 때도 다른 쪽으로 넘어지지 않은 것과 같다.

어떤 것이 중한 마음인가? 우리가 정업을 닦을 때에 신은 깊고 원은 간절해야 되는데 신과 원이 깊고 간절하면 모든 삿된 소리가 나를 흔들지 못하며 모든 경계의 반연이 끌어가지 못하나니, 가사 정토를 닦을 적에 달마대사가 나타나 정토를 버리고 선을 하면 곧 성불한다 하여도 그 말을 듣지 않을 것이요, 석가여래가 나타나 정토보다 좋은 법이 있다 하시더라도 그 말씀도 순종치 않을지니, 이만큼 되어야 깊은 신이라 할 수 있고, 가령 뜨거운 쇠를 머리 위에 얹더라도 이 고통으로 왕생의 원을 버리지 않으며, 전륜성왕과 같은 오욕락이 있어도 이 낙으로 원을 변치 않을지니, 이것을 간절한 원이라 한다.

신이 깊고 원이 간절하면 이것이 중한 마음이니, 이렇게 정업을 닦으면 정업이 강하여 익을 지라, 극락 정업이 익어지면 사바의 더러운 업이 다하여 임종 시에 정토가 나타날 것이다.

옛날 큰스님은 임종에 도솔천에서 모시러 와도 가지 아니하고 부처님 오심을 기다려 가셨으니, 대저 사대가 무너질 때에 고통이 어떠하며 하늘에서 청할 때에 기쁨이 어떠하겠는가. 평소에 신심과 발원이 철저하지 않으면 도저히 그러하기 어려울 것이다.

성암법사의 「보리심 내기를 권하는 글」에 이르되, 도에 들어 가는데는 발심이 첫째 되고, 수행하는데는 원을 먼저 세우나니, 원이 서면 중생을 제도하고 보리심을 발하면 불도를 이루거니와 만일 큰마음과 굳센 원을 내지 아니하면 비록 수행하더라도 윤회를 벗어나지 못하는 것이다. 그러므로 불법을 배우려면 먼저 보리의 원을 발하여야 될지라, 원(願)의 모양이 여덟 가지 있으니, 삿되고 거짓되고 편벽 되고 적은 것은 버리고 참되고 바르고 크고 둥근 것을 취하여야 진정한 보리심을 내었다 할 것이다.

이 보리심은 모든 공덕 중에 왕인데 인연이 있어야 발하나니, 인연을 열 가지로 말하리라. ①은 부처님 은혜를 생각하는 연고요, ②는 부모 은혜를 생각하는 연고요, ③은 스승과 어른의 은혜를 생각하는 연고요, ④는 시주 은혜를 생각하는 연고요, ⑤는 중생 은혜를 생각하는 연고요, ⑥은 생사의 고통을 생각하는 연고요, ⑦은 나의 심령을 존중하는 연고요, ⑧은 업장을 참회하는 연고요, ⑨는 정토에 나기를 구하는 연고요, ⑩은 바른 법을 오래 머물게 하기 위한 연고라.

이 같은 열 가지 인연과 여덟 가지 법을 두루 알아서 나아가야 될지니, 원컨대, 대중은 나의 어리석은 정성과 괴로운 뜻을 불쌍히 여겨 같이 보리심과 원을 발하되, 발하지 못하는 이는 지금 발하고 이미 발한 이는 잘 길러 계속 할지니, 어렵게 여겨 겁내지 말고 쉽게 여겨 경솔히 하지 말며, 빨리 하고자 오래 안 하려 말고, 게을러 용맹 없이 하지 말며, 어리석다고 너무 방심하지 말고 근기가 낮아서 분수 없다 하지 말라.

비유하면 나무를 심어 날이 오래되면 뿌리가 깊어지고, 칼을 갈 때 오래 갈면 이는 것 같으니라. 만일 수행을 괴롭다 하면 게으른 것은 더욱 괴로운 것이다. 수행은 잠간 괴로우나 오랜 겁으로 낙을 받고, 게으르면 일생은 편안하나 다생으로 고통을 받는 것이다.

하물며 정토로 배를 삼으면 퇴전이 없으며, 무생법인을 얻으면 무엇이 어려우리요. 한 생각이 가볍고 헛된 원이 이익 없다고 하지 말아라. 마음이 참되고 원력이 넓으면 일이 실답고 행이 넓나니, 허공보다 마음이 크며 금강보다 원력이 굳세니라. 대중이 나의 말을 버리지 아니 하면 보리 권속이 서로 될 것이오. 연사종맹(蓮社宗盟: 염불결사)이 오늘부터 더욱 좋으리라. 소원은 같이 정토에 나서 같이 미타를 뵈옵고 같이 중생을 제도하고 같이 성불하여지이다.

셋째, 부지런히 수행함

조사의 말씀에 원(願)만 있고 행(行)이 없으면 원이 헛되고, 행만 있고 원이 없으면 행이 외롭다 하였으니, 언제든지 신(信)과 원과 행이 구비하여야 불사를 성취하는 것이다. 행에는 바른 행과 도우는 행이 있으니, 바른 행은 염불하는 것이요, 도우는 행은 예배 · 공양 · 독경 · 참회 · 방생 · 보시 등 모든 착한 공덕을 짓는 것이다.

이 몸을 한번 버리면 만겁을 지내도 다시 얻기 어려우니, 세상이 무상함과 삼악도 고통을 절실히 느끼고 뼈아프게 생각하여 한시도 마음을 놓지 말고 머리에 불을 끄듯이, 도적에게 쫓기어 달아나듯이, 급하고 용맹스런 마음으로 염불하며 삼심, 4수법과 6바라밀 등을 행할 것이다.

『아미타경』에서 부처님이 말씀하시되, "사리불아, 조그마한 좋은 일과 복덕 인연으로는 저 세계에 날 수 없다. 선남자 선여인이 아미타불 이야기를 듣고 하루나 이틀, 혹

사흘, 나흘, 닷새, 엿새, 이렛 동안을 한결같은 마음으로 아미타불의 이름을 가져 외우되 마음이 산란치 아니하면 이 사람의 목숨이 마치려 할 때에 아미타불이 여러 성중과 함께 그 앞에 나타날 것이니, 이 사람이 목숨을 마칠 적에 마음이 뒤바뀌지 아니하고 아미타불의 극락세계에 가서 나느니라."

『문수반야경』에 문수보살이 묻기를, "어떻게 하면 빨리 성불하겠습니까?"

부처님이 대답하시되 "일행삼매에 들면 되나니, 일행삼매에 들고자하면, 조용한 곳에 한가히 거하여 산란한 생각을 버리고, 얼굴을 관하지 말고 생각을 한 부처님에게 모아 명호를 부르며, 부처님 계신 곳을 향하여 단정히 앉아 염불 생각이 끊어지지 않으면, 곧 마음 가운데 시방삼세 모든 부처님을 보아 주야로 말하되 지혜와 변재가 다함이 없느니라."

『능엄경』에 대세지보살이 말씀하시되, "시방 여래께서 중생 생각하시기를 어머니가 자식 생각하듯 하거니와, 만일 자식이 도망하여 가면 생각한들 무엇하랴? 자식이 어미 생각하기를 어미가 자식 생각하듯이 하면 어미와 자식이 세세생생에 서로 어긋나지 않으리라. 만일 중생이 지극한 마음으로 부처님을 생각하고 부처님을 염하면 이생에나 혹은 다음 생에 결정코 부처님을 뵈올 것이니라."

『관무량수경』에 부처님이 위제희에게 이르시되, "아미타불이 여기에서 멀지 아니하니, 너는 생각을 온전히 하여 깨끗한 업으로 이루어진 저 국토를 자세히 보라. 내 이제 너를 위하여 여러 가지 비유로 말하여 이 다음 세상에 깨끗한 업을 닦으려는 여러 범부들로 하여금 저 서방 극락세계에 가서 나게 하리라. 저 세계에 나려는 이는 세 가지 복을 닦아야 하나니, 첫째는 부모에게 효도하고 스승과 어른을 공손히 섬기며, 자비한 마음으로 산 것을 죽이지 말고 열 가지 착한 업을 닦을 것이며, 둘째는 삼귀의 계를 받아 지니고, 모든 계를 갖추어 위의를 범치 말며, 셋째는 보리심을 내어 인과를 믿고 대승경전을 외우며, 수행을 권할지니, 이 세 가지를 깨끗한 업이라 하느니라."

부처님이 아난과 위제희에게 이르시되 "**상품 상생**에 나려는 중생은 세 가지 마음을 낼 것이니, 첫째는 지성심, 둘째는 깊은 마음, 셋째는 회향 발원심이니, 이 세 가지 마음을 갖춘 이는 저 세계에 나느니라. 또 세 가지 중생이 가서 나나니, 첫째는 자비한 마음으로 죽이지 않고 모든 계행을 갖춘이요, 둘째는 대승경전을 외운 이요, 셋째는 육염(六念)을 수행해 왕생원을 내어 하루나 이렛동안 공덕을 지으면 곧 극락세계에 왕생하느니라.

중품상생은 오계와 팔계를 받아 지니고 모든 계행을 닦으며 오역과 나쁜 짓은 하지 않고 이 공덕을 회향하여 극락세계에 나기를 원하면 아미타불이 대중과 함께 금색 광명을 놓으면서 그 사람 앞에 나타나서 고(苦)와 공(空)과 무상(無常)과 무아(無我)를 연설하며 출가하여 괴로움을 여의는 것을 찬탄 하거든 이 사람이 그것을 보고 크게 즐거워서 연화대에 앉아 부처님께 예배하고 잠간 동안에 극락세계에 왕생 하느니라.

하품 상생은, 여러 가지 나쁜 죄를 지은 중생이 비록 대승 경전은 비방하지 않더라도 나쁜 짓을 하면서 부끄러운 줄을 모르다가 임종 시에 선지식을 만나서 대승 경전의 이름을 듣고 그 공덕으로 천겁 동안 지은 중죄가 소멸하고, 또 선지식이 권하되, 합장하고 나무아미타불을 부르라 하거든, 부처님 이름 부른 공덕으로 50억겁 동안의 생사 중죄가 없어져 화신 불보살을 따라 극락세계에 나느니라."

『천친론』에 이르되 "네 가지 닦는 법을 행하고 삼심(지성심, 심심, 회향심) 오념(예배, 염불, 억념, 발원, 회향)의 행을 닦으면 빨리 왕생하나니, 첫째는 공경히 닦는 것이니 아미타불과 모든 성중께 공경 예배하여 종신토록 끊이지 말 것이오, 둘째는 남김없이 닦는 것이니 온전히 아미타불만 부르고 아미타불과 모든 성중께만 예배하고 다른 일을 아니하여 종신토록 끊이지 말 것이오, 셋째는 간단(間斷) 없이 닦는 것이니 예배 염불 억념 관찰 발원 회향을 중단 없이 계속하고, 혹 탐심과 성내는 마음, 번뇌가 일거든 시간을 지체 말고 곧 참회하고 항상 깨끗이 하여 종신토록 끊이지 말 것이오, 넷째는 회향하여 닦는 것이니 짓는 모든 공덕은 다 정토로 회향하여 모든 중생과 같이 왕생을 원할 것이다."

『임종정념결』에 선도화상이 말씀하시되, "대저 사람이 죽을 때에 정토에 나고저 하면 부디 먼저 준비하되 죽음을 겁내고 삶을 탐내지 말며, 항상 생각하되 나의 이 몸은 고가 많고 부정하고 악업이 많이 얽힘이라. 만일 이 더러운 몸을 버리면 곧 정토에 왕생하여 부처님을 뵈옵고 법문을 듣고 많은 낙을 받을 지니 이것이 좋은 일이다. 떨어진 옷을 벗고 보배 옷을 입는 것과 같다 하여 마음을 놓아버리고, 사는데 애착심을 두지 말며 조금 병이 나거든 문득 무상을 생각하여 죽기를 기다리고 가인에게 부탁하되 누구든지 내 앞에 오는 이는 나를 위해 염불하고 눈앞에 여러 가지 일과 집안에 좋고 나쁜 것을 말하지 말고 위문과 축원으로 오래 산다는 말도 하지 말라. 이것은 실없고 좋지 못한 말이니라. 병이 위독할 때도 눈물을 흘리고 울며 슬픈 말을 하여 나의 정신을 어지럽게 말고, 다만 나로 하여금 아미타불을 생각하게 하고 나를 위해 고성 염불하여 주되 운명 후 오랫동안 그치지 말고 오·육시간 지난 뒤에 곡성을 내게 하라. 혹 정토 법문을 잘 아는 이가 독려해 주면 더욱 좋으니라. 이같이 하면 천이나 만이 다 왕생하여 조금도 의심 없으니, 이 절실하고 중요한 말을 꼭 믿고 행하며 명심하고 잊지 말아라."

『호계존자 연종보감』에 이르되, "대저 정토 닦는 이는 용감히 생사를 해결할 마음을 내어 항상 생각하되 무상(無常)이 빠르고 때가 사람을 기다리지 아니 하니, 반드시 이 큰 일을 결단내어야 할 것이다. 만일 조금 나아가다가 다시 물러나고, 금방 믿다가 다시 의심하면 무슨 일이 되며 윤회(輪廻)를 어찌 벗어나겠는가?

만일 신심을 내거든 오늘부터 큰 용맹심을 내고, 큰 정진심을 내어 알았던지 몰랐던지, 견성하였거나 못 하였거나 말하지 말고, 다만 일구 '아미타불'을 부르되 수미산을 의지하는 것과 같이 움직이지 말고, 아침이나 저녁이나 앉을 때나 다닐 때나 어느 때, 어느 곳 에 염불 생각 놓지 말고 생각 생각이 계속하여 닭이 알을 안을 때 따뜻한 기운이 항상 계속 하는 것 같이 할지니, 이같이 깨끗한 생각이 계속하면 모든 나쁜 생각이 없어지고 혹 좋은 일이나 나쁜 일이 있을 때에도 급히 '나무아미타불'만 부르면 즉시 마음이 편안하고 잡념이 없어지나니, 이렇게 종신토록 공을 드려 극락에 가기로 원을 세우면 다생(多生)의 업장(業障)이 자연 녹아지고 아미타불을 꿈에 뵈올 것이며, 명을 마칠 때에 정토 상품에 날 것이다."

『미타 도량 참법』에 말씀하되, "우리 불자들이 무량겁으로 오면서 어리석고 어두워 부처님 지혜를 미(迷)하며 육근과 삼업으로 많은 죄를 지어 육도에 윤회하며 모든 선은 장애하여 보리심을 일으키지 못하며, 착한 업을 닦지 못하고 긴긴 밤에 고통을 받되 싫어하는 생각이 없나니 이와 같은 죄를 오직 부처님은 아실 것이라.

이제 부처님 앞에 참회하여 다시는 짓지 아니하리라. 이 죄는 뒤바뀐 마음으로 나서 실체가 없고 근본은 공한 것이라 원하옵나니, 아미타불께옵서 지혜의 혜일(慧日)로 광명을 비춰 저의 몸과 마음의 죄업 서리(霜)를 녹여 주시고, 자비하신 바람을 일으켜 업산(業山)을 부숴주시며, 법물(法水)을 다루어 저의 마음 때를 씻어 주옵소서. 또 저희들과 부모들이 빨리 마음을 요달하고 죄의 근본을 없애며 법계의 중생이 다 깨끗하여 지기를 원하나이다."

『불인선사 살생을 경계하는 글』에 "짐승과 모든 중생들이 본성은 부처님과 같건마는 처음에 마음을 그르쳤으므로 인하여 금생에 얼굴이 달라진 것이다. 물 가운데 뛰놀며 숲속에 희롱하거늘 어찌 차마 잡아다가 나의 생계를 삼는가? 산 채로 잡아다가 평상에 놓으니 소리도 못하고 눈만 둥그레진다. 막대기로 때리고 칼로 찔러 가마 속에 끓이며, 껍질을 벗기고 간을 내어, 처자와 같이 맛있게 먹어서 마음만 방자하고 무명(無明)을 기르며, 명부(冥府)의 문서는 겁내지 아니하다가 목숨이 마칠 때에 원혼이 와서 염라대왕 앞에 낱낱이 증거 하니, 화탕지옥 노탄지옥을 어떻게 피할 손가. 어진 사람에게 권하노니, 살생을 경계하여 중생을 해치지 말지어다. 다른 이의 한 점 살을 탐하면 내 살로 도로 갚는 것이니, 성인의 말씀은 틀리지 않으니라. 살생은 절대로 말고 도리어 방생하며 염불 발원하면 결정코 서방정토에 왕생할 것이다."

『정토참원의』에 말씀하되, "앉을 때나 다닐 때나 다 산란치 말며, 잠깐이라도 오욕을 생각지 말고, 외인을 대접하거나 말하며 희롱하고 웃지 말며, 또한 일을 빙자하여 미루거나 방일하여 잠자지 말고 눈깜작이고 숨쉴 동안이라도 염불 생각을 놓지 말며, 깊은 신심을 세우고 큰 원을 발할지니라.”

각명묘행보살이 말씀하시되 “대개 정업 닦는 이는 행·주·좌, 또 음식할 때에 항상 서향한 즉 감응이 빠르나니 집안에 부처님 한 분과 경전 한 질만 모시고 향로, 탁자, 평상, 의자도 한 개만 놓고, 다른 물건은 두지 말며, 뜰도 깨끗이 소제하여 경행(經行)할 때 걸리지 않게 하고, 마음은 넓어 걸림이 없고, 모든 생각을 잊어버려서 몸과 세계가 있는 것도 모르고 지금 수행하는 것도 알지 못할지니 이같이 하면 도는 날로 가깝고 세속은 날로 멀어져 정업을 이룰 것이다. 평소에 마음이 넓어 걸림이 없으면 임종시에도 마음이 쇄락하여 아녀자와 같이 집과 자손을 못잊어 눈을 감지 못하는 추태를 면할 것이니, 이것이 대장부의 정당한 거동이요, 정토수행의 대관인 것이다.”

『연종보감』에 이르되, “자기 힘만으로 수도하는 것은 개미가 높은 산에 오르는 것 같고, 부처님 힘으로 왕생하는 것은 내려가는 배가바람 만난 것 같나니, 아미타불께서 접인(接引)하시어 빨리 정각에 올라가고, 여러 성인이 이끌어 높이 삼계를 뛰어 나나니, 상품은 곧 불과를 얻고 하품이라도 천당보다 수승 하느니라. 만일 정토에 나고자 할진댄 정토 양식을 준비하여야 될 것이다.

무엇이 정토의 양식인가? 신(信)·원(願)·행(行) 세 글자이니, 이 세 글자만 구족하면 정토에 결정코 왕생할 것이다."

혜원조사 『염불 삼매』 서문에 이르되, "대저 삼매란 어떤 것인가? 생각이 온전하고 생각이 고요함을 말하는 것이다. 생각이 온전한 즉 뜻이 전일하여 산란치 아니하고 생각이 고요한 즉 기운이 허하고 정신이 밝아지나니, 기운이 비면 지혜가 빛이고 정신이 밝으면 통하지 못한 데가 없는 것이니, 이 두 가지가 자연히 부합하여 하나로 모여 용(用)을 이루는 것이다. 모든 삼매가 이름이 많으나 공이 많고 성취가 쉬운 것은 염불이 제일이니라.

넷째, 널리 회향함

나날이 짓는 모든 공덕을 중생과 보리에 회향할지니, 가사 복을 아무리 많이 짓더라도 회향을 잘못하면 인간과 천상에 유루복이 되어 복이 다하면 타락하지만, 비록 적은 공덕이라도 회향을 바로 하면 새지 않는 복이 되어 성불하는 것이니, 무슨 공덕을 짓든지 반드시 이 공덕으로 모든 중생과 같이 극락에 가서 성불하기를 원할지어다.

『화엄경 보현행원품』에 말씀하시되, 선남자여 지은 바 공덕을 회향한다는 것은 처음 부처님께 예경하는 것으로부터 중생을 수순하는 것까지의 모든 공덕을 진법계 허공계 일체 중생들에게 남김없이 회향하여 중생으로 하여금 항상 안락하고 일체 병고는 영영 없기를 원하며, 악한 일을 하고저 하면 하나도 됨이 없고 착한 업을 닦고저 하면 다속히 성취하여 일체 악취의 문은 굳이 닫히고 인간이나 천상이나 열반에 이르는 바른 길은 활짝 열려 모든 중생이 그 지은 모든 악업으로 인하여 얻게 되는 일체의 중한 고보(苦報)는 내가 다 대신 받아 저 중생으로 하여금 모두 해탈케 하여 마침내 무상보리를 성취케 하느니라.

송 왈

내가 이제 온갖 선근 회향하옴은
수승하온 보현행 얻고저 함입니다.

원하오니 이 목숨이 마치려 할 때
모든 업장 모든 장애 다 없어져
저 부처님 아미타불 친견 하옵고
안락세계 가서 남을 얻어 지이다.

나의 몸이 저 세계에 가서 나고는
그 자리에서 이 대원을 모두 이루고,

온갖 것을 남김없이 원만히 이
일체 중생 이롭도록 하여지오며,

저 부처님 회상은 청정 합신대
내가 그때 연꽃 속에 태어나와서,
무량광 부처님을 친견하고
그 자리서 보리수기 받아지오며,

부처님의 수기를 받자옵고는
수없는 백구지의 화신을 내고,
지혜의 힘 광대하여 시방에 퍼져
일체중생 이롭도록 하여지이다.

이내 지은 수승하온 보현의 행의
가없는 수승한 복 회향하오니,
바라건대 고해 중의 모든 중생이
하루속히 극락세계 얻어 지이다.

지욱선사 말씀에, 염불 공부는 진실한 신심이 제일이니,

첫째, 나는 이루지 못한 부처요, 미타는 이미 이룬 부처이나, 본체는 둘이 아님을 믿고,

둘째, 사바는 확실히 고가 많고, 극락은 낙이 많음을 믿어 고는 싫어하고 낙은 기꺼할 것이요,

셋째, 현재 짓는 공덕을 다 정토로 회향하기를 믿을지니, 만약 회향치 아니하면 아무리 큰 복을 지어도 왕생치 못하고 회향을 잘하면 비록 죄를 지었더라도 다시 나쁜 짓 안 하기로 정성껏 참회하면 참회한 힘으로 왕생할 수 있거든 항차 계행을 가지며 복을 짓고 여러 가지 착한 행이 어찌 정토를 장엄하지 않으리요. 다만 믿는 힘이 깊지 않으면 착한 복도 유루(有漏)에 떨어지느니라.

염하는 법

새벽에 세수하고 의복을 정제하고 서쪽을 향하여 단정히 서서, 나무아미타불을 생각하되 몇 번을 부르던지 한번 호흡할 동안을 일념으로 하여, 이와 같이 열 번 한 뒤에 세 번 절하고 찬불게를 외우며 반배 한다.

찬불게

시방삼세 부처님 중
아미타불이 제일이시라.
구품 연대로 중생을 제도하사
위엄과 덕이 한량없으시다.
내가 이제 크게 귀의하여
몸과 입과 뜻의 죄를 참회하오며,
지은 바 복과 선은 지극한 정성으로
정토에 회향 합니다.
염불하는 사람과 한 가지
다 극락국에 왕생하여 부처님을 뵈옵고
생사를 요달하며 부처님과 같이
중생 제도하기를 원하옵니다.

풍집거사가 장경을 많이 조성하여 여러 절에 나누어 모시고 발원해 이르되, 나의 경전 보시하는 것이 두 가지 보시가 되나니, 재물을 들여 경을 조성하였으니, 이것은 재물보시오, 경으로써 법을 전하니 이것은 법보시라. 재물 보시는 천상·인간 복덕의 과보를 얻고, 법보시는 세간의 지혜와 큰 구변과 총명의 과보를 얻는 것이다. 그런데 이 두 가지 과보는 다 윤회의 원인이요, 고통의 근본이라. 내가 원하는 것은 이 두 가지 과보를 정토에 돌려 임종시에 서방 극락 세계에 가서 연꽃 중에 화생하여 부처님을 뵈옵고 생사를 요달하며 부처님과 같이 중생 제도하기를 원하옵니다.

나옹선사 서왕가

나도 잃을망정 세상에 인자(仁者)러니 무상(無常)을 생각하니 모두가 거짓이라 부모에게 받은 몸이 죽은 후에 속절없다.

저근 닷 생각하야 세사를 다 버리고 부모에게 하직하고 단포자(單瓢子) 일납의(一納衣)로 청여장(靑黎杖)을 빗겨 잡고 명산을 차자들어 선지식을 친견하야 마음을 밝히려고 천경 만론 찾아보며 육적(六城)을 잡으려고 허공마(虛空馬)를 빗겨 타고 반야검(般若劍)을 빼여들고 오온산(五蘊山) 들어가니 천산이 첩첩한데 사상산(四相山)이 더욱 높다. 번뇌심(煩惱心) 베혀내고 지혜로 배를 모아 삼계(三界)바다 건널 적에 염불중생 실어놓고 일승 돛 달아두니 춘풍은 순히 불고 백운은 섯 도는데 인간을 생각하니 슬프고 설운지라. 염불 않는 중생들아 몇 생을 살려하고 세사(世事)만 탐착하여 애욕에 잠겼는가.

하루도 열두시요 한 달에도 삼십일에 어느 시일 한가할고
청정불성(清淨佛性) 항사공덕(恒沙功德) 사람마다 가졌건만
어느 때에 내여 쓸꼬 극락은 멀어지고 지옥은 가깝도다.

여보시오, 어진이들. 염불선근 심으시오. 금생에 지은 공덕 후생에 다 받나니. 백년 동안 탐한 물건 하루아침 티끌이요, 삼일동안 염불공덕 억만년의 보배로다. 천지가 크다 한들 이 마음에 지나오며 일월이 밝다 한들 이 마음에 미칠 손가.

시방 삼세 부처님은 이 마음을 알으시고
육도 사생 중생들은 이 마음을 저 버리니
삼계윤회 생사고통 어느 때에 그칠 손가

여보시오 어진이들 이내말씀 신청하고
부지런히 염불하여 서방으로 가봅시다

사바세계 건너뛰어 극락으로 들어가면 금은으로 땅이되고
칠보그물 둘렀으며 구품연대 화려한데 곳곳마다 염불소리
청학백학 앵무공작 소리마다 법문이요 보배남게 바람불면
염불소리 미묘하다

슬프도다. 우리인생 염불 않고 어찌 할고 나무아미타불
아미타불이 어느 곳에 있는고?
마음에 두어 이 저버리지 말지어다.
생각 생각이 다하여 생각 없는데 이르면
육근 문에서 광명이 날 것이다.

권왕가(勸往歌)

오호라 슬프도다. 삼계가 불집이요,
사생이 고해로다. 어찌하여 그러한고.
천상에 나는 사람 칠보궁전 수용하고,
의식이 자연하여 쾌락이 무량하나,
천복이 다 하오면 오쇠고가 나타나서
삼도윤회 못 면하니 그도 아니 불집(火宅)인가.
인간에 전륜왕은 일만 부인 일만 대신
일천 태자 시위하고 칠보가 구족하며
사천하를 거느리고 위덕이 자재하나,
그 복이 다 하오면 업보를 못 면하여
삼악도에 떨어지니 그도 아니 불집인가.

천상 인간 제일 복도 오히려 저렇거든,
황어요마사 서인의 빈궁고독 무량 고를
어찌 모두 말할 손가. 더구나 무간지옥
만 번 죽고 만 번 사는 비참하고 심한 고통
무량겁을 지나가니 놀랍고도 두렵도다.
이러한 불 집안을 어찌하여 벗어날고.
우리 세존 대 법왕이 백천 방편 베푸르사
불집 자식 구원할 제 팔만 장경 이른 말씀
십억불토 서편 쪽에 극락이라 하는 세계
황금으로 땅이 되고 백천 진보 얽히어서
밝은 광명 찬란함이 천억 일월 화합한 듯

곳곳마다 보배나무 일곱 줄로 둘렀으되
금·은·유리 칠보로써 서로서로 섞였으며
칠중 난순 둘러있고 칠중 나망 덮었으되
모두 최상 보배로다.

오백억천 묘화궁전 나뭇가지 사이마다
상하에 벌려있고 오백억천 동자들이
그 궁전에 유희하되 광명 있는 마니주로
화만영락 장엄일세. 팔종 청풍 건들 불어
보수 보망 나는 소리 미묘하고 청철하여
백천 풍악 진동하니, 그 소리를 듣는 자는
염불심이 절로 나며, 또다시 그 나라에
기묘한 새 있아오되 백학이며 공작이며
가릉빈가 공명조타 밤낮육시 우는소리
화아하고 미묘하여 무상법을 연설커든
듣는 자가 감동하여 염불심이 격발하며,
또다시 그 국토에 가지가지 하늘 꽃을
밤낮육시 비추거든 중생들이 그 꽃으로
시방세계 제불 전에 두루 가서 공양하고
순식간에 돌아오며 죄보 여인 실로 없고
칠보로 생긴 못에 팔공덕수 충만하고
사색연화 피었거든 시방세계 염불중생
명 마칠 때 당하오면 아미타불 대성존이
그 중생을 데려다가 연꽃 중에 화생하니
몸빛은 진금이요 삼십이상 구족하며
칠보궁전 좋은 의식 마음대로 수용하며
수명이 무궁하여 생로병사 우비고뇌

고팔고 전혀 없고 무량쾌락 받자오며
다시 생사 아니 받고 미타성존 수기 얻어
무생법을 증득하며 지혜신통 자재하고
공덕선근 만족하여 보살도를 성취하여
상선인이 모이어서 과거 본행 의론할제

나는 과거 본행시에 염불삼매 성취하며
대승경전 독송하고 이 극락에 나왔노라

나는 과거 본행시에 삼보전에 공양하고
국왕부모 충효하며 빈병걸인 보시하고
이 극락에 나왔노라

나는 과거 본행시에 욕되는 일 능히 참고
지혜를 닦아 익혀 공경하고 하심하며
일체사람 권화하여 염불시킨 공덕으로
이 극락에 나왔노라

나는 과거 본행시에 탑과 절을 이룩하고
불 도량을 소쇄하며 죽는 목숨 살려주고
청정계행 가지어서 삼귀오계 팔관재와
십선업을 수행하고 이 극락에 나왔노라

나는 과거 본행시에 십재일에 목욕하고
재일 성호 염송하며 비밀진언 지송하고
이 극락에 나왔노라

나는 과거 본행시에 우물 파서 보시하며
험한 도로 수축하고 무거운 짐 대신 지며
새벽마다 서향하여 4성존에 예배하고
이 극락에 나왔노라

나는 과거 본행시에
평원광야 정자 지어 왕래인을 쉬게 하며
육월염천 더운 때에 참외 심어 보시하며
큰 강물에 배 띄우고 작은 내에 다리 놓아
왕래인을 건너 주며 산고곡심(山高谷深) 험한 길에
길 잃은 이 지도하며 검은 칠야 밤길 가는
저 행인에 횃불 주며 앞 못 보는 저 장님이
개천구렁 건너거든 붙들어서 인도하며
객사타향 거리송장 선심으로 묻어주며
사고무친(四顧無親) 병든 사람 지성으로 구원하며
조석으로 서향하여 십념법을 닦았으며
이런 공덕 갖추지어 이 극락에 나왔노라

나는 과거 본행시에
십악오역 두루 짓고 무간지옥 갔을 것을 임종 시에
선우 만나 겨우 십념 염불하고 이 극락에 나왔노라

나는 과거 본행시에
삼악도중 수고로이 우리 효순 권속들이
나를 위해 공덕 닦아 이 극락에 나왔노라
천차만별 본행사를 이와 같이 의논할 제
극락세계 공덕장엄 무량겁을 헤아려도

불가사의 경계로다 어찌하여 그러한고
과거구원 무량겁에 부처님이 나오시니
세자재왕여래시라 그때에 전륜왕은
이름이 교시가라 국왕위를 버리시고
발심출가 비구되니 승명은 법장이라
세자재왕여래 전에 48원 세우시니
하늘에서 꽃비오고 대지세계 진동이라
그 후로 무량겁을 난행고행 수도하여
48원 성취하사 극락세계 장엄하고
그 가운데 성도하니 우리도사 아미타라
삼계불집 동무들아 오욕락만 탐착 말고
생사 긴 밤 꿈을 깨어 이 말씀을 신청하고
아미타불 대성호를 일심으로 외우시되
지난 일도 분별 말고 미래사도 사량 말고
삼계만법 모든 것이 꿈같은 줄 생각하여
24시 밤낮없이 어린아이 젖 생각하듯
좋을 때도 아미타불 언짢아도 아미타불
행주좌와 어묵동정 일체 때와 일체 곳에
고성이나 묵념이나 일념미타 놓치마오
일구월심 오래하면 분별사량 없어지고
염불삼매 성취하여 전후삼제 끊어지고
인아4상 무너지면 십억불토 극락세계
자심중에 나타나고 만덕존상 아미타불
삼매중에 뵈오리니 이런경계 이르오면
사바극락 둘아니요 범부성인 따로없이
곳곳마다 극락이요 생각마다 미타로다
이같이 수행인은 명 마칠 때 당하여서

팔만상호 장엄하신 보신미타 영접하사
실보토와 상적광토 상품연화 왕생하니
방가위지 장부로다

만행중선 모든 공덕 극락으로 회향하며
진실심만 판단하여 왕생하기 발원하면
이 목숨 마칠 때에 근기대로 왕생하되
상근기는 상품가고 중근하근 되는 이는
화신미타 영접하사 방편토와 동거토에
중근인은 중품연화 하근인은 하품연화
나의생전 닦은대로 어김없이 왕생하네
두사람이 달을보되 한사람은 크게보고
한사람은 작게보니 보는안정 다름있지
달은본래 대소없네 이도또한 이같아서

보신불과 화신불이 근기 쫓아 나타나니
중생지견 차별 있지 불은 본래 대소 없네
하늘사람 밥 먹을 제 보배그릇 한가지나
과거 복덕 지은대로 음식 빛이 달라지니
이도 또한 이 같아서 극락세계 하나이나
4종정토 구품연화 근기 따라 각각 보네

정토발원 하는 사람 결정신심 일으켜서
의심일랑 부디 마오. 만일다시 분별하되
염불 많이 못하옵고 원수 빚을 많이 져서
벗어나기 어려우며 임종 시에 아미타불
참으로 영접할까 이런 분별 하게 되면

염불수행 하더라도 이 분별이 장애되어
왕생 길을 막게 되니 여하약하 묻지 말고
필경왕생 하올 줄로 결정신을 일으킨 후
아미타불 한 생각을 단단 적적 잡드려서
산란심이 동하거든 더욱 정신 가다듬소.
탁한 물에 청주두면 탁한 물이 맑아지고
산란 심에 염불하면 산란심이 불심 일세
나의화살 바로가면 저 과녁을 못 맞힐까
보름달이 원만키는 초생 달로 시작이요
천리원정 도달함은 첫걸음이 시작일세
극락이 멀다하나 나의 일념 진실하면
수인결과 하는 날에 미타성존 아니 볼까
인생일세 믿음 없어 백년세월 몽중이라

달팽이 뿔 가관이나 무엇에 쓴단 말인가
부귀영화 좋다하나 달팽이 뿔 다름없네.
새벽이슬 구슬 된들 얼마오래 보전할까
인간칠십 고래 희라 새벽이슬 다름없네.
칼끝에 묻은 꿀을 어린아이 핥아먹다
혀를 필경 상커니와 지혜자야 돌아볼까
맛은 좋고 죽는 음식 미련한자 먹고 죽지
지혜인이 그리할까 여보오욕 탐착인들
죽는 음식 그만먹소 생로병사 무서운 불
사면으로 붙어오니 그 가운데 있지 말고
이 문으로 어서 나소

삼계불집 내닫기는 정토문이 제일 일세

고해 중에 빠진 사람 이 배를 어서타소
생사바다 건너기는 미타선이 제일 일세
바다보배 천 가지나 여의주가 으뜸이요
의약방문 만 가지나 무산이 제일이요
팔만사천 방편 문이 수왈 문문 가입이나
생사윤회 빨리 벗고 불법성에 들어감은
정토문이 으뜸 일세 제불보살 출세하사
천경만론 이른 말씀 미타정토 칭찬하사
고구정영 권하시니 우리범부 사람들이
성인말씀 아니 듣고 누구 말을 신청하며
극락정토 아니가고 다시 어데 갈 곳 있나

오탁악세 나온 사람 과거죄업 깊은 고로
이른 말씀 믿지 않아 비방하고 물러가니
불에든 저 나비와 고치 짓는 저 누에를
그 누가 구제할까 정토수행 하는 사람
신구의를 조성하여 십 악업을 짓지 마소
과거생사 무량겁에 육도사생 순환하니
여기 죽어 저기 날세

부모 없이 나실른가 일로조차 생각하면
혈기 있는 중생들이 모두다생 부모로다
산목숨을 죽인 이는 부모살해 다름없네.
화엄경에 이른 말씀 혈기 있는 중생류가
필경성불 한다하니 살생하는 저 사람은
미래불을 죽임이라 살기를 좋아하고
죽기를 싫어함은 나와 저와 일반인데

내 욕심을 채우려고 남의목숨 죽이나니
형세강약 같지 않아 죽인 바를 입사오나
맺고 맺인 원한심이 구천에 사무치네
생사고락 순환하니 타일 삼도 저 고통을
누가대신 받아 줄가 금수도산 저 지옥에
뼈와 힘줄 끊어지며 확탕노탄 저 지옥에
피와 살이 다타진다

지옥 고를 마치고서 축생 되어 빚 갚을 제
나는 한번 죽였건만 갚는 수는 무수하니
누구를 원망할까 옛적에 한 포수가 다섯 사슴
눈을 빼고 지옥 고를 마친 후에 인간에
사람 되어 오백겁을 눈 멀으니 인과보응
분명커늘 어찌 그리 불신하오 아무리 빈궁해도
도적질을 부디 마오 강도절도 하는 것만
도적 업이 아니오라 남의재물 방편으로
비리횡취 하는 것이 백주대적 이 아닌가
저울내고 되 말 냄은 공평되기 하잤더니
주고받는 여수 간에 그 농간이 무수하다

야속 할 사 인심이여 어찌하여 그러 한고
부모자식 천륜이라 네 것 내 것 없건마는
옛적에 한 노모가 딸자식이 가난 커 늘
백미닷되 돌려 내여 아들 몰래 주었더니
모녀같이 죽어서는 큰 말 되고 새끼 되어
그 아들을 태웠으니 모자간도 저렇거든
남의 것 을 말 할 손가 아무리 욕심나도

사음을 부디 마오 나의 처도 족하거든
남의 처첩 무슨 일고 옛적에 한사람이
남의 첩을 간통할 제 본부 볼까 두려하여
사면으로 살폈더니 죽은 후에 아귀 되어
기화의 치성으로 오장육부 모두 타며
사면철봉 타살하니 괴롭고도 무섭도다.

입안에 도끼 있다 고인이 일렀으니
입으로 짓는 허물 물탄 곁에 가장 많다
발설지옥 고를 보소 혀를 빼어 밭을 가니
거짓말로 남 속일까 두말하여 이간 마오.
백설조가 이 아닌가 하물며 악담 죄는
그중에 더 중하다

옛적에 한사람이 한번 악담 하온 죄로
백두어가 되었으니 악담부디 하지마오
남을 향해 하는 악담 내가도로 받느니라.
하늘로 뱉은 침이 내 얼굴에 안 이질까
두려워라 두려워라 인과응보 두터워라
술을 부디 먹지마소 술의 허물 무량하여
온갖 죄를 다 짓는다 술집한번 가리키고
오백겁을 손 없거든 항어 친히 먹을 손가
의적이 술 지으며 우임금이 내어 쫓고
나한이 취하거늘 세존이 꾸짖으니
술의 허물 없을진대 성인이 금 할 손가
똥과 오줌 끓는 지옥 저 고통이 무서워라

탐심 부디 내지 마오. 살도 음망
모든 죄를 탐심으로 다 짓는다
옛적에 한 낭자는 재산탐착 못 잊더니
죽은 후에 흰 개 되어 그 재물을 지켰으며
또 예전에 한사람은 황금칠병 두고 죽어
배암의몸 받았으니 그 아니 무서운가.
성을 부디 내지마오. 성의허물 무량하여
모든 공덕 뺏어간다 예전에 홍도 비구
다겁을 공부하여 거의성불 가깝더니
성 한번 크게 내고 뱀의 몸 받았으니
놀랍고도 두렵도다. 어리석은 사견으로
선악인과 안 믿으면 무간지옥 들어가서
천 부처님 나더라도 나올 기약 전혀 없네.
고로 예전 선성 비구 이십년을 시불하여
십이부경 통달하고 사선정을 얻었으나
악지식을 인연하여 인과를 안 믿다가
생함 지옥 하였으니 중생죄업 무량한중
사견 죄가 제일일세. 파 마늘을 먹지마오
생으로는 진심 돕고 익힌 것은 음심돕네

담배이름 다섯 가지 담 악 초며 분사 초라
선신은 멀리하고 악귀가 뒤 쫒으니 알고 차마
먹을 손가 불 집안에 있는 중생 다생죄업
뉘 없으리. 과거부터 이 몸까지 지은 죄를
생각하면 한량없고 가 이 없다 죄가 형상
있을진댄 허공계를 다 채워도 남은 죄가
많으리니 이 죄업을 그저 두고 불집 어찌

벗어나며 극락 어찌 왕생할고 우리 본사
석가세존 죄악중생 슬피 여겨 참회문을
세우시니 승속남녀 노소 없이 지은죄를
생각하여 삼보전에 눈물 흘려 염불송경 참회하소.

십육관경 이른 말씀 내지십악 오역인이
명 마칠 때 당하여서 지옥불이 나타나도
만덕홍명 아미타불 열 번만 일컬으면
염불소리 한마디에 팔십억겁 생사 죄가
봄눈같이 녹아지고 하품왕생 한다하니
대단하다 아미타불 고해배가 아니신가

수천년을 기른수풀 한낱불로 다태우며
천년암실 어두움을 한등불로 파하도다
아미타불 한소리에 천마외도 공포하고
도산지옥 부서지니 과연삼계 도사로다
정토법문 깊이믿어 극락가기 발원하면
염라대왕 문서중에 나의성명 에와내고
극락세계 칠보못에 연봉하나 솟아나서
내성명을 포제하고 나의수행 하는대로
연화점차 무성타 가이목숨 마친후에
그연대에 나타나니 지금염불 하는사람
비록인간 있아오나 벌써극락 백성이라
동방세계 약사여래 팔보살을 보내시고
서방세계 아미타불 스물다섯 대보살로
이사람을 호위하며 육방제불 호렴하고
천룡귀신 공경하니 천상인간 세계중에

최존최귀 제일일세 만일도로 퇴전하면
그연화가 마른다니 부디부디 퇴전마오
한번시작 하온일을 성취전에 그칠손가

오탁악세 나온사람 심성이 정함없어
아침나절 신하다가 저녁나절 물러가며
설사오래 신하여도 결정신근 전혀없어
목전경계 보는대로 다른소원 무수하니
불쌍하고 가련하다 만당처자 애착하고
금은옥백 탐심두니 목숨마쳐 돌아갈제
어느처자 따라오며 금은가져 노자할까
생사광야 험한길에 나의고혼 홀로가니
선심공덕 없아오면 삼악도 깊은구렁
화살같이 들어간다.

또다시 어떤사람 평시에는 염불타가
병이들면 아주잊고 아픈것만 싫어하고
살기로만 바라다가 생사노두 걸쳐있어
삼백육십 뼈마디를 바람칼로 에어내며
헛소리로 손발젓고 헐떡이고 진땀흘러
맑은정신 벌써떠나 명도귀계 던진후에
임종염불 하여주니 무슨효험 있을손가
도적간후 문닫으니 무엇을 잡으려나
생전약간 염불공덕 악업담자 못이겨서
업을따라 윤회하네 평시에 병법익혀
난시에 쓰갔더니 적진보고 퇴쟁치니
평시적공 쓸데없네 생전에 염불하여

임종에 쓰짰더니 정념을 상실하고
사마에 순복하니 일생염불 와해로다
여보염불 동무님네 이말씀을 신청하오
병고만일 침노커든 생사무상 깊이깨쳐
살기도 탐착말고 죽기도 두려말고
이세계를 싫어하여 극락가기 생각하되
천리타향 십년만에 고향으로 가는듯이
부모잃고 개걸타가 부모찾아 가는 듯이
만덕홍명 아미타불 지성으로 생각하며
술과고기 드는약은 부디부디 먹지말며
문병인과 시병인과 집안권속 당부하되
내앞에서 객담말고 부드러운 애정으로
눈물흘려 위로말며 가사범백 묻지말고
일심으로 염불하여 나의정념 도와주고
내가만일 혼미커든 가끔깨쳐 권념하며
서향하여 눕혀놓고 고성염불 안그치며
임종한지 오랜후에 곡성을 내게하라
이같이 임종하면 평시염불 않더라도
극락왕생 하오려든 황어염불 하는사람
다시무엇 의심할까 병이비록 중하여도
귀신에게 빌지마오

수요장단 정한것을 적은귀신 어찌할꼬
부처님이 방광하니 방광이름 견불이라
임종인을 권염하고 이광명을 얻었으니
사람짐승 물론하고 죽는자를 만나거든
부디염불 하여주오 여보효순 자손들아

혼정신성 하올때와 감지지공 받은후에
염불법문 봉권하소

생전에만 효순하고 사후고락 모르오면
지극효심 어디있노 부모님의 죄되는일
울면서 간하옵고 여러 가지 착한일은
지성으로 권한후에 부모평생 지은공덕
낱낱이 기록하와 병환으로 계시거든
자세히 알려드려 정념을 격발하며
아미타불 권념하여 임종까지 이러하면
바로극락 가시나니 남의자손 되는사람
이말씀을 잊지마소

우리세존 석가님도 정반부왕 권하시와
아미타불 염불하여 극락으로 인도하며
중화국에 장노선사 어머니를 출가시켜
염불법문 권하올제 권화문을 지었으되
세출세간 두효도를 자추 말씀 하였으니
우리불조 효행대로 받들어서 행하시오
무병인이 염불함에 다병타고 비방마오
전세죄업 중한고로 사후지옥 가올 것을
지금염불 공덕으로 지옥죄를 소멸하고
가비얍게 받음일세 장병있던 풍부인은
염불하고 병낫으며 눈어두운 양씨녀는
염불하고 눈떴으니 나의정성 지극하면
이런효험 아니볼까 염불비방 하는사람
부귀창성 한다마오 전세에 복지어서

지금부귀 받거니와 금세비방 하온죄는
후세필경 받느니라.

농사법을 살피보소 팥심으면 팥이나고
콩심으면 콩이나네 사람되기 어려우며
불법듣기 심란한데 다행하다 우리사람
전세무슨 선근으로 사람몸을 받았으며
불법까지 만났는고 이런불법 만났을제
듣고아니 하는이는 불보살의 자비신들
그를어찌 제도할꼬 말법만년 지나가면
저때중생 박복하여 불법이 없건마는
오직정토 무량수경 백년을 더머무사
접인중생 하신다니 광대하다 미타원력
무엇으로 비유할꼬

고인의 하신말에 오탁이 극심하여
삼재접이 가까우니 미타원력 아니시면
이재앙을 못면한다 이와같이 일렀으니
공포심을 어서내어 부지런히 염불하소
근래얻은 공부인이 극락미타 따로없어
내마음이 극락이오 내자성이 미타라고
아만심이 공고하여 정토법을 멸시하니
박복다장 한탓이라 무엇의론 할것없네
내마음이 부처란들 탐진번뇌 구족하니
제불만덕 어디있나 청산옥이 보배란들
그저두어 쓸데있나 양장이 얻어다가
탁마하여 만든후에 좋은품질 나타나서

천하보기 성취하니 자성불도 이같아여
번뇌무명 어데쓸고 미타양장 친견하고
만행으로 탁마하여 항사성덕 나타나면
자성불이 이아닌가 자성불에 집착하면
도적으로 자식삼네 아만심이 공고하고
하열심이 비루고로 높은산과 낮은구렁
험한세계 났거니와 내마음이 평등하여
불지혜를 의지하면 정토왕생 하옵나니
마음극락 집착하면 돌을가져 보배삼네

거룩하다 정토법문 육방제불 칭찬하고
항사보살 왕생한다 화엄경과 법화경은
일대시교 시종이라 무상대도 법이언만
극락왕생 칭찬하며 마명보살 용수보살
불보살의 화신으로 정법안장 친절하되
권생극락 깊이하며 진나라 혜원조사
반야경을 들으시다 활연히 깨치고도
백년결사 염불하사 삼칠일을 정에들어
미타성상 친견하고 극락으로 바로가며
천태산 지자대사 법화삼매 증득하사
영산회상 친견하고 삼관을 원수하여
상품왕생 하였으며 해동신라 의상법사
계행이 청경하사 천공을 받자오되
정토발원 견고하여 좌필서향 하였으며

오장왕과 흥종황제 만기여가 염불하고
연화중에 화생하며 장한과 왕시랑은

공명이 현달하고 부귀를 겸하여도
왕생법을 닦았으며 유유면과 주속지는
처자오욕 다버리고 산문불출 염불하며
도연명 이태백과 백낙천 소동파는
만고문장 명현이라 필봉이 늠름하여
귀신을 울렸으되 미타공덕 찬탄하고
왕생하기 발원하며 당나라에 정진이와
송나라에 도완이는 비구니의 몸으로서
염불하고 왕생하며 수문후와 형왕부인
후비의 귀인이나 여신보를 싫어하여
지성으로 염불하고 연태중에 남자되며
파계비구 웅준이와 도우탄이 장선화는
생전죄악 많은고로 지옥고가 현저려니
임종일염 회심하고 연대중에 바로가며
풍기땅에 아간비자 삼생전에 중이되어
건봉사 만일회에 별좌하다 득죄하고
순흥땅에 암소되어 그죄를 속한후에
삼생만에 비자되어 용맹정진 염불하고
육신등공 왕생하니 고금역사 살피건데
승속남녀 현우귀천 내지죄악 범부까지
다만발심 염불하면 모두왕생 하옵나니
누가감히 입을열어 정토법문 평담할까
월장경에 이른말씀 말세중생 억억인이
기행수도 하더라도 득도할이 하나없고
오직염불 구생하면 만수만거 한다시니
부처님의 결정설이 거짓말로 남속일까
자백성변 양류안에 화류하는 소년들아

춘흥이 날지라도 꽃을부디 꺽지마오
그꽃밑에 독사있어 손상할까 두려워라
오호라 슬프도다

만고호걸 남아들아 장생불사 하잤더니
어제날 영웅들이 오늘황천 고혼일세
잠을깨소 잠을깨소 생사긴밤 잠을깨소
조개도 잠든제가 천년되면 깬다든데
몇부처님 출세토록 여태까지 아니깨노
대법고를 크게치고 생사옥문 열었으니
가친사람 어서나소

문열어도 안나오면 그사람은 할길없네
대비선을 크게모아 생사바다 건너주니
생사고해 빠진중생 어서타고 건너가세
배주어도 아니타면 그사람은 할길없네
보원침익 제중생은 유심정토 어서가서
자성미타 친견하고 환망진구 모든때를
공덕수에 목욕하고 탐진열뇌 더운불을
대비수로 소멸하고 아귀도중 주린배를
선열식에 포만하고 지옥도중 마른목을
법회수에 해갈하고 몽중불과 성취후에
구화방편 시설하여 환화중생 제도하고
무위진락 누용하세 나무아미타불

원하오니, 제가 임종할 때에
모든 장애가 다 없어져서
아미타불을 친견親見하옵고
극락세계에 왕생하오며,
극락세계에 왕생하고는
모든 큰 원願을 다 이루고
아미타부처님께서 그 자리에
보리수기菩提授記를 주옵소서.
- 문수 발원경

연 화 세 계

생사해탈 염불왕생성불 법문

서 문

삼계 윤회가 우물에 두레박 같아서 백 천만 겁과 가는 티끌(지구를 부순 것) 수와 같은 겁을 지나도다. 이 몸을 금생에 제도치 못하면 다시 어느 생에 제도할 것인가.

중생이 육도에 윤회할 때에 여기 죽어 저기 나고 저기 죽어 여기 나며, 혹 좋은 데도 나고 혹 나쁜 데도 나는 것이 마치 두레박이 오르내림과 같아서 티끌 수 같은 겁을 지나왔으니, 그 비참한 고통은 말할 수 없는데 금생에 다행히 귀한 사람이 되어 만나기 어려운 불법을 만났으니, 불법은 곧 죽지 않는 법이라 이런 좋은 법을 만나서 생사를 해결치 못하면 다시 티끌 수를 지나도록 생사의 고통을 받을지니, 금생에 어떠한 노력을 하더라도 이 문제를 해결하여야 될 것이다.

옛 스님 법문에 만일 성인이 되어 삼계를 벗어나지 못할진대, 일찍 안양(극락)의 길을 찾는 것만 못하다 하였다. 성인 된다는 것은 즉 참선하여 견성見性하고, 염불하여 삼매三昧 얻고, 주력呪力하여 법신法身을 증득하고, 간경看經하여 혜안慧眼이 열려 번뇌가 완전히 녹아지는 것이다. 『치문緇門』에 "임종 시에 털끝만치라도 정량情量(사랑하다, 밉다, 좋다, 나쁘다, 이렇다, 저렇다 하는 분별심이라)이 다하지 못하면 노새와 말 태중에 들어간다" 하셨다.

근기根機가 되어 능히 성인될 만한 자신이 있으면 목숨을 걸고 용맹 정진하여 꼭 생사를 해결할 것이고, 만일 그리 되기 어려우면 일찍이 아미타불의 원력을 믿고 극락의 길을 찾는 것이 옳을 것이다.

염불만일회주 석수산 스님 수행이력

대구 염불선원에 주석 하셨던 수산 큰스님은 법도 있는 불교 집안의 후손인 부친 안주원 씨의 3남 중 차남으로, 1906년 2월 20일에 경남 함안에서 출생하였다. 15세 때부터 불교에 뜻을 두고 출가할 꿈을 가지고 있었으나 그때는 이루지 못하고 한문과 서예 학습에 전념하면서 한의학을 배워 32년부터 한의원을 개업하였다.

51년에 드디어 경남 통영 미래사에서 효봉스님을 은사로 출가득도 하였으며, 54년도에 해인사에서 자운스님을 수계사로 비구계를 수지하였다. 이후 전국의 제방 선원에서 20하안거를 지내시며 수도에 전념하였고, 1973년에는 해인사에서 「정토 염불은 불법 중에 제일 중요한 법문」인데 근래에 쇠퇴해짐을 안타깝게 생각하여 부흥시킬 뜻을 세우시고, 자운스님과 함께 염불만일회를 결성하여 대중과 함께 염불당을 설립 하였다.

76년부터는 대구 남지장사와 경주 법장사, 기림사 등의 주지를 역임하시고 1985년에 대구 염불선원을 건립하여 선원장으로 주석하시면서 염불만일회와 노인대학을 설립하여 운영하셨다. 항상 법문 하실 때는 당부하시기를, "부모에게는 효를 행하고, 스승과 어른에게는 공경으로 대하며 살생과 도둑질을 하지 말라" 하시고, 나무아미타불을 불러 왕생往生 업業을 닦게 하셨는데, 그중에 많은 이들이 금생에 바로 염불공덕을 입어서 수많은 영험담을 남겼으며, 스님께 법을 듣고 출가한 이도 여러 명 있었다.

또 전국을 다니시면서 순회설법을 하셨는데 그때 스스로 「불청우不請友」라는 말씀을 하시면서 「청하지 않아도 벗이 되어 염불법을 알게 하여 사바를 벗어나게 하겠다」는 말씀을 하셨다고 한다. 법문을 다니실 때는 『정토법문집』 등 저서를 무상으로 보시하셨는데, 그 수가 30만 권에 이르며, 또 재소자들 포교를 위하여 4만 권의 책자를 전국 교도소에 배포하였다. 또 스님은 수많은 경전 속에서 정토와 염불에 관한 경문을 찾아 내셨는데, (『연화세계』 책 속에 수록) 그래서 항상 경전의 3분의 1은 정토부 경전이라고 힘 있게 말씀하셨다.

그렇게 평생을 「생지계율(生持戒律) 즉, 살아서는 계율을 지키고, 사생정토(死生淨土) 즉 죽어서는 정토에 태어나자」를 주창하시면서 광제중생을 펴시다가, 세연이 다하여 입적하신 때는 1996년 10월 1일 오전 6시 염불선원의 광명당이었다. 입적하실 때까지 거의 7일간을 신도와 스님들은 번갈아 가면서 계속 끊어지지 않고 조념을 하여 왕생을 도왔는데, 때를 당하여서는 방안에 기이한 향기가 나고 스님께서는 두 팔을 올려 합장하는 상을 지으시면서 눈에는 잠시 광채가 있었다고 지켜 본 이가 전하였다. 큰스님은 그렇게 불보살님의 영접을 받아 향기를 뿌리며 그리운 극락세계에 왕생하신 것이다.

저서 : 『정토지남』 『시심작불』 『정법수호론』
『수행요집』 『염불법문집』 『연화세계』
역서 : 『아미타경』 『염불요문』 『만선동귀집』
음반 : 『권왕가』 『극락으로 가는 길』
『정토 성불의 길』

○ 정토삼부경 적요

『아미타경』 :「사리불아 적은 선과 복덕으로는 저 세계에 갈 수 없고, 오직 아미타불 명호를 불러 불란不亂하면 그 사람의 목숨이 마칠 때에 아미타불이 모든 성중을 거느리시고 그 사람의 앞에 나타나거든 그 사람이 마음이 뒤바뀌지 아니하고 곧 극락세계에 왕생 하느니라. 사리불아, 어찌하여 이 경 이름을『여러 부처님께서 보호하고 염려하시는 경』이라 하느냐. 사리불아, 선남자 선여인이 이 경 이름을 듣고 가지거나 여러 부처님 이름을 들은 이들은 모두 여러 부처님께서 보호하고 염려하시어 아뇩다라삼먁삼보리에서 물러나지 아니 하리니, 그러므로 너희들은 내 말과 여러 부처님의 말씀을 잘 믿을지니라. 사리불아, 내가 이 악세에 성불하여 여러 세상과 모든 중생을 위하여 이 믿기 어려운 법을 말하는 것이 참으로 어려운 일이니라.」

『관무량수경』 :「부처님께서 위제희에게 이르시대, "당신은 아는지요, 아미타불 계시는 곳이 여기에서 멀지 않는 것을. 당신은 생각을 모아서 깨끗한 업으로 이루어진 저 국토를 자세히 관觀하오. 나는 이제 당신을 위하여 여러 가지 비유를 들어 말하여 이 다음 세상에 깨끗한 업을 닦는 사람들이 극락세계에 가서 나도록 하리라. 저 세계에 가서 나고저 하는 사람은 세 가지 복을 닦아야 하나니, 첫째는 부모에게 효도하고 스승과 어른을 공손히 섬기며 자비한 마음으로 산목숨을 죽이지 않고 열 가지 착한 업을 닦을 것이요, 둘째는 삼귀의 계三歸依戒를 받아 지니고 여러 가지 계행을 갖추어 행동을 올바르게 할 것이며, 셋째는 보리심菩提心을 내어 깊이 인과의 도리를 믿고 대승경전을 읽으며 남에게도 이 법을 권할 것이니, 이 세 가지는 삼세 모든 부처님의 깨끗한 업과 올바른 정인(正因)입니다.

부처님은 아난과 위제희에게 이르시되, "모든 부처님은 법계의 몸(법계신法界身)으로 모든 중생들의 마음으로 생각하는 가운데 드시나니, 그러므로 너희가 부처님을 생각하면 이 마음이 곧 32상과 80수형호隨形好라, 이 마음으로 부처를 이루고(시심작불是心作佛) 이 마음이 곧 부처다(시심시불是心是佛). 모든 부처님의 바르고 넓은 지혜가 마음에서 생기느니라.」

『무량수경』 : 「부처님께서 미륵보살에게 말씀하시되, "누구나 아미타불 명호를 듣고 기뻐하여 한번이라도 염불하면 이 사람은 큰 공덕을 얻을 것이다. 그러므로 미륵아, 가사假使 큰 불이 삼천대천 세계에 가득 찼다 할지라도 그것을 뛰어 넘어가서 이 무량수경 법문을 듣고 기꺼이 믿고 받아 읽어서 가르친 대로 실행해야 된다. 왜냐하면 많은 보살들이 이 경을 듣고저 하여도 얻지 못할 만큼 존귀한 경전이다. 어느 중생이나 이 경을 듣기만 하면 위없는 도에 물러가지 않을 것이다. 그러므로 이 경을 전심專心으로 읽어 외우고 실행할 것이다. 미륵아, 나는 이제 여러 중생을 위해 이 법문을 말하여 무량수불과 그 국토에 있는 모든 것을 보였다. 너희들은 저 세계에 나기 위해 물을 것이 있거든 물어서 내가 열반에 든 뒤에 의심을 내지 않도록 하라."

"앞으로 말법시대가 지나가면 불경이 없어질 터인데, 내가 자비한 마음으로 이 경을 백년을 더 머물게 할 것이니 어느 중생이나 이 경을 만나는 자는 모두 제도를 받아 극락세계에 갈 것이다. 미륵아 부처님은 만나기 어렵고, 불경을 얻어 듣기도 어렵고, 보살이 닦는 좋은 법도 듣기가 어렵고, 선지식을 만나 법을 듣고 실천하기도 어렵지만, 그 중에 이 경전을 믿고 받아 읽는 것은 참으로 어려운 중에 제일 어려운 것이다. 그러므로 나의 법은 이와 같이 짓고 이와 같이 설하고 이와 같이 가르친 것이니, 너희들은 이 법을 믿고 실다히 수행하여라."」

○ 무량청정평등각경

「다시 아난아, 선남자 선여인이 이 경전을 듣고 읽고 외우며 글로 써서 공양하여 저 세계에 나기를 구하고, 보리심을 발해서 모든 계행을 지키고, 중생을 도와 편안하게 하고, 아미타불과 그 국토를 생각하면 이 사람의 목숨이 마침에 극락국에 나서 법문 듣고 길이 '물러가지 않는 지위'(불퇴전지不退轉地)를 얻느니라. 아난아 어느 중생이 저 나라에 나고저 하되 비록 크게 정진은 못하더라도 마땅히 선행을 닦을지니, 살생 아니하고, 도둑질 아니하고, 음행 아니하고, 거짓말 아니하고, 비단같은 말 아니하고,

악담 아니하고, 이간붙이는 말 아니하고, 탐욕심 내지 아니하고, 성내지 아니하고, 어리석은 마음을 내지 아니하고, 밤낮없이 아미타불의 여러 가지 공덕을 생각하여 지성으로 귀의하며 예배 공양하면, 이 사람은 임종 시에 놀라지 아니하고 두렵지 아니하고 뒤바뀌는 마음이 없고 곧 정토에 왕생하느리라. 만약 일이 바빠 집을 떠나 크게 재계는 못하더라도 마음을 깨끗하게 가지고, 한가할 때에는 몸과 마음을 단정히 하고, 욕심과 근심을 버리고 자비심으로 염불 정진하며, 성내지 말고 시기 질투하지 말고 탐욕과 인색하지 말고, 항상 효순한 마음을 가지며 지성으로 부처님 말씀을 깊이 믿고 착한 일하면 복이 생기는 줄 믿고 극락국에 나기를 원을 세워 십일 십야나 내지 하루 밤낮을 염불이 끊어지지 않는 자는 목숨이 마침에 모두 왕생을 얻고 물러가지 않는 자리에 오르며, 몸은 32상을 갖추고 성불하느니라. 그러므로 시방세계 모든 부처님들이 다함께 아미타부처님의 공덕을 칭찬 하시느니라.

부처님이 아난에게 말씀하시기를 "아난아, 저 나라 보살들은 부처님의 위신력을 입어서 밥 한 그릇 먹을 동안 시방세계로 다니면서 모든 부처님께 공양하고 향화와 모든 공양의 물건이 생각 따라서 곧 생기고, 또 저 나라 보살들은 시방세계와 과거 현재 미래의 일과 모든 중생의 마음을 다 알고 어느 때에 제도 받는 것도 다 알고 필경에 일생보처一生補處에 오르는데 오직 큰 원을 세워 생사 세계에 들어가서 중생을 제도하려는 이는 제하느니라.」

돌아오라
고향으로
극락정토
크도다! 염불을 법문으로 삼아,
대승과 소승을 모두 섭수하고
이근과 둔근을 나란히 포섭하며,
사事와 이理에 원융하고
성性과 상相에 걸림이 없다.
부처에 즉함이 그대로 마음이니
한 마음도 마음부처 아님이 없고
마음에 즉함이 그대로 부처이니
한 부처도 부처마음 아님이 없다.
마음을 전일하게 억념함에 불불이 모두
드러나고 부처님을 전일하게 칭념함에
마음마음 문득 드러나니, 마음 바깥에
부처가 없어 마음의 억념하는 바가 되고
또한 부처 밖에 마음이 없어 부처의
칭념하는 바가 된다.
- 능엄경 대세지보살염불원통장 소초

○ 능엄경 대세지보살염불원통장

대세지법왕자가 그 동반 52보살과 함께 자리에서 일어나 부처님 발에 정예하고 여쭈었다.

"저는 생각하니, 지나간 옛적 항하사 전에 부처님이 출현하시니 이름은 무량광이시며 열두 부처님이 한 겁 동안에 계속하여 나셨는데, 그 마지막 부처님이 초일월광이시라. 그 부처님이 나에게 염불삼매를 가르치시거늘 비유컨대, 한 사람은 전심으로 생각하거니와 한 사람은 전심으로 잊어버리면 이 두 사람은 만나도 만나지 못하고 보아도 보지 못하는 것이요. 만일 두 사람이 서로 생각하여 생각하는 마음이 함께 간절하면 이생에서 저생에, 또 저생에 이르도록 몸에 그림자 따르듯이 서로 어긋나지 아니하느니라.

시방여래께서 중생을 생각하시기를 어머니가 자식 생각하듯 하거니와 만일 자식이 도망하여 가면 생각한들 무엇하랴. 자식이 어머니를 생각하기를 어머니가 자식 생각하듯이 하면 어머니와 자식이 세세생생에 서로 어긋나지 아니하리라.

만일 중생들이 지극한 마음으로 부처님을 생각하고 부처님을 염하면, 이생에서나 혹은 저생에서 결정코 부처님을 뵈올 것이며, 부처님과 서로 멀어지지 아니하여, 방편을 가자하지 않고도 저절로 마음이 열리는 것이 마치 향기를 쏘이는 사람이 몸에 향기가 배는 것 같으리니 이것이 향광장엄香光莊嚴이니라.

나는 본래 인행因行 때에 염불하는 마음으로 무생법인無

生法忍을 얻었고 지금도 이 세계에서 염불하는 사람을 인도하여 서방정토로 가게 하느니라. 부처님이 원통圓通을 물으시니, 나의 경험으로는 이것저것을 가리지 말고 육근을 모두 거두어 항상 염불하되 깨끗한 생각이 서로 계속되어 삼마디를 얻는 것이 제일이 되겠나이다.

○ 능엄경

목숨이 마치려 할 적에 따뜻한 기운이 식지 않아서 거슬린 버릇과 순한 버릇이 서로 어울리면서 일생에 지은 착한 짓과 나쁜 짓이 한꺼번에 나타나나니 순전한 생각만 가진 이는 날아올라 천상에 나게 되고, 만일 날으는 마음에 복과 지혜와 깨끗한 원까지 겸하였으면 마음이 열리어 시방 부처님을 뵈와 여러 정토에 소원대로 왕생 하느니라.

○ 화엄경 광명각품

온갖 행行·주住·좌坐·와臥 하는 가운데에 항상 아미타불의 공덕을 생각하여 밤과 낮을 간단없이 이렇게 업을 닦을지니라.

○ 화엄경 현수품

염불삼매를 얻으면 결정코 부처님을 보게 되나니, 임종시에 부처님 계신 곳에 왕생하리라. 죽는 이를 보거든 염불을 권하고 또 불상을 보여 예경케 하라.

○ 화엄경 도솔천궁 게찬품

이구당 보살이 말씀하시되 부처님을 경계로 하여 전일하게 생각하여 방심치 않으면 이 사람은 즉시에 부처를 보되 그 수가 마음과 같을 지니라.

○ 문수 반야경

문수보살께서 부처님께 묻기를, "어떻게 하면 속히 무상정각無上正覺을 얻게 됩니까?"

부처님께서 대답하시되 "일행삼매一行三昧에 들면 되나니, 일행삼매에 들고저 하는 자는 곧 조용한 곳에 한가로이 거하여 산란한 생각을 버리고 얼굴을 관하지 말고 생각을 한 부처님께 모아 명호를 부르며, 부처님 계신 곳을 향하여 단정히 앉아 한 부처님께 생각이 이어서 간단間斷치 않으면 곧 마음 가운데 과거 현재 미래의 모든 부처님을 보아 주야로 항상 말하되 지혜와 변재辯才가 다함이 없느니라."

○ 문수 발원경

원하오니, 제가 임종할 때에 모든 장애가 다 없어져서 아미타불을 친견親見하옵고 극락세계에 왕생하오며, 극락세계에 왕생하고는 모든 큰 원願을 다 이루고 아미타부처님께서 그 자리에 보리수기菩提授記를 주옵소서.

○ 증일 아함경

의衣, 식食, 주住, 약藥, 네 가지로 한 염부제 일체 중생을 공양하면 공덕이 한량없거니와, 만약 중생이 좋은 마음으로 간단없이 부처님 명호를 부르되 한 얼룩소 젖 먹일 동안만 하여도 그 공덕이 위에 보다 많아서 가히 생각지 못하며 능히 헤아릴 수 없느니라.

○ 무량청정각경

부처님이 말씀 하시되 "세상 사람이 아미타불 명호를 듣고 자비심으로 기뻐하고 뜻이 맑으며 털끝이 쭈뼛하고 눈물이 나는 자는 다 이 여러 세상에 불도를 행하고 혹 타방 부처님 처소에서 보살도를 행하여 진실로 범인이 아니며, 만일 부처님 말씀을 믿지 않는 자와, 염불을 믿지 않는 자와, 왕생을 믿지 않는 자는 다 악도를 좇아 나와서 재앙이 미진하고 어리석고 지혜가 없어서 해탈解脫을 얻지 못함이니라. 많은 보살이 이 경을 듣고저 하여도 얻어 듣지 못하나니 만일 얻어 듣는 자는 위없는 도에 길이 퇴전치 아니할지라. 그런고로 마땅히 받아가져서 말씀대로 수행할지니라. 이제 내가 중생을 애민하여 특히 이 법을 머물게(유留) 하노라.

송왈,

만일 이전에 복과 지혜 닦지 안했던들
이 정법을 능히 듣지 못 할지라.
이미 모든 부처님을 시봉함일세.
이 인연으로 이 법을 들었느니라.
저 부처님 세계 즐거움은 한량이 없어서
오직 부처와 또 부처님만이 능히 알지니라.
성문과 연각이 세간에 가득하여
신통과 지혜 다하여도 능히 헤아리지 못 할지라.
대성 부처님께서 묘한 법을 설하사
일체를 제도해 고통을 벗게 하시니
만일 이 경을 수지受持 연설한 자는
참으로 보리에 수승한 벗이니라.

부처님께서 이 경을 설해 마치시니,

이때에 보살 성문과 하늘 용 팔부 신중이 다 기꺼이 받아 가지니라.

○ 나선비구경

국왕이 (아라한인) 나선 사문에게 묻되, "사람이 평생에 나쁜 짓 하다가 죽을 때에 염불하여 극락세계 간다는 것은 내가 믿지 않습니다."

나선스님이 답하되, "큰 돌이라도 배에 실으면 빠지지 아니하고 작은 돌도 그대로 놓으면 가라앉는 것이니, 그와 같이 부처님 힘을 의지하면 죄가 있어도 정토에 갈수 있습니다."

○ 업보차별경

고성으로 염불하고 경 읽는데 십종 공덕이 있으니

①은 능히 잠을 제하고
②는 마군이가 겁내고
③은 소리가 시방에 두루 하고
④는 삼악도의 고가 쉬고
⑤는 바깥 소리가 들리지 아니하고
⑥은 마음이 산란치 않고
⑦은 용맹정진勇猛精進 함이요,
⑧은 제불諸佛이 기뻐하시고,
⑨는 삼매가 현전現前하고
⑩은 정토에 나느니라.

예불할 때 한번 절함에 무릎 밑으로 금강제金剛際에 이르도록 한 티끌마다 한 전륜왕 위가 되고 십종 공덕을 얻나니

①은 묘한 몸을 얻고
②는 말함에 사람이 믿어주고
③은 대중에 사는데 겁냄이 없고
④는 제불이 보호하시고
⑤는 큰 위의를 갖추고
⑥은 여러 사람이 따르고
⑦은 모든 하늘이 공경하고

⑧은 큰 복보福報를 갖추고
⑨는 명이 마침에 정토에 왕생하고
⑩은 속히 열반을 증득 하니라.

○ 관불삼매해경

염불삼매를 성취하는데 다섯 인연이 있으니

①은 계행을 잘 지키고

②는 사견을 일으키지 말고

③은 아첨하며 교만하지 말고

④는 성내고 질투하지 말고

⑤는 용맹정진 할지니라.

○ 지장경

너희들이 살생한 것으로 음식을 차려 놓고 제사를 지내면 망인亡人에게는 털끝만한 이익도 없고 죄업罪業만 맺게 되어 업장이 깊어질 뿐이다.

가령 내세나 현세에 성분聖分을 얻어 인간과 천상에 날 것이라도 임종 시에 권속眷屬들이 악인惡因(살생)을 지은 인연으로 망인에게 누가 되어 인간 혹은 천상에 나는 일이 늦어질 것이어든, 하물며 망인亡人이 전생에 선근이 없으면 본업에 따라 악보를 받게 되겠거든, 어찌하여 권속의 잘못으로 망인의 업을 더하게 하랴.

비유컨대, 먼 곳에서 오는 사람이 양식이 끊어진지 삼일이 되었는데 짊어진 짐은 무게가 백근이어늘 이웃 사람을 만나 다른 물품을 더 얻는다면 짐이 무거워서 꼼짝할 수 없는 것과 같으니라.

○ 고음성왕경

만일 사부 대중이 아미타불 명호를 생각하면 죽을 때에 부처님과 성중이 접인接引하여 정토에 왕생 하느니라.

○ 법화경

이 경전을 듣고 말씀대로 수행하면 이에 목숨이 마침에 곧 안락세계 아미타불과 큰 보살이 둘러싸인 곳에 가서 연화 중 보좌寶座 위에 나서 보살의 신통과 무생법인을 얻고 마침내 눈 뿌리가 깨끗하여 7백만 7천억 나유타 항하사와 같은 제불을 보게 되느니라.

만일 사람이 산란한 마음이라도 절에 들어가서 한번 나무불南無佛을 부르면 다 불도를 이룰지니라.

○ 유마경

보살이 정토를 얻고저 할진댄 마땅히 그 마음을 맑힐지니, 그 마음이 깨끗하면 곧 불토,佛土,가 깨끗하니라. 한번 부처님 명호를 부르면 이 선근으로 큰 열반에 들어가서 가히 다하지 못하니라.

○ 열반경

보살이 육념이 있는데, 염불이 첫째 되느니라.

○ 대비경

한번 부처님 명호를 부르면 이 선근으로 큰 열반에 들어가서 가히 다하지 못하니라.

○ 좌선삼매경

보살이 좌선 할 적에 일체를 생각지 않고 오직 한 부처만 생각하면 곧 삼매를 얻느니라.

○ 대집경

만일 사람이 한 부처만 생각하여 혹 다니거나 혹 앉아서 칠칠(49)일을 계속하면 현신現身에 부처님을 보고 곧 왕생을 얻느니라。

○ 무상경

사람이 장차 목숨이 마칠 때에 몸과 마음이 매우 고통할지니, 병인病人으로 하여금 부처님 얼굴을 보게 하여 마음과 마음이 서로 이어 보리심菩提心을 발하게 하고, 다시 말하되 삼계는 살기 어렵고 삼악도는 고통뿐이요, 오직 부처님 보리에 참으로 귀의할 것이라 할지니라.

○ 일향 출생 보살경

아미타불이 이전에 태자가 되시어 이 미묘 법문을 듣고 받아 가져 정진하되, 7천 세 동안을 옆구리를 자리에 대이지 않고 애욕과 재물을 생각지 아니하고 다른 일을 묻지도 아니하고 항상 홀로 거처 하며 뜻이 경동치 않으니라.

○ 보적경

부처님 혈족 7만 명이 왕생극락하다

석가모니부처님이 부왕(정반왕)에게 고하사대 "일체 중생이 다 부처이니, 대왕이 지금 서방 아미타불을 생각하여 부지런히 정진하면 불도를 얻으리다."

왕이 말하되 "일체 중생을 어찌 부처라 하나이까?"

부처님이 말씀 하시되, "일체법이 나는 것도 없고 움직임도 없고, 취하고 버림도 없고, 얼굴도 없고 자성도 없는 것이니, 오직 이 불법 가운데 마음을 편안히 머물고 다른 것은 믿지 마옵소서."

이때에 부왕과 7만 석종釋種(석가모니부처님의 혈족인 석가 종족)이 이 법문을 듣고 믿어 알며 기뻐하여 무생법인無生法忍(나고 죽음이 없는 진리)을 깨달으니, 부처님이 가늘게 웃으시면서 계속으로 설하시되,

"석종釋種은 지혜를 결정한지라 이런고로 불법 가운데 신심을 결단하여 편안히 머무도다. 인간에 명命이 마치면 안락국(극락국)에 나서 아미타불을 뵈옵고 두려움 없이 보리를 이루리라."

○ 십주단결경

이때에 좌중에 4억 대중이 있는데 여기 죽고 저기 나서 윤회가 끊어지지 않는 것은 욕심이 근본이 되는 줄 알고 욕심 없는 나라에 나고저 하거늘 부처님이 말씀하시되, "서쪽으로 많은 나라를 지나서 부처가 있으니 이름이 무량수無量壽라. 그 나라가 깨끗하여 음욕과 성냄과 어리석음이 없고 연꽃에 화생하며 부모를 경유치 아니하니 너희들이 마땅히 거기에 날지니라."

○ 보적경

다른 세계 중생이 아미타불 명호를 듣고 내지 한 생각이라도 바른 신심을 내어 기뻐하고 즐거워하며 모든 착한 공덕을 회향하여 극락세계에 나기를 원하는 자는 원대로 왕생하여 불퇴전을 얻어 곧 성불 하느니라.

○ 수원왕생경

부처님 국토가 한량이 없거늘 온전히 극락세계만 구하는 것은 무슨 인연인고?

첫째 인因이 승합이니 십념이 인이 되는 연緣고요, 또는 연이 승함이니 48원으로 널리 중생을 제도하시는 연고니라.

보광보살이 부처님께 묻기를, "시방에 다 정토가 있거늘 부처님께서는 하필 서방 미타정토만 칭찬하여 왕생을 생각하시나이까?"

부처님이 보광에게 고하사대, "염부제 중생이 마음이 흐리고 혼란할 새, 이를 위하여 서방 일불 정토를 칭찬하여 모든 중생으로 하여금 한곳에 마음을 모아 곧 왕생을 얻게 하나니, 만일 여러 부처님을 생각하여 염불 경계가 넓으면 마음이 헐어져서 삼매를 이루기 어려운 고로 왕생치 못 하느니라."

○ 칭양제불공덕경

만일 무량수 이름을 들은 자가 일심으로 믿고 기뻐하면 그 사람은 생전에 한량없는 복을 받고, 임종시에 아미타불이 모든 비구로 더불어 그 사람 앞에 나투시니, 마군이가 능히 그 정각심을 깨트리지 못 하느니라.

○ 목련소문경

부처님이 목련에게 고하사대, "비유컨대 일만 강물이 흘러가는데 풀과 나무가 떠서 앞은 뒤를 돌아보지 아니하고 뒤는 앞을 돌아보지 아니하되 모두 바다에 모이나니, 세상도 이와 같아서 비록 부귀하고 호걸이라도 다 생·노·병·사를 면치 못하는 것은 다못 불경을 믿지 아니하여 부처님 나라에 나지 못한 때문이니, 이런 고로 나는 말하되 무량수불 나라는 가기가 쉽다 하여도 사람이 수행하지 아니하고 도리어 96종 사도를 섬기니 나는 말하되 이런 사람은 눈 없는 사람이요, 귀 없는 사람이라 하노라."

○ 대운경

선남자야 서방에 한 세계가 있으니 이름은 안락이요, 그 세계에 부처님이 계시니 호는 무량수無量壽라. 이제 현재 하시어 항상 중생을 위하사 바른 법을 강설 하시느니라.

○ 대품경

만일 사람이 산란심으로 염불하여도 그 복이 다 함이 없거든 하물며 정한 마음으로 염불함이리오. 위로는 일심불란一心不亂과 아래로는 십념十念으로 성공 하느니라.

○ 기신론(마명보살 저)

다시 중생이 처음 이 법을 배워 바른 신信을 구하고저 하되, 마음이 겁약해서 이 사바세계에 있어서는 항상 모든 부처님을 만나 친히 공양치 못함을 겁내고 신심이 성취하기 어려울까 두려워해서 뜻이 물러가려고 한 자는 부처님께서 좋은 방편으로 그 신심을 보호하나니 이르시되, “일심으로 염불한 인연으로 원을 따라 타방 정토에 왕생하여 항상 부처님을 뵈옵고 길이 악도를 떠나게 되리라” 하나니, 경전의 말씀과 같이 만일 사람이 일심으로 서방 극락세계 아미타불을 생각하며 모든 복과 선을 회향하여 저 세계에 나기를 원하면 곧 왕생을 얻어 항상 부처님을 뵈옵는 고로 퇴전이 없나니, 만일 저 부처님의 진여眞如 법신法身을 보아 부지런히 닦으면, 필경 왕생하여 정정취正定聚에 머무는 연고이니라.

○ 왕생론(천친보살 저)

만일 선남자 선여인이 오념문(五念門)의 행을 닦아 성취하면 필경 안락(극락)국에 아미타불을 뵈올 지니라. 어떤 것이 오념문인고 ①은 예배문 ②는 찬탄문 ③은 원願을 세우는 문 ④는 관찰문, ⑤는 회향문이다.

어떤 것이 예배인고? 몸으로 아미타불께 절해서 정토에 나고자 함이요.

어떤 것이 찬탄인고? 입으로 저 부처님 이름과 저 같은 부처님 광명 지상智相과 저 같은 명의名義를 찬탄하여 진실히 수행해 서로 응하고저 함이요.

어떻게 원을 짓는가? 마음으로 항상 원을 지으며 일심으로 필경 안락(극락)국에 왕생하기를 생각하여 진실히 사마타(지止 · 집중 · 내려놓음)를 수행코저 한 연고요.

어떻게 관찰하는고? 지혜로 관찰하고 바른 생각으로 저를 보아서 진실히 비바사나(관觀)을 수행하고자 한 연고라. 저 관찰 하는데 3종이 있으니, ①은 저 부처님 국토의 장엄 · 공덕을 관찰하고 ②는 아미타불의 장엄공덕을 관찰하고 ③은 저 모든 보살의 장엄 · 공덕을 관찰함이니라。

어떻게 회향하는고? 일체 고뇌 중생을 버리지 아니하고 마음으로 항상 원을 세워 회향을 제일 삼아 큰 자비심을 성취 시킨 연고니라.

○ 대지도론(용수보살 저)

염불삼매는 능히 모든 번뇌와 선세 죄업을 제하나니, 다른 삼매는 혹 음심만 제하고 진심嗔心은 제하지 못하며 혹 진심만 제하고 음심은 제하지 못하며 혹 치심만 제하고 음심 · 진심은 제하지 못하며, 혹 삼독은 제하고 선세 죄업은 제하지 못하지만은, 이 염불삼매는 능히 모든 번뇌와 모든 죄를 없애니라. 또는 보살이 항상 염불을 좋아하므로 몸을 버릴 때나 몸을 받을 때에 항상 부처님을 만나니라. 중생이 음욕심이 많으면 음탕한 새가 되고, 성내는 마음이 많으면 독한 벌레가 되는 것과 같아서 보살은 전륜성왕과 인간·천상의 복을 탐하지 아니하고 다못 부처님만 생각하는 고로, 마음 중함을 따라 몸을 받느니라. 또는 보살이 항상 염불삼매를 닦는 인연으로 나는 곳마다 부처님을 보나니, 반주삼매경에 말씀과 같이 보살이 이 삼매에 들면 곧 아미타불 나라에 나느니라.

○ 유심안락도(원효대사 저)

문問 왈, "중생의 악업이 심히 무거워 정토를 장애하여 작은 선근으로 능히 제하지 못할 것 이거늘 어찌하여 『관경』에 임종시에 십념十念하면 곧 왕생한다 하나이까?"

답答 왈, "마음은 업의 주인이요, 수생受生의 근본이라, 임종의 마음이 눈과 같아서 능히 일체 업을 인도하나니, 만일 임종에 마음이 악하면 일체 악업을 이끌고, 마음이 착하면 일체 선업을 이끄나니, 용이 행하는 곳에 구름이 따르는 거와 같이 마음이 만일 서쪽으로 가면 업도 또한 따르나니라."

또 묻되, "중생의 죄업이 산 같이 쌓였거늘 어찌 십념十念 동안에 다 없애리오. 가령 백천만 편이라도 오히려 적은 것 같으며, 만일 악업을 없애지 않으면 어찌 정토에 나리잇가?"

답 왈, "세 가지 뜻이 있으니 ①은 만일 임종 시에 정념正念이 현전現前한 자는 이 마음이 능히 전생과 금생에 지은 선업을 이끌어 곧 왕생을 얻음이요. ②는 부처님 이름은 만 가지 덕으로 이룬 것이니, 능히 일념으로 불명을 염하는 자는 곧 일념 중에 만덕을 생각하여 죄업을 멸함이니, 고로 『관경』에 '부처님 이름을 부르는 고로, 생각생각마다 80억겁 생사의 죄를 멸한다' 하였고, ③은 무시無始 악업은 망심으로 생기고, 염불 공덕은 참된 마음으로 일어나나니, 참 마음은 해와 같고 망심은 어두움과 같은지라, 참 마음이 일면 망념이 곧 없어져 해가 처음 떠오르매, 어두움이 다 없어짐과 같으니라."

○ 십의론十疑論(지자대사 저)

문 왈, "가령 구박具縛 범부가 저 나라에 날지라도 사견과 삼독이 항상 일어날지라. 어찌 저 나라에 나면 불퇴不退를 얻어 삼계를 뛰어난다 하나이까?"

답 왈, "저 나라에 나면 다섯 가지 인연 불퇴가 있으니, ①은 아미타불께서 큰 자비와 원력으로 섭지攝持하신 고로 불퇴요. ②는 부처님 광명이 항상 빛인 고로 보리심이 항상 자라서 불퇴함이요. ③은 물과 새와 바람과 나무가 다 고苦와 공空을 설하여, 듣는 자가 항상 부처님을 생각하고 법을 생각하고 스님을 생각하는 마음을 일으키는 고로 불퇴요, ④는 저 나라는 순전히 보살들로 좋은 벗을 삼고 나쁜 인연과 경계가 없어서 밖으로 귀신과 마군이가 없고, 안으로 삼독과 번뇌가 없어서 필경 물러가지 않는 고로 불퇴요. ⑤는 저 나라에 남에 곧 목숨이 길어 불보살과 같은 고로 불퇴를 얻느니라."

○ 왕생정토참원의往生淨土懺願儀(자운대사 저)

앉으나 다니나 다 산란치 말며 잠간이라도 오욕을 생각지 말고, 외인을 대접하고 말하고 희롱하고 웃지 말며, 또한 일을 청탁해 늦추고 방일하고 잠자지 말며, 마땅히 눈 깜작이고 숨 쉴 동안이라도 염불 생각을 놓지 말지니라.

○ 정토혹문(천여선사 저)

혹或이 **문 왈,** "염불 왕생의 법문을 많이 들어 의심이 풀리고 바른 신信이 생기나 다못 위에 말한 바 몸과 마음을 거두고 세상 일을 버리는 것은 경계가 순편하고 마음이 한가한 자는 가히 행하거니와, 그 세상일을 버리지 못한 사람은 어떻게 가르치리까?"

답 왈, "세상 사람이 만일 절실히 무상無常을 생각하고 마음을 간절히 쓰는 자는 고와 락과 역경逆境과 순경順境과 고요함과 시끄러움과 한가함과 바쁨을 말하지 말고, 공무나 사무나 치산治産(재산관리), 접빈接賓(손님 접대) 등 만 가지 일을 할지라도 염불과는 서로 방해가 없나니 백락천 송에 「아침에도 아미타요 저녁에도 아미타라 비록 화살 같이 바쁘더라도 아미타를 떠나지 않을지라」 하였으니, 모름지기 바쁜 중에 한가함을 취하고 시끄러운 중에 고요함을 취하여, 매일 삼만이나 만이나 천이나 염불하여 일과를 정해 놓고 하루라도 허송하지 말며, 또한 특별히 바빠 잠간도 여가가 없는 자는 매일 새벽마다 십념을 할지니, 오래오래 적공積功하면 또한 허사가 안 될 것이요. 염불 밖에 송경誦經 예불禮佛 참회懺悔 발원發願하며 복도 짓고, 인연을 맺으며, 힘 따라 방생과 보시布施 등 모든 공덕을 지으며, 작은 선이라도 반드시 정토에 회향할지니 이와 같이 하면 결정코 왕생만 할 뿐아니라 또한 품위品位도 높을지니라.

지어온바 온갖악업 오무간의 죄를지어
팔만사천 항하사수 모래처럼 많은죄업
삼보전에 머리숙여 모두참회 하옵나니
모든업장 남김없이 소멸하게 하옵소서.

원하오니 임종시에 온갖고통 전혀없이
아미타불 친견하여 극락세계 왕생하고
보현보살 광대행을 모두몸소 성취하여
미래제가 다하도록 중생제도 하여지다.

두루두루 원하오니 법계모든 중생들을
번뇌업장 영원토록 벗어나게 하옵시고
열부처님 보현경지 부지런히 닦고닦아
중생계가 다할때에 모두성불 하여지다.

다만오직 바라오니 세세생생 어디서나
삼도팔난 가운데에 떨어지지 않게하고
선재동자 큰마음을 본받기를 원하오며
문수보살 깊은지혜 닮아가게 하옵소서.

관음보살 크신자비 모두얻기 원하옵고
보현보살 광대원을 닦아가길 원하오며
노사나불 대각열매 증득하기 원하옵고
법계모든 중생들을 제도하기 원합니다.

- 의상대사 일승一乘 발원문 中에서

제조諸祖 법어절요

(조사의 정토법문이 항하사 같지만 이것만 적는다)

○ 영명선사 법어

혹이 **문 왈,** "다못 견성해서 도를 깨치면 생사를 벗어나거늘, 하필 저 부처를 생각하여 타방에 나고저 하나이까?"

답 왈, "참으로 수행하는 사람은 잘 살필지니, 사람이 물을 마셔 보아야 차고 더움을 아는 거와 같이 이제 귀감龜鑑을 두어 의혹을 파破하노라. 모든 어진이여, 자기의 행해行解(실천과 깨달음)와 실득實得(실질적인 증득)을 보건대 견성하고 도를 깨쳐 부처님 수기를 받고, 조사위에 이르기를 능히 마명과 용수와 같겠는가? 걸림 없는 변재를 얻고 법화삼매를 증득하기를 능히 지자대사와 같겠는가? 종宗과 설說을 다 통하고 행해行解 겸하기를 능히 충忠국사와 같겠는가? 이 모든 대사께서 다 말과 교를 펴 왕생을 권하였으니, 이것은 내가 이롭고 다른 이도 이롭게 함이라. 어찌 나와 남을 그르치기 좋아 하리요. 하물며 부처님께서 정녕히 찬탄하시고 모든 성현이 부처님의 가르침을 받아 어기지 않으니라."

"『왕생전』에 실린 고금의 높은 선배, 사적이 한 없이 많으니 잘 보아 알지어다. 또 스스로 헤아리건대 목숨이 마칠 때에 생사 거래를 능히 자재하겠는가? 무시無始로 오므로 악업의 중한 장애障碍가 나타나지 않겠는가? 현재 이 몸이 능히 윤회를 벗어나겠는가? 삼악도 여러 종류 가운데 자유로 오고 가되 고뇌가 없겠는가? 천상·인간과 시방 세계에 마음대로 의탁하되 능히 걸림이 없겠는가? 만일 그렇지 못할진대 한때 공고한 마음으로 영겁의 고통을 장만하여 큰 이익을 잃지 말지어다. 장차 누구를 원망하리요. 슬프고 슬프도다."

○ 각명묘행보살 법어

정토 닦는 법은 온전 전全, 부지런할 근勤, 두자에 넘지 않으니 온전한 즉 한 일도 달리 할 것이 없고, 부지런한 즉 한 때도 허송하지 않으리라. 네가 새벽에 일어나 미타경 한 권 외우고 아미타불 천 번 부르고, 불전을 향하여 발원문 읽고, 절을 백번 할지니, 이것이 한번 과정이라, 처음에는 네 번 하고 차차 올라서 여섯 번, 열두 번까지 하면 좋으니라. 또 염불하는 법은 글자 글자와 글귀 글귀에 소리와 마음이 서로 응해서 잡념은 조금도 섞이지 말고 오래오래 성숙하면 결정코 극락에 왕생하여 연꽃에 앉아 불퇴지에 오르리라.

○ 사심선사 법어

너희들이 나무아미타불을 부르고 극락세계에 왕생치 못하면 내가 발설지옥에 들어가리라.

○ 자운대사 교량 염불 공덕설

『대반열반경』에 가로되, 가사假使 한 달에 항상 의衣·식食으로 일체중생을 공양하더라도 한번 염불하여 얻는 공덕 16분의 1 보다 적으며, 만일 의·식·주·약으로 삼천대천세계 중생에 공양하더라도 발심해 부처님께 한 자국 띄는 공덕보다는 적다 하셨다. 널리 재가在家 신심 있는 남녀에게 권하노니, 매일 새벽에 정淨한 옷과 깨끗한 마음으로 불전에 예배하되 참 부처님과 다름 없이하며 하루도 빠지지 말고, 혹 한가하거든 조석으로 예배하는 게 더욱 좋으니라. 한번 염불과 한번 부처님을 향해 예배하는 공덕이 이같이 수승하거든 항차 무한히 염불하고 자주 부처님을 뵈옴이리오. 많은 업장을 소멸하고 한량없는 공덕을 얻으리라.

○ 선도화상 법문

점점 닭의 껍데기와 학의 털과 같이 되며 보고 보니 걸음걸이가 흔들리고 비틀 거린다. 가사 금과 옥이 창고에 가득 찼더라도 쇠잔하고 늙고 병드는 것을 면할 수 없고 천가지, 만 가지 락을 받을지라도 무상無常은 마침내 오고마는 것이다. 이 무상과 노병을 면하는 빨리 수행하는 법문이 있으니 다못 아미타불 만 생각하여라.

漸漸鷄皮鶴髮 看看行步龍鍾 假饒金玉滿堂 未免衰殘老病

任爾千般快樂 無常終是到來 惟有徑路修行 但念阿彌陀佛

○ 선도대사 전수무간설專修無間說

전수專修 : 중생의 업장이 두텁고 지경은 가늘며, 마음은 추하여 관법을 성취하기가 어려우므로 성인이 불쌍히 여기사 부처님 이름만 전념專念함을 권하였다. 이것은 이름은 부르기 쉽고 상속이 잘 되어 곧 왕생하게 되는 것이다. 생각 생각이 상속하여 목숨 마칠 때까지 이르면, 열이면 열이 왕생하고 백이면 백이 왕생하는 것이니, 그 이유는 바깥 잡연이 없어 정념正念을 얻게 되고 부처님의 본원本願에 서로 응하고 부처님의 가르침을 어기지 아니하고 부처님의 말씀을 순종하는 까닭이니, 이것을 전수專修라 한다.

그러나 전수를 버리고 잡업雜業을 닦아 왕생을 구하는 이는 백에 하나 둘이나, 천에 삼·사인밖에 왕생하지 못하나니, 그 이유는 잡연雜緣이 어지럽게 움직여, 정념을 잃고 부처님의 본원과 서로 응하지 못하고, 부처님의 가르침을 어기고 부처님의 말씀을 순종하지 않고 생각이 상속相續하지 못하고, 생각이 상속하여 부처님 은혜를 갚을 마음이 없고, 비록 업행業行이 있으나 항상 명리와 서로 응하고 잡연雜緣이 가까움을 좋아하여 정토에 왕생함을 스스로 장애하는 까닭이니라.

무간수無間修 : 몸으로는 아미타불께만 예배하고, 입으로는 아미타불만 부르고 뜻으로는 아미타불만 생각하며, 만일 성냄과 탐냄과 어리석음을 범하였거든 시간을 지체하지 말고 곧 참회하여 항상 깨끗하게 할 것이니, 이것이 무간수無間修니라.

○ 우익대사 법어

염불문이 백 천 법문을 섭수攝受하나니, 염불은 정행正行이 되고 계戒, 정定, 혜慧는 조행助行이 되어, 정과 조를 합하면 순한 바람을 만난 배와 같을 것이고, 다시 줄을 당기면 저 언덕에 빨리 이를 것이니라. 염불의 법이 비록 많으나 이름(아미타불) 부름이 제일 간편하고 그중에도 염주를 세는 게 좋으니라.

○ 호계존자 법어

염불하는 사람이 정토에 나고저 하거든 항상 생각하되 세상은 모두 무상하여 이룬 즉 무너짐이 있고 난 즉 죽음이 있나니, 만일 불법을 듣지 못하면 육도에 윤회하여 벗어날 기한이 없을지라. 내 이제 인연이 있어 정법을 듣고 정업淨業을 닦아 부처님을 생각하니, 이 몸을 버리면 마땅히 정토에 나서 모든 쾌락을 받고 길이 생사를 벗어나 보리도菩提道에 물러나지 않으리니, 이것이 대장부의 평생에 능히 할 일이니라. 조금 병이 있거든 마음을 놓고 걱정하지 말며, 서향西向하여 앉아서 아미타불과 관세음보살과 대세지보살과 많은 보살이 앞에 계심을 생각하고 일심으로 나무아미타불을 불러 소리 소리가 끊어지지 않게 하고 일체 일은 생각지 말고 혹 잡념이 나거든 급히 염불만 하면 염불 소리마다 죄업이 소멸하나니, 다못 이 한 생각이 결정코 정토에 날 것이요, 명이 만일 다하지 안 했으면 자연 편안할 것이니, 절대로 세상에 애착심을 두지 말고 살면 살고 죽으면 죽을 지라. 다못 왕생만 판단하면 무엇을 걱정하리요. 이 같은 이치를 알면 떨어진 옷을 버리고 새 옷 입는 거와 같이 한번 범부의 몸을 버리면 곧 부처 지위에 오르리니 어찌 장하지 아니하리오.

○ 고산법사 법어

대저 정토에 나기를 구하는 자는 다른 이(아미타불)의 힘을 빌림이니, 아미타불께서 받아들이기를 원하시고, 석가불이 권하시며 제불이 호렴하사 셋이 구비한지라, 진실로 신심만 있으면 왕생하기가 극히 쉬우니, 큰 바다를 건너는데 이미 큰 배를 얻고 좋은 사공이 있고 순한 바람이 부니, 반드시 저 언덕에 이를지라. 거기서 배에 즐거히 오르지 않고 험한 길에 빠진 자는 누구의 허물인고?

○ 연서법사 법어

염불하는데 네 가지 요긴한 것이 있으니

①은 너무 고요함을 탐하지 말고
②는 참구하지 말고
③은 망념을 없애려 하지 말고
④는 일심되기를 억지로 구하지 말고

다못 지극한 정성과 간절한 마음으로 매일 천 번이나 만 번이나 한도를 정해 두고 염주를 세면서 숫자에 어김없이 하루도 빠지지 말고 죽을 때까지 정진해 가면 자연 일심이 될 것이요, 혹 번뇌를 다 끊지 못하여도 신심이 깊고 원력이 강하며 탐·진·치 삼독심에 끌리지 않으면 업이 있어도 왕생하나니, 조금도 의심 없느니라.

○ 인광법사 법어

일체 불경은 사람으로 하여금 허물을 고쳐 착한데 옮기고, 흉凶함을 피하고 길吉한데 나아가며, 인과因果를 밝히고 불성을 알게 하며, 생사의 고를 벗어나고 극락정토에 나게 하는 것이니, 경책을 이르는 사람은 감사하고 만나기 어려운 생각을 내어 깨끗한 손과 정한 책상에 공경심으로 부처님과 하나님을 대하듯 한 즉 한량없는 복을 얻을 것이요, 만일 조심 없이 함부로 하고 천대하거나 또는 좁은 소견을 고집하여 망령되게 비방한 즉 무한의 죄를 얻어 악도에 떨어지느니라.

○ 계살戒殺 방생放生문(수산스님 저)

부처님 말씀에 "꿈틀거리고 감각성 있는 것은 다 불성이 있다" 하였으니, 저 금수와 벌레도 다 미래의 부처요 혹 과거의 부모도 될 지라, 이 축생들이 이 죄업을 인하여 악도에 빠져서 얼굴은 비록 다를지언정 마음은 사람과 다름없어서 살기를 좋아하고 죽기를 싫어하나니, 이 불쌍한 중생들을 제도하고 살려 주어야 할 것 이거늘 도리어 죽여서 먹는 것은 너무나 악독하지 아니할까.

『능엄경』 말씀에 "사람이 염소를 먹으면, 염소가 죽어 사람이 되고 사람이 죽어 염소가 되어, 너는 내 목숨을 갚고 나는 네 빚을 갚아서 이 인연으로 백천 겁을 지내어도 항상 생사에 있다" 하였으며, 또 경에 말씀하시기를, "가사 백천 겁을 지내도 지은 업은 없어지지 아니하여 인연이 만날 때에 과보를 스스로 받는다" 하였으니 인과의 법칙은 털끝만치도 어김이 없는지라, 짐승을 먹는 것이 결국 내 살을 먹는 셈이니 어찌 어리석고 원통치 않으리오.

『법화경』에 이르시되 "만일 살생을 하고저 하는 자는 마땅히 내 몸을 삼아 보라. 내 몸을 가히 죽이지 못할지니 남의 목숨도 다름이 없느니라" 하였으니, 천지에 큰 덕은 살리는 것이라, 나의 구복求福을 위해서 남의 목숨을 뺏는 것은 차마 못할지라. 자비의 종자를 끊고 한량없는 죄업을 지어 생전에 수와 복이 감해지고 사후에 악도에 떨어져 무량겁으로 나오지 못할지니라.

요사이 인구 과잉 문제로 인하여 유산을 시키는 사람이 있는 모양인데 이것은 더 말 못할 일이다. 하늘과 사람이 같이 성내고 귀신도 미워할지라. 계란 먹는 것도 살생이 되거든 항차 인명을 살해한단 말인가. 무슨 수단을 쓰던지 입태入胎치 않게 함은 무방하나 이왕 생긴 것을 없애는 것은 도저히 용서하지 못할 것이다.

현재 보니 길흉 대사에 어육을 많이 쓰는데 나는 좋아 즐기면서 무죄한 남을 죽이게 되니, 죽는 놈은 얼마나 원통하겠는가. 원한이 맺히면 나의 복덕이 자연 감하여 좋지 못하나니, 포태胞胎를 하던지 자식을 낳던지 혼례나 생일이나 병 날 때나 직업을 구할 때나 기도나 불사할 때에, 살생은 금하고 도리어 놓아 살려주면 그 음덕이란 말할 수 없이 커서, 암암리에 당자가 큰 복을 받고 소원도 성취되고 좋은 인연이 될 것이요.

초상과 제사에도 살생하면 영가에게 큰 짐이 되고 빚이 되어 설사 좋은 데 갈 혼이라도 살생을 인연하여 나쁜 데 가는 수가 있으니, 꼭 살생은 말고 도리어 방생하여 천도薦度해주면 영가靈駕만 이고득락離苦得樂 할 뿐 아니라 본인에게도 큰 복이 되는 것이니 매우 좋은 일이다.

정토 수행에 세 가지 복이 있는데 첫째, 자비심으로 죽이지 말라 하였으니 부처님 말씀을 꼭 믿고 절대로 살생 말고 힘과 인연 따라 방생하여 그 공덕을 정토에 회향하면 왕생은 틀림없을 것이다. 혹 죽는 것을 보고 구제하지 못할 경우에는 염불하며 극락왕생을 축원하여 주면 매우 좋은 일이고, 어육을 부득이 써야 될 경우에는 3종 정육淨肉(나를 위해 죽지 안 한 것, 소리를 듣지 안 한 것, 죽는 것을 보지 안 한 것)을 쓰는 게 무방하다。지자대사 영명선사 연지대사 외 여러 도인들이 다 방생을 힘쓰고 많이 권하였으니, 우리 후배가 어찌 본받지 아니하리오. 힘쓰고 힘쓸지어다.

○ 극락정토는 실제로 있다

어떤 이가 말하기를 “부처님이 경전에 극락세계를 말씀하신 것은 방편 가설이라 내 마음에 정토가 있고 자성에 미타불이 있는데 마음 밖에 무슨 극락세계가 있겠는가” 한다.

내가 답하되, 이 말은 매우 틀리는 것이다. 이치로써는 유심정토唯心淨土와 자성미타自性彌陀가 있고 사실로써는 서방정토에 아미타불께서 설법하고 계신다. 경전을 인용하여 증명하고저 한다.

대승 경전이 620여 부인데 그중에 염불과 정토법문 설한 것이 270부가 되니, 거의 경전의 반수를 차지하는 것이다. 그중에 털끝만큼 뽑아서 말하려 한다.

경전에 세계의 이름과 사람 사는 형편을 소상히 말씀하셨는데, 어떤 국토는 사람의 눈썹은 길고 눈은 하나만 있는데도 있고, 어떤 국토는 사람이 먹지 않고 입지도 않고 잠만 자는데 한번 잠들면 오십년 동안 깨지 않는 데도 있고, 어떤 국토는 가슴에 구멍이 뚫려있는 데도 있다고 하셨다. 예로써 해인사에 휘낭조사 등상은 가슴에 구멍이 있는데, 이것은 휘낭조사가 손수 조성하면서 당신이 전생에 흉혈국胸穴國 사람임을 표시한 것이다.

『화엄경』에는 연화장 세계가 20중重으로 되어 제13층에 사바세계가 있는데, 13불찰佛刹미진수 세계로 둘렀으며, 사바세계 서쪽으로 십만억 불토를 지나 극락세계가 있다 하였다.

『무량수경』에는 세자재왕 불이 법장 비구에게 210억 세계를 보이시었고, 『관무량수경』에서는 석가모니불이 미간眉間에 광명을 놓아 시방세계 불국토를 위제희 왕비에게 보이셨는데, 어떤 국토는 칠보로 되어있고 어떤 국토는 순전히 연꽃으로 되었고 어떤 국토는 대자재천大自在天과 같고 어떤 국토는 수정의 거울과 같은 것도 있었다. 이와 같은 국토의 모습을 위제희가 보고 극락세계 가기를 발원하였으며, 『아미타경』에는 “여기서 서쪽으로 십만억 불토를 지나서 극락세계가 있고 그 세계에 아미타불이 설법하고 계신다” 하셨다.

경전에 나오는 세계도 무수하며 허공 중에 미진수 세계가 있다고 하셨다. 요사이 천문학자들도 월세계에 이미 갔다 왔으며 공중에 반짝이는 별을 세계로 추정하는데, 그 숫자가 수십억에 이른다 한다. 이렇게 많은 세계 중에 하필 극락세계가 없단 말인가. 부처님은 불안佛眼으로 시방세계를 두루 보시고 여러 세계를 말씀하였으며, 역대 조사들도 혜안慧眼으로 지옥과 극락을 두루 보시고 글을 지어 많이 선전하였는데, 자기 눈이 어두워 멀리 보지 못하고 도리어 극락은 없다 하니 그것은 우물 안 개구리를 면치 못한 것이고, 도리어 정법을 비방한 죄를 범한 것이니, 참으로 슬픈 것이다.

다음에는 극락세계 가기를 권하는 법문을 소개 하려 한다. 『무량수경』에는 삼품의 왕생을 말하셨는데, “여러 가지 복을 짓고 보리심을 내어 전심으로 염불하라” 하셨으며『관무량수경』에는 정토 삼복을 말씀하셨는데, 부모와 스승에게 효순하고 살생하지 않고 십선을 닦으며 모든 계행을 가지고 행동을 올바르게 하며, 대승 경전을 읽고 인과를 깊이 믿고 보리심을 발하며, 다른 사람에게 염불을 권하라 하였으며, 13관법과 세 가지 마음(지성심, 깊은 마음, 회향발원심)을 말씀하셨다.

『대보적경』에는 극락에 가는 여덟 가지 마음을 말씀하셨는데, "설사 목숨을 잃는 일이 있더라도 남의 허물을 말하지 말고, 중생에게 권하여 삼보에 귀의케 하고, 계행을 가지고, 내 몸을 낮추고 다른 이를 존경하고, 중생의 고통을 생각하고, 불상을 조성하여 모시고 중생을 사랑하라" 하셨다.

『미륵 소문경』에는 정토에 가는 열 가지 마음을 말씀하셨는데, "중생을 사랑하고 괴롭히지 말며, 정법을 수호하고 부처님의 지혜를 구하고 모든 집착을 없애며, 다른 사람을 존경하고 세속 문자를 탐하지 말고, 모든 착한 일을 행하며 결정코 성불하기를 원하라" 하셨다.

『화엄경 보현행원품』에는 정토에 가는 십 중대원을 말씀하셨는데, "모든 부처님께 예경하고 부처님을 칭찬하고 삼보에 공양을 많이 올리고 업장을 참회하고, 부처님께 오래 세상에 계시기를 청하고 부처님께 법문 하시기를 청하고, 다른 이의 공덕을 따라 기뻐하고 항상 부처님을 따라 배우고 중생을 수순하고 널리 회향한다.

이 십중 대원을 행하는 사람은 임종할 적에 목숨은 끊어지고 친족도 떠나고 보물과 세력과 모든 것은 하나도 따라 오는 것이 없고 오직 이 원왕願王은 앞을 인도하여 잠깐 동안 극락세계에 왕생하여 아미타불과 문수보살, 관음

보살, 미륵보살 등을 본다 하셨으며, 회향게에 이르되, 나의 보현의 좋은 행의 한량없는 복을 회향하오니, 고해에 빠진 모든 중생들 빨리 아미타불 세계에 갑시다” 하셨다.

『십왕생경』에는 정토에 가는 열 가지 마음을 말하셨는데, “부처님과 스님께 공양 올리고 중생을 교화하고 보호하며 중생을 괴롭히지 않으며 스승께 받은 계율을 잘 지키고 부모와 스승께 효순하고 팔관재계八關齋戒를 지키고 재일齋日에는 안방을 떠나 스승의 법을 행하며 항상 염불과 좌선하고 정법을 수호하고 정법을 전하라” 하셨다.

『문수 발원경』에는 “제가 임종 시에 모든 장애 없어져서 극락세계에 왕생하며 모든 소원 성취하고 부처님께서 수기授記를 주옵소서” 하셨으며, 『대보적경』에는 “대승심을 내어 임종시에 아미타불 열 번만 부르면 꿈에 부처님을 뵙고 왕생한다” 하셨고, 『관경』에는 “오역죄를 지은 이가 임종에 지옥 불덩이가 보이더라도 용맹심을 내어 열 번 아미타불을 부르면 나무아미타불 한 소리에 팔십 억겁 생사 중죄가 없어지고 정토에 왕생한다” 하였다.

경전에 정토 왕생을 권한 것이 무수히 많으며 역대 조사들도 왕생을 권하는 문자가 산더미같이 많으며, 왕생전에는 극락에 갔다가 다시 와서 극락세계 형편을 말하는 이도 혹 있다.

예로써 송나라 위세자의 딸이 나이 열네 살에 죽었는데, 몸이 식지 않고 향취가 나므로 장사를 하지 않고 두었더니, 칠일 만에 다시 깨어나서 법상을 차려 달라하여 아버지가 이상히 여겨 그 말대로 하여 주었더니, 목욕재계하고 법상에 앉아 『무량수경』을 읽고 나서 말하기를, 내가 극락세계에 가서 보니 무량수경의 말과 같이 온 세계가 광명이 찬란하고 칠보로 장엄되었으며 큰 연꽃에 사람이 화생하는데, 아버지와 오빠와 나는 연꽃에 이름이 있고 어머니는 이름이 없어서 그 말을 전하려 왔으니, 어머니도 지금부터 부지런히 염불하라고 말하고 방바닥에 내려와서 조용히 갔는데 향취가 삼일동안 난다 하였다.

위에 부처님과 조사의 말씀을 살펴보면 극락세계가 분명히 있으며 수백 경전에 소상히 왕생을 권하는 것이 무수하다. 만일 극락세계가 없다면 경전은 모두 거짓말이고 불조는 모두 망어인이니 그를 이치가 있겠는가. 우리 중생이 자력自力으로 이 사바 오탁 악 세계에서 번뇌를 완전히 끊고 성불하기를 하늘에 별 따기보다 어려운 것이다.

유심정토唯心淨土와 자성미타自性彌陀는 마음을 깨쳐야 보는 것이니, 중생들도 부처 될 성품은 있지만 삼독번뇌가 꽉 덮여 있는데 자성미타를 어찌 볼 수 있겠는가. 마치 전단향나무를 조각하여 불상을 조성해 놓으면 거기에 예배공양을 할 수 있지만은 나무 둥치를 보고 예배할 사람은 없을 것이다. 유심정토와 자성미타를 집착하지 말고 부처님 말씀에 따라 극락세계가 실지로 땅이 있고 아미타불이 현재도 설법하심을 깊이 믿고 왕생의 원을 세워 부지런히 염불하면 임종 시에 부처님의 영접을 받아 극락세계에 왕생하여 부처님의 법문을 듣고 무생법인無生法忍을 증득하면 자성미타를 볼 것이니, 얼마나 다행한 일인가. 모든 불자들은 깊이 생각해 볼지어다.

○ 불법은 어렵지 않다

어떤 이가 말하기를 불법은 너무 어려워서 싯달 태자 같은 유사有史 이래로 둘도 없는 특수한 인물도 6년 고행을 그리 어렵게 하여도 깨닫지 못하고 다시 보리수 아래 앉아 결사용맹 정진 끝에 깨쳤으니, 우리 같은 범부들이야 감히 성불할 마음을 내겠는가.

그 말도 일리는 있다. 순전히 자력自力으로만 수행하면 삼 아승지겁阿僧祇劫으로 닦아야 성불할 수 있는 것이니, 그것은 매우 어렵고 자력에다 타력他力을 겸하면 쉬운 방편이 있다. 경전을 인증하여 어렵고 쉬운 두 길을 대조하여 보고자 한다.

『대집월장경』에 이르되, 나의 말법 가운데 억억 중생이 수도를 하더라도 하나도 득도할 이 없고, 이 말법 시대는 현재 오탁악세라, 오직 정토淨土 한 문이 통해 있다 하셨다.

정법과 상법시대는 부처님 가신 지가 멀지 않고 사람의 근기가 수승하여 상상근기는 혹 자력으로 성도하는 이가 있지만은 말법시대는 중생의 죄업이 무겁고 세상은 혼탁하여 자력으로 성도하기는 매우 어려운 것이다.

정토문이 통한다는 것은 아미타불의 48원 중 제원諸願에 "누구나 나의 국토에 나는 이는 모두 정정취正定取에 들어 결정코 성불 할 것"이며, 또 제18원에는 "시방중생이 지성심으로 나를 깊이 믿고 나의 국토에 나기를 원하며

(내지 열 번 내 이름을 불러도 정토에 나게 될 것) 또 제 19원에는 어느 중생이나 보리심을 발하여 모든 공덕을 짓고 나의 국토에 나기를 원하면 그 사람의 임종 시에 내가 대중들과 함께 가서 영접해 올 것이다. 만일 이 원이 성취되지 못하면 맹세코 성불하지 않겠습니다" 하셨다. 법장 비구가 무량겁으로 난행 고행하여 48원을 성취하여 아미타불이 되셨으니, 우리가 그 원력을 깊이 믿고 부지런히 염불하면 죽을 때에 부처님이 영접하시어 정토에 왕생하여 부처님의 법문을 듣고 그 자리서 깨쳐 정정취에 들어 성불하는 것이니, 이것이 쉬운 길이 아닌가.

『관불삼매경』에서는 부처님이 부왕에게 타력(他力)의 염불삼매 법문을 권하시니, 정반왕이 묻되 "진여실상을 깨쳐 성불하는 법을 제자인 나에게 권하지 않습니까?"

부처님께서 대답하시되 "제불의 과덕果德은 무량하고 깊어서 범부의 수행할 경계는 아닙니다. 그러므로 하늘의 달을 따기보다 어려운 법성法性의 증득을 제쳐 놓고 쉽게 수행하는 염불법문을 권합니다."

"그러면 염불공덕은 어떠합니까?"

부처님께서 비유로 말씀하시되 "40리나 되는 이란나무 숲에 한 그루의 전단향나무가 있어 싹이 나기 전에는 이 숲은 악취가 진동하여 향취는 조금도 없고 만일 나뭇잎이나 열매를 입에 대면 미쳐서 죽게 됩니다. 그런데 향나무 싹이 나서 무성하면 향기가 진동하여 이란 나무는 악취가 변하여 향기 숲이 됩니다. 중생이 이란 숲과 같은 생사의 바다에서 염불하는 마음도 이와 같습니다. 일심으로 염불하면 결정코 정토에 왕생하여 모든 악업은 변하여 자비심으로 되는 것이 저 향나무가 이란나무로 변하여 향기 숲이 되는 것과 같습니다.

이란 나무는 삼독 번뇌에 비유하고 향나무는 염불에 비유한 것이라 하셨다. 이것을 보더라도 염불삼매가 삼매 중의 왕이라는 지자대사의 말씀이 맞지 않는가. 그러므로 부왕에게 쉽게 성불할 수 있는 염불을 권하신 것이다.

용수보살이 십주비바사론에서 설하길, "보살이 불퇴지不退地에 오르는데 어렵고 쉬운 두 길이 있다. 어려운 길은 이 오탁악세 부처님 없는 시대에 불퇴에 오르기가 어렵다. 이 어려움이 많지만은 대강 다섯 가지만 말하리라.

①은 외도와 서로 친하여 보살 법을 요란케 하고, ②는 나한은 자기만 이롭게 하고 큰 자비심이 없으며, ③은 악인들이 다른 이의 좋은 덕을 부수고 ④는 선과善果를 업치고 범행梵行을 무너뜨리며 ⑤는 오직 자력뿐이요 타력의 가피가 없음이니, 이와 같은 일이 무수한지라 비유하면 멀고 먼 육로로 걸어가면 매우 괴로운 것과 같고 쉬운 길이란 염불하여 정토에 나기를 원하면 부처님 원력을 타서 곧 정토에 왕생하여 부처님의 법문을 듣고 곧 대승 정정취正定聚에 드나니 , 비유하면 바다의 배를 타면 고통 없이 목적지에 가서 즐거운 것과 같다 하셨다.

용수보살은 부처님 다음 가는 성인으로서 33조사 중에 제일 가는 보살이라. 분명히 어렵고 쉬운 길을 말하였으니 이런 말을 믿지 않고 누구 말을 믿겠는가.

자은규기 대사는 『서방요결』에서 "석존께서 삼승법으로

중생을 교화하시어 많이 제도 하셨는데, 그 중에 복이 없고 인연이 적은 이는 정토에 나기를 권하셨다. 이 수행을 하는 자는 전심으로 아미타불을 염하고 모든 선근을 정토에 나기를 회향하면 아미타불의 원력에 의지하여 한 평생 염불한 이나 내지 임종에 십념하는 이는 모두 결정코 왕생할 것이다"라고 하셨다. 이것은 석가 부처님과 인연이 없는 이는 아미타불과는 인연이 있으므로 석존께서 극락국에 가기를 지도하신 것이다.

영명연수 선사는 「선정사료간禪淨四料簡」 법문에서 "참선은 없어도 정토 수행만 하면 만 명에 만인이 모두 극락에 간다. 다못 아미타불만 친견하면 어찌 깨닫지 못함을 걱정할 것인가" 하셨다. 이것은 염불은 아미타불 원력을 의지하므로 만인이 빠짐없이 극락에 가서 아미타불의 법문을 듣고 깨달음을 얻는 것이다. 영명선사는 육조스님의 십대 법손으로 법안종 3조인데 「선정사료간」을 지어서 선을 헐고 정토를 찬한 것이 아니라, 불교의 근본 사상에서 말씀하신 것이다.

「감로소기甘露疏記」에는 염불하여 정토에 나기를 원하는 자와 보통 여러 가지 선업을 닦는 자의 넉넉하고 모자람이 같지 않으니 다른 선업을 닦는 자는 오직 자기의 힘만 의지하므로 무량한 세월을 지나면서 진실히 수행하여 물러가지 아니 하여 성과聖果를 얻을 수 있는 것이니 매우 어렵고, 염불하여 정토에 나기를 원하는 자는 아미타불의 본원력으로 섭취攝取하심을 입어 타락이 없는 것이니, 매우 쉬운 것이다.

비유하면, 두 사람이 바다를 건너 보물을 구하려는데 한 사람은 나무를 심어 나무가 커서 배를 만들어 배를 타고 건너 가려하니 세월이 너무 오래 걸리고 여러 가지 장애가 많아서 건너가지 못함과 같은 것이니, 자력만으로 선을 닦는 사람은 이와 같다. 그리고 한 사람은 해변에서 큰 선주를 만나 사정을 말하여 선주의 도움으로 바다를 건너가서 보물을 구하여 오는 것이니 매우 쉽다. 아미타불의 원력을 의지하여 정토에 가는 것은 이와 같다 하셨다.

위의 부처님과 조사의 말씀을 종합해 보면 정토법문은 말세 죄업 중생에게는 둘도 없는 제일 좋은 약방문이다. 우리가 다생을 오면서 극심한 생사 고통을 받다가 금생에 다행히 불제자가 되었으니 불법은 생사를 초월하는 법이다. 금생에 만일 이 몸을 제도하지 못하면 다시 어느 생에 제도 하겠는가? 정토 법문을 버리고는 금생에 이 몸 제도하기가 참으로 어려운 것이다.

○ 염불의 공덕

누가 말하기를 "아미타불의 염불은 극락에 가는 데만 필요하고 현세에 잘 살기 위해서는 관세음·지장보살을 염하는 것이 좋지 않을까?" 한다.

내가 답하되, 이것은 경전을 모르고 하는 말이다. 관음, 지장도 염하는 공덕이 대단히 크지마는 아미타불을 염하는 공덕은 생전과 사후에 무량한 것이다. 부처님이 염불의 열 가지 공덕을 말씀하셨는데, 아홉 가지는 현세에 받고 한 가지는 정토에 가는 것이라 하시었다. 『무량수경』에 부처님이 미륵에게 말씀하시되 "누구나 아미타불의 명호를 듣고 기쁜 마음으로 한번이라도 염불을 하면 이 사람은 더 없는 복을 짓고 위없는 공덕이 구족한 것이다"라고 하셨다.

『무량수여래회』에 이르되 "내(법장 비구)가 세자재왕불 앞에 48원을 발하였는데, 이 48원을 성취하지 못하면 부처는 되지 않으리라. 마음이 약하여 불도수행을 이기지 못한 범부에게 명호의 보물을 주어 선근과 공덕을 갖지 못한 범부들을 널리 구제하여 고통을 없애고 편안한 몸이 되게 하리라."

부처님께서 아난에게 말씀하시되 "아미타불의 명호는 그와 같이 큰 이익이 있으므로 모든 부처님이 다 아미타불의 공덕을 칭찬 하시느니라" 하셨다.

예참의 『십왕생경』에 이르되 "누구나 아미타불을 염하면 아미타불께서 25보살을 보내어 항상 보호하여 주신다" 하셨다. 『관무량수경』에는 "염불하는 이는 사람 가운에 분다리화 꽃과 같아서 사람 중에 제일가는 사람이요, 사람 중에 제일 좋은 사람이다. 관음 세지 두 보살이 좋은 친구가 되어 그림자가 얼굴을 따라 다니듯이 항상 보호한다" 하셨다.

『아미타경』에는 "항하사 같이 많은 부처님들이 이 경을 읽고 염불하는 사람을 호념 한다" 하셨다. 또 『반주삼매경』에는 "염불하는 사람은 사천왕과 모든 천신들과 팔부성중이 따라 다니면서 보호하여 주신다" 하셨다. 『관무량수경』에는 "아미타불의 광명은 시방세계를 두루 비추어 염불하는 중생은 하나도 버리지 않고 섭수하여 주신다" 하였다.

『무량수경』에는 법장비구가 48대원을 설하시고 다시 맹세하되, "내가 세상에 없는 큰 원을 세웠으니 반드시 위없는 도를 이룩할 것입니다. 만일 이 원이 만족치 못하면 맹세코 성불하지 않겠습니다. 내가 앞으로 무량한 세월을 지나가면서 큰 시주가 되어 빈궁하고 고통 받는 중생을 구제하지 못하면 맹세코 성불하지 않겠습니다" 하셨다.

법장비구가 무량겁으로 난행難行, 고행하여 모든 원을 성취하시어 아미타불이 되셨으니 곧 아미타불은 우리의 시주施主가 되심이라. 얼마나 행복한 길인가. 시주란 말은 보시하는 주인이란 말인데, 청신사 청신녀는 삼보에게 시주가 되어 시주의 힘으로 절을 운영하고 스님들이 편안히 수도 생활과 포교를 하고 있는데, 항차 시방삼세의 부처님 중에 제일 이신 아미타불께서 우리의 시주가 되어 항상 광명을 비추어 보호하여 주시니, 우리가 무엇을 걱정할 것인가. 부처님 원력을 믿고 보리심을 내어 복 짓고 염불하면 재앙은 소멸하고 선근은 자라나서 현세에 많은 공덕을 얻고 죽을 때는 극락세계에 가는 것이니, 이보다 더 행복한 일이 어디 있겠는가?

○ 염불하여 영험 본 사람을 소개할까 한다

『관무량수경』에 위제희 왕비가 아들 아사세 태자에게 큰 곤욕을 당하여 죽게 되어 울면서 부처님께 사뢰되, "저는 이 악한 세상에는 살기 싫고 오직 극락세계에 가고자 합니다." 부처님이 극락세계에 가는 관법을 말씀하시다가 아난과 위제희에게 이르시되, "내가 그대의 고통과 근심 없애는 법을 말할 것이니, 잘 듣고 기억하라." 그 말이 떨어지자 아미타불이 공중에 나타나서 큰 광명을 놓으시니, **위제희**가 감격하여 절하면서 마음이 열려 근심이 없어졌다 하였다.

『청관음경』에는 비야리 성 중에 악질이 전염하여 사람이 많이 죽었는데, **월계장자의 여식**도 역시 죽게 되었다. 월계장자가 부처님께 울면서 여식을 살려 달라고 애걸을 하니 부처님이 극락세계의 아미타불께 기도하기를 가르쳐 주었다.

월계장자가 지성으로 기도하면서 "대자대비하신 아미타부처님이시여, 저의 여식을 살려 주옵소서!" 하였더니, 즉시에 아미타불이 관음 · 세지 두 시자를 데리시고 월계장자의 집 위에 나타나서 큰 광명을 놓아 온 성중을 비추시니 모든 사람의 병이 일시에 완쾌되었다 하셨다.

위의 두 가지 사실을 보면 석가모니불의 신통 도력이 아미타불만 못하지 않지만 당신에게는 인연이 없고 아미타불과 인연이 있으므로 아미타불을 소개하신 것이다. 아미타불은 사바세계 중생들과 특별히 인연이 있으므로 남녀노소를 물론하고 심지어 외도까지도 아미타불을 모르는 이가 없다.

당나라 **현통 율사**가 여행하다가 어느 야사(野寺)에서 하룻밤을 자는데 옆에 스님의 경 읽는 소리를 듣고 따라 읽어보니 『무량수경』에 있는 저 부처님의 본원인 아미타불의 명호를 듣고 가서 나고자 하면 모두 저 나라에 가서 스스로 물러가지 않는 자리에 오른다는 것이다.

彼佛本願力 聞名欲往生 皆悉到彼國 自致不追轉

뒤에 늙어 죽었는데 중간에 계를 어긴 죄로 염라대왕에게 끌려갔다. 염라대왕이 묻기를 “너는 계는 범하였지만은 불법을 펴고 살았으니 알고 있는 법이 있거든 외워보아라” 하고 법상을 차려주거늘 현통은 여러 경전을 생각한 끝에 그전에 야사에서 들은 법문을 외우기로 하고 그 부처님 본원력인 아미타불의 명호를 고하니 염라대왕이 보배 관을 기우뚱하면서 이것은 극락세계 아미타불 공덕을 설한 법문이라 하고 합장 예배하였다. 현통 율사가 파괴한 죄로 지옥에 들어갈 것인데, 이 글을 외운 인연으로 지옥을 벗어났으니, 이것이 아미타불의 위신력이 아닌가?

송나라의 **오윤성**은 어느 스님을 만나 음식 공양을 하였더니 스님이 말하기로 자네가 언젠가 물에 환란을 만날 때가 있으니 아미타불을 열심으로 염하면 재앙을 면할 것이다. 윤성이 두려워서 그날부터 지성으로 염불하였다. 몇 년 후에 양자강을 건너가다가 중간에 풍파로 배가 뒤집혀서 모든 사람이 많이 죽었는데 윤성은 물에 빠지면서도 염불만 하였더니 귀에 오윤성은 건져내라 하는 소리가 나기에 눈을 떠 보니 강가에 밀려나왔다.

『정토용서문』에 이르되 선사 사경의 **부인 풍씨**는 여러 가지 병이 위중하여 의사가 치료하지 못한다 하여 자수심 선사께 치료할 방법을 물으니, 스님이 재계하고 지성으로 염불하라고 권하여 부인이 그날부터 주육과 비단과 금·은 패물을 버리고 종일토록 서고 앉고 누울 때에 염불생각을 놓지 않고 불전에 향화 공양과 염불·송경의 공덕과 조그마한 선근을 모두 서방으로 회향하여 십년을 부지런히 하였더니 몸도 건강하고 마음도 편안하였다. 하루는 글을 짓기를 "전생에 업을 따라 소가 되었더니, 오늘은 극락세계로 가니, 다시는 콧구멍이 꿰어지지 않을 것이다. 아미타불과 관음보살과 모든 보살들이 나를 환영해 주신다" 하고 편안히 갔다 하였다.

『왕생전』에 이르되 **청신녀 양씨**는 광주 사람인데 전생의 죄업으로 두 눈을 잃고 고통을 하던 중인데, 마침 어떤 스님의 염불하라는 말을 듣고 지성으로 염불하였더니 3년이 지나서 문득 두 눈이 밝아졌으며 그 후로 더욱더 열심이 염불하였다. 정관 3년 2월에 미리 가는 날을 알고 편안히 죽었는데 동네 사람이 보니 아미타불과 모든 보살이 깃발 꽃을 가지고 옥상에 있었다 한다.

당나라 **진중거**는 젊었을 때 잘못하여 살인을 하였더니 그 후로 잠만 자면 죽은 귀신이 나타나서 "네가 나를 죽였으니 나도 너를 죽일 것이다" 하였다. 진중거는 놀라서 몇 달을 잠을 자지 못해서 죽게 되었는데, 어느 사람이 염불하기를 권해서 그날부터 열심으로 아미타불을 불렀더니, 그 후로는 귀신이 나타나지도 않고 건강하게 되었다. 그 후로 더욱 열심히 염불하여 죽을 때도 고통 없이 갔다 한다.

『왕생전』에 당나라 진양현 **온문정 부인**은 반신불수증으로 기동을 못하고 항상 누워만 있는데 ,그 남편이 말하기를 "종일 누워 있으면서 왜 염불을 하지 않소?" 부인이 말하되, "어느 염불을 하면 좋을까요?" 남편이 아미타불이 제일 좋다 하여 그날부터 지성으로 염불하였다. 2년이 지나서 아미타불이 나타남을 보고 남편과 친족에게 말하기를, "내가 오랫동안 병고를 겪다가 염불하여 영험을 보고 오늘 부처님을 따라 극락세계에 가니 부모와 친척들도 부지런히 염불하여 극락세계에 가서 서로 만나자" 하고 서쪽을 향해 단정히 앉아서 염불하다가 편안히 갔는데 집안사람들도 부처님을 보았다 한다.

1986년에 서울 삼계동에 사는 **김기오**라는 젊은 불자는 골수염으로 매우 위중해서 서강대 병원에 입원하여 내일에는 수술하기로 날을 정해 놓았더니, 그 날에 학생데모가 일어나서 교수와 의사가 모두 도망가고 수술을 못하였다. 대구에 있는 시모(김연화심)가 빨리 오라고 전화하여 안동 봉정사 지조암에서 백일기도 하여 약한 첩 쓰지 않고 완쾌되었다.

대구에 사는 **강민지**는 일본에서 박사과정에 재학 중인데 위장병과 신경통으로 몸은 마르고 두통이 나서 3년 동안 심한 고통을 겪다가 역시 지조암에 백일기도를 두 번하여 완치되었으며, 대구 달성동 **양춘자** 불자는 신경증으로 여러 해 고생하다가 매일 염불선원에 다니면서 기도하여 완치 되었다. 대구 복현동에 **강민자** 불자는 평소에 항상 염불하였는데 한번은 길을 가다가 고압전기가 터져서 불바다가 되었다. 그중에서도 아미타불을 부르고 뛰어 나왔는데 발뒤꿈치만 조금 벗겨지고 무사하였다. 그중 한 사람은 넘어졌는데 죽은 것으로 안다.

혹 꿈에 귀신에게 눌려 숨을 못 쉬다가 염불하여 깨어나는 이도 있고 정신이상자와 귀신에게 욕보는 이도 미타 백일기도하여 완치된 사람이 많다.

1966년에 해인사 금선암 비구니 **혜진스님**은 대구 갔다 오면서 고령 금산제에서 차가 전복되어 수백 번 굴러 내려오는데 사상자는 무수히 많았으나 혜진 스님은 아무 상처가 없었다. 옆에 살아난 사람이 말하기를 저 여 스님은 굴러 가면서도 나무아미타불을 부르더라고 말해주었다.

1943년에 해인사 원당암에 **연응 스님**은 대구에 가다가 백운동 가제 고개에서 앉아 쉬는 데 어느 사람과 이야기 하다가 염주를 들고 나무아미타불을 부르니 그 사람이 무슨 그런 소리를 하느냐 하면서 가버렸다.

조금 있다가 정신을 차려보니까 자기가 백련암 신선바위에 앉아있고 옷은 흠뻑 젖고 배는 고프고 어지러워서 바위에서 내려가지 못하고 있는데 마침 그때에 환적대 토굴에서 기도하던 박 거사가 나무 주으려 왔다가 바위 위의 사람을 보고 깜짝 놀라면서 “스님이 이게 웬 일 이신지요?” 하고 스님을 업고 백련암에 왔는데 그때에 마침 스님의 상좌가 백련암 공양주를 하다가 놀라면서 스님 나가신지가 열흘이 지나서 대구로 사방에 찾아보아도 아무도 아는 이가 없어 많은 걱정 중이라 한다. 이것은 귀신에게 끌려서 자기 정신을 잃고 있다가 염불하는 공덕으로 귀신은 달아나고 살아난 것이다.

충청도 **승달산** 자그만한 절이 있는데 거기 사는 **노스님**이 하루는 마을에 갔다가 저물어서 돌아오는데 산 중턱에 오니 뒤에서 사람소리가 나는지라 앉아서 사람오기를 기다렸으나 다시 흔적이 없는지라 귀신인 줄 짐작하고 관세음보살을 불렀더니 저쪽에서도 관세음보살 하는지라, 이번에는 나무아미타불을 크게 불렀더니 저쪽에 소리가 뚝 끊어졌다. 스님이 이것을 보고 아미타불 위력이 관세음보다 수승한 줄 알고 평생 내내 염하던 관음주력을 아미타불로 바꾸었다 한다.

염불하여 생전과 사후에 얻는 공덕은 여러 전기와 전설에 무수히 있으니 부처님 말씀과 아미타불 원력을 의심하지 말고 깊이 믿어 일심으로 염불합시다.

○ 한번 미끄러지면 백번 미끄러진다

(一暖百瑞)

옛말에 한번 미끄러지면 백번 미끄러진다고 한다. 어찌 이렇게 하나가 백이 되도록 많은가. 경에 사람 되기가 어렵고 사람이 되어도 불법 만나기가 어렵다 하였다. 그러니 염불법문을 만나서 믿기는 더욱 어려운 것이다. 경에 일곱 부처님 나시도록 뱀이 몸을 벗지 못하였다 하였는데 어느 때에 다시 사람이 되며 또 어느 때에 불법을 만나며 또 어느 때에 염불법문을 만나서 믿을 런지 알 수 있겠는가? 이렇게 생각하면 어찌 백번만 미끄러지리오. 천 번 만 번 미끄러져 다할 때가 없을 것이니 통탄할 일이다.

○ 염불이 참선에 걸리지 않다

(念佛不礙參禪)

고인의 말에 참선이 염불에 걸리지 않고 염불이 참선에 걸리지 않는다 한다. 원조 본진 홀요 영명 수용 신자 수심과 같은 모든 선사는 다 선문에 큰 종장으로 정토에 마음을 두어도 참선에 걸림이 없었다. 그러므로 참선하는 사람이 비록 본심을 참구하되 또 임종시 극락세계에 나기를 원할 것이다. 무슨 까닭이냐?

참선하여 비록 깨친 바가 있다 하더라도 부처님과 같이 적광토(常寂光土)에 머물지 못하고 아라한과 같이 후유(後

有)를 받지 아니할 수 없을 것임으로 이 몸이 마칠 때는 반드시 나는 곳이 있을 것이니, 인간에 나서 밝은 스승을 친근 하는 것보다는 연화세계에 나서 아미타불을 친근 하는 것이 좋지 않겠는가. 그런 즉 염불발원이 참선에 장애되지 않을 뿐 아니라 실로 참선에 이익이 많은 것이다.

○ 권수사료관勸修四料簡

복만 짓고 염불 못하면
복이 다 되면 악도에 떨어진다.

염불하고 복을 짓지 않으면
도에 들어가는데 고생이 많다.

복도 안 짓고 염불도 못하면
지옥 아귀 축생에 떨어지고

염불하고 겸하여 복을 지으면
복혜가 구족한 부처님이 된다.

○ 자운준식, 왕생정신게往生正信偈

누구나 이 게송을 외우면 세 가지 이익을 얻는다. 첫째, 대승경전 이름을 외움이요 둘째, 정토에 신심을 더 기르고 셋째, 듣는 사람으로 하여금 정토를 믿게 하는 것이다. 죽는 사람을 보거던 한번 이 게송을 외우고 염불을 권할 것이다.

서방 세계에 계신 대자대비하신 아미타불께 예배드리고 여러 가지 경전을 의지하여 왕생하는데 결정한 신심을 성취하렵니다.
稽首西方安衆刹 彌陀世主大慈 我依種種修多羅 成就往生決定信

대승에 주한 깨끗한 마음으로 열 번 무량수불을 염하면 임종할 때에 꿈에 부처님을 뵙고 결정코 극락에 왕생한다.
대보적경에 이렇게 말씀하셨다.
住大乘者清淨心 十念念彼無量壽 臨終夢佛定往生 大寶積經如是說

오역죄로 지옥불덩이가 보이더라도 임종에 선지식을 만나 용맹심을 내어 열 번 아미타불을 부르면 곧 극락세계에 왕생한다.
십육광경에 이렇게 말씀하셨다.

五逆地獄衆火現 値善知識發猛心 十念稱佛即往生 十六觀經如是說

누구나 기쁘고 즐거이 믿는 마음만 있으면 최하로 십념十念이라도 곧 나의 국토에 날 것이니 만일 그리되지 않으면 성불하지 않겠습니다.
사십팔원에 이렇게 말씀하셨다.
若有歡喜信樂心 下至十念即往生 若不爾者不成佛 四十八願如是說

누구나 아미타불 명호를 듣고 지성심으로 정토에 회향하면 곧 왕생하나니 다섯 오역죄와 정법을 비방한 이는 제외 한다。
무량수경에 이렇게 말씀하셨다.
諸有聞名生至心 一念廻向即往生 唯除五逆謗正法 無量壽經如是說

임종할 적에 관법과 염불은 못하더라도 다 염불하는 생각만 두어도 목숨이 마침에 곧 왕생한다.
대법고경에 이렇게 말씀하셨다.
臨終不能觀及念 但作生意知有佛 此人氣絕即往生 ·大法鼓經如是說

하루 하루 낮에 비단일산을 달고 전심으로 왕생을 원하여 염불이 간단치 않으면 꿈에 부처님을 보고 곧 왕생한다.
무량수경에 이렇게 말씀하셨다.
一日一夜懸繒蓋 專念往生心不斷 臥中夢佛即往生 無量壽經如

是說

밤낮 하루 동안 아미타불을 불러서 부지런히 정진하여 간단치 않으면 전전展轉히 서로 권하여 함께 왕생한다.
대비경에 이렇게 말씀하셨다.
晝夜一日稱佛名 殷勤精進不斷絕 展轉相勸同往生 大悲經中如是說

하루 이틀 내지 이레까지 아미타불을 불러 마음이 산란치 않으면 임종 시에 부처님이 나타나서 곧 왕생한다.
아미타경에 이렇게 하셨다.
一日二日岩七日 執持名號心不亂 佛現其前即往生 阿彌陀經如是說

누구나 아미타불 명호를 듣고 하루 이틀 지나면서 전심으로 염불하면 부처님이 앞에 나타나서 곧 왕생한다.
반주경에 이렇게 설하셨다。
行人聞彼阿彌陀 一日二日若過等 專念現前即往生 般舟經中如是說

열흘 낮 열흘 밤 6시 중에 예불과 염불을 중단하지 않으면 현재에 저 부처님을 뵙고 곧 왕생한다.
고음왕경에 이렇게 설하셨다.
十日十夜六時中 五體禮佛念不斷 現見彼佛即往生 鼓音王經如是說

열흘 낮 열흘 밤에 재계齋戒를 지니고 번과 일산을 달며

향과 등을 올리고 염불을 중단치 않으면 결정코 왕생한다.
대아미타경에 이렇게 하셨다.
十日十夜持齋戒 懸繒幡盖燃香燈 專念不斷得往生 大彌陀經如是說

누구나 한 부처님을 전일히 생각하여 칠칠(49)일동안 다니거나 앉아서 염불하면 현재에 부처님을 뵈옵고 임종 때 극락왕생한다.
대집경에 이렇게 하셨다.
若人專念一方佛 或行或坐七七日 現生見佛即往生 大集經中如是說

누구나 구십일동안 앉고 눕지 아니하고 항상 다니면서 염불하면 삼매 가운데 아미타불을 뵈옵는다.
불입경에 이렇게 설하셨다.
若人自誓常經行 九十日中不坐臥 三昧中見阿彌陀 佛立經中如是說

누구나 서향하여 앉아서 구십일동안 염불하면 삼매를 얻고 죽을 적에 불국토에 난다.
문수반야경에 이렇게 설하였다.
若人端坐正西向 九十日中常念佛 能成三昧生佛前 文殊般若如是說

여러 경전에 이 같은 말이 많은데 조금만 뽑아 계속을 기록하니 한량 없는데, 이 법문을 보고 듣는 이는 올바른 신심을 내어 부처님의 진실한 말씀을 절대로 믿을 지어다.

我於衆經頌小分 如是說者無窮盡 願同聞者生正信 佛語眞實無欺誑

항상 염불을 하는 자는 모든 악마가 그를 해칠 틈을 갖지 못한다.

<무양문미밀지경>

만약 어떤 중생이
아미타불을 부르며
왕생극락을 원한다면,
저 부처님께서는 곧
25분의 보살들을 파견하여
수행자를 옹호해주시므로,
걷든 앉든 머물든 눕든,
낮이든 밤이든 언제 어디서나
악귀와 악신이 그 틈을
노리지 못하게 하느니라.
-십왕생경

○ 철오선사 어록(徹悟禪師語錄)

모든 법문은 마음을 밝히는 것이 긴요하고 모든 수행은 마음을 밝히는 것이 긴요하니라. 마음을 밝히는 요건要件은 염불이 제일이니 부처님을 생각하고 부처님을 염하면 반드시부처님을 뵈옵게 되어 다른 면을 의지하지 않고도 자연히 마음이 열리나니, 이렇게 염불이 마음을 밝히는 요건이 아니겠는가.

또 마음을 밝히는 요건도 염불이 제일이니 념念이 서로 응應하면 이 부처님이요 염마다 서로 응하면 염마다 부처님이니라. 물 맑히는 구슬을 흐린 물에 넣으면 흐린 물이 맑아지지 않을 수 없듯이 부처님 명호를 산란한 마음에 두면 산란한 마음이 부처 되지 않을 수 없으리니, 이렇게 염불함이 마음을 밝히는 요건이 아니겠는가.

한마디 부처님 명호 속에 깨닫고 닦고 하는 두 문의 요건을 모두 포함하였으니, 깨닫는 것을 들면 믿음이 그 가운데 있고 닦는 것을 들면 증득證得함이 그 가운데에 있느니라. 믿고 알고 닦아 증득함에 대승 소승과 모든 경전의 긴요함을 포함하였으니 그렇고 보면 한마디 아미타불이 어찌 지극한 요건의 도가 아니겠는가.

우리들 현재 마음이 전부 진眞으로서 망妄이 되었고 전부 망으로서 곧 진이어서 종일토록 변하지 않으면서 종일토록 인연을 따르느니라. 그래서 부처님(법계法界)의 연을 따라서 부처님 법계를 염하지 않으면 곧 아홉 가지 법계를 염함이 되나니、삼승을 염하지 않으면 곧 육범六凡을 염함이요, 인간과 천을 염하지 않으면 곧 삼악도惡途를 염함이요, 귀신이나 축생을 염하지 않으면 곧 지옥을 염함이 되느니라.

무릇 마음 있는 이는 생각이 없을 수 없나니 생각이 없는 마음은 오직 부처님만이 증득하시는 것이요, 등각 이하는 모두 생각이 있느니라. 한 생각을 일으키면 반드시 열 가지 법계에 떨어지나니 무슨 생각도 열 가지 법계 밖으로 벗어날 수가 없으며, 열 가지 법계 밖에는 다른 법계가 없는 연고니라. 한 생각을 일으키면 곧 한번 태어나는 인연이 ,이러한 이치를 알고서는 염불하지 않을 이가 있을 수 없느니라.

만일 이 마음이 평등한 대자대비와 의보依報, 정보正報의 공덕과 만덕萬德을 구비한 큰 이름(아미타불)으로 더불어 서로 응하면 부처님 법계를 염함이 되고 보리심과 만행으로 더불어 서로 응하면 보살법계를 염함이 되고, 내가 없는 마음이 십이인연으로 더불어 서로 응하면 연각緣覺법계를 염함이 되고 내가 없는 마음이 사제諦를 관찰하면 성문聲聞법계를 염함이 되고, 사선禪 팔정定과 상품 선善으로 더불어 서로 응하면 천상법계를 염함이 되고, 오계(戒)로 더불어 서로 응하면 인간 법계를 염함이 되고, 계와 선을 닦으면서 성내고 교만하고 승부勝負를 겨루는 마음을 가지면 아수라 법계에 떨어질 것이요, 느즈러운 마음으로 하품을 염하면 축생법계에 떨어질 것이요, 느즈럽고 급함이 반반 되는 마음이 중품 악으로 더불어 서로 응하면 아귀법계에 떨어질 것이요, 맹렬한 마음이 상품 십악으로 더불어 서로 응하면 지옥법계에 떨어질 것이니라.

십악이라 함은 살생 도둑질 음행 망어 기어 악구 양설 탐심 진심 사견邪見이요, 이것과 반대 되는 것은 선이니, 날마다 일어나는 생각이 어느 법계와 응함이 맹렬한가를 스스로 잘 살펴보면 다른 날 안신입명安身立命할 것을 다른 이에게 물을 필요가 없으리라. 모든 경계가 오직 업으로 느끼는 것이요, 오직 마음으로 나타나는 것이니, 그 나타나는 곳 그 자체가 곧 마음이니라. 무릇 마음 있는 곳에는 경계가 없을 수 없나니, 부처님의 경계가 나타나지 않으면 아홉 가지 법계의 경계가 나타날 것이며, 삼승의 경계가 나타나지 않으면 여섯 가지 범부의 경계가 나타날 것이며, 천상 인간 아귀 축생의 경계가 나타나지 않으면 지옥의 경계가 나타날 것이니라.

참으로 생사를 위할진대 보리심을 내고 깊은 신심과 서원으로 부처님의 명호를 부를지니, 이것은 염불하는 법문

중에 제일가는 종취宗趣니라. 참으로 생사를 위하는 마음이 생기지 않고서는 모든 가르침이 모두 부질없는 말이 된다. 세간의 모든 고통이 생사보다 더할 것이 생사를 요달하지 못하면 났다가는 죽고 죽었다가는 나며, 났다가 또 나고 죽었다가 또 죽고 하면서 이 태중에서 나와서는 다른 태중에 들어가고, 한 가죽 부대를 버리고는 다른 가죽 부대를 뒤집어써서 그 고통을 참을 수 없거든 하물며 윤회를 벗어나지 못하고는 타락함을 면할 수 없나니, 도야지 태 속이나 개의 태 속 어디엔들 들어가지 않으며 나귀의 가죽 부대와 말의 가죽부대 어느 것인들 뒤집어쓰지 아니하랴.

사람의 몸은 가장 얻기 어렵고도 가장 잃어버리기 쉬운 것이라. 한 생각이 잘못 되면 악도에 들어가게 되나니, 악도는 들어가기는 쉬우나 나오기는 어려울 새 지옥은 시간은 오래고도 고통이 심하다. 7불이 나시도록 항상 개미가 되었고, 팔만 겁이 지내어도 비둘기 몸을 벗지 못하였으니, 축생의 세월은 더욱 오래고 아귀와 지옥은 그보다도 몇 배가 되는데 그렇게 오랜 세월을 지내나니 어느 때에 벗어나며 만 가지 고통이 번갈아 끓어서 돌아갈 곳도 구원할 이도 없 나니라. 말할 때마다 소름이 끼치고 생각만 하여도 오장이 타는 듯 하도다. 그러므로 이 자리에서 뼈아프게 생사를 생각하되 부모의 상사喪事를 만난 듯이, 머리에 붙는 불을 끄듯이 해야 할 것이니라.

그러나 내게는 생사가 있으니 내가 생사에서 벗어나려 하는 것 같이 모든 중생이 모두 생사에 있으니 다 벗어나야 할 것이다. 저들과 내가 본래 다 같은 한 몸으로서 여러 생에 나의 부모이며 장래의 부처님이거늘, 만일 모두 제도할 생각을 하지 않고 나 혼자만 이로우려 한다면 이치로도 잘못됨이 있으며 마음에도 미안할 터인데, 하물며 큰마음을 내지 않으면 밖으로는 여러 부처님을 감동케하지 못할 것이요, 안으로는 본 성품에 계합하지 못할 것이며, 위로는 불도를 원만히 성취하지 못하고, 아래로는 여러 중생을 모두 이롭게 하지 못할 것인 즉, 비롯함이 없는 애정에서 어떻게 벗어나며 비롯함이 없는 원수를 어떻게 풀겠는가, 여러 겁 동안 지은 죄업을 참회하여 없애기 어렵고 오랫동안 심어온 선을 성숙하기 어려우며 행을 닦는 데 장애가 많고 비록 이룬다 하여도 소승에 치우치리니, 그러므로 성품에 맞는 큰 보리심을 내야 할 것이니라.

큰마음을 내었으면 마땅히 큰 행을 닦아야할 것인데, 수행하는 모든 일 가운데 성취하기 쉬우며, 가장 온당하고 가장 원만한 것은 깊은 신심과 서원으로 부처님의 명호를 염하는 것이 제일이니라.

깊은 신信이란 것은 석가여래의 하신 말씀이 결정코 거짓이 없을 것이요, 아미타불의 대자대비하신 원력이 결코 헛되지 아니할 것이며, 또 염불하여 왕생하기를 원하는 인연으로는 반드시 부처님을 뵙고 왕생하는 결과를 얻을 것은 외를 심으면 외를 따고 콩을 심으면 콩을 거두는 것과 같으며, 소리에는 반드시 메아리가 생기고 형상에는 반드시 그림자가 따르는 것 같아서 원인이 헛되지 않고 결과가 허망하지 않으니 이런 것은 부처님께 묻지 않고도 스스로 '믿을 수 있는 것 이니라.

『관경』에 말씀하기를 「이 마음으로 부처를 짓고, 이 마음이 곧 부처라」 하신 말과 선종禪宗에서 「사람의 마음을 가리켜서 견성성불見性成佛 한다」는 말에 비교하면 관경의 말씀이 직접으로 지시하는 말로 아주 통쾌하니 무슨 까닭인가? 견성하기는 어렵고 부처 되기는 쉬운 연고니라.

어떤 것을 견성이라 하는가. "마음과 뜻과 인식을 떠나서 신령한 광명이 드러나는 것을 견성이라 하나니 그러므로 어렵다" 하고, 어떤 것을 부처 된다 하는가? "부처님 명호를 염하며 부처님의 의보依報와 정보正報를 보는 것이 곧 부처되는 것이니 그러므로 쉽다" 하느니라.

경에 말씀하기를 「너희들이 마음으로 부처님을 생각할 때에 그 마음이 곧 32상相이며 80 종호種好라」 하였으니, 생각으로 부처님 염하는 것을 부처 된다고 하는 것이 아니겠는가?

저 「부처가 되는 것과 부처님이다」 하는 것은 이치가 다르지 않지만 「견성하는 것과 부처 된다는 것은 어렵고 쉬운 것이 서로 뚜렷하니 염불을 참선에 비교하면 아주 통쾌하지 않겠는가. 하나는 조사의 말씀이요, 하나는 부처님의 말씀이니 어느 것이 소중하고 어느 것이 가벼우며 어느 것을 취하고 어느 것을 버릴 것인가. 공부하는 사람은 마땅히 예전 버릇을 모두 버리고 허심탄회虛心坦懷하게 생각해보고 살펴보면 이 말이 잘못되지 아니함을 알게 되리라.

정토문淨土門에서는 원력으로 으뜸을 삼나니 무릇 원력이 있는 이는 반드시 이룬다고 한다. 울두람불이 강가와 숲속에서 비비상정非非想定을 익히었는데 정이 이루려 할 적마다 물고기와 새들의 시끄러움을 받고 나쁜 서원을 세웠다. 「내가 이 뒤에 날아다니는 삵괭이가 되어 숲속에서는 새를 잡아먹고 물에서는 생선을 잡아먹겠다」 하더니 그 뒤에 비비상정을 성취하고 천상에 태어나서 팔만 겁을 살다가 하늘의 과보를 마치고는 드디어 삵괭이가 되어 숲과 물로 다니면서 새와 생선을 잡아먹었다. 이것은 나쁜 서원이지만 큰 세력이 있어서 만겁 뒤에 이루어 졌나니, 하물며 성품에 맞는 좋은 서원이리오.

『신승전神僧傳』에는 이런 말이 있다. 어떤 중이 돌부처님 앞에서 장난삼아 발원하기를 「금생에 생사를 끝내지 못하면 내 생에는 씩씩한 대장이 되겠습니다」 하더니 그 후에 과연 대장군이 되었다. 이것은 장난삼아 세운 원이지만은 그렇게 이루어졌거든 하물며 지성으로 세운 원일까 보냐.

또 어떤 중은 경과 논을 모두 통달하였으나 어디를 가도 뜻을 얻지 못하였다. 그래서 항상 탄식만 하더니 다른 중이 말하기를 「그대가 불법을 배웠는데 부처님과(佛果)를 이루지 못하였거든 먼저 인연을 많이 맺으라는 말을 듣지 못하였는가? 그대 불법을 통달하였으나 인연이 없으니 어찌 하겠는가?」

그 스님이 말하길, 「나는 이러고 말까 보아.」

다른 스님, 「내가 그대를 대신하여 인연을 지어주마, 무엇이고 그대가 가진 것이 있는가?」

「다른 것은 없소. 옷감이 한 벌 있노라.」

다른 스님 「그만하면 되네.」

그 옷감을 팔아 먹이를 마련하고 그 중을 데리고 깊은 숲 속에 들어가서 새와 벌레들이 많은 곳에 먹이를 내려놓고 원을 세우게 하고는 그 스님에게 부탁하여 20년 후에 법회를 열라고 하였다. 그 스님의 부탁대로 20년 후에 법회를 열었더니 와서 법문을 듣는 이가 모두 소년들이었으니, 대개 그 먹이를 먹은 새와 벌레의 후신들이었다.

이것은 원력이 부사의한 것이니, 다른 이의 서원으로도 새와 벌레들로 하여금 짐승의 탈을 벗고 사람이 되게 하였거든, 자기의 서원이야 말할 것이 있겠는가. 아미타불은 48원으로 부처님이 되셨으니, 내가 세운 원이 부처님의 중생을 거두어 주시는 원력과 같다면 이 발원만으로도 정토에 왕생할 수 있거든 하물며 부처님은 불가사의한 대자대비가 있음일까보냐.

형가瑩印는 술과 고기를 함부로 먹는 사람인데, 뒤에 『왕생전往生傳』을 읽으면서 한 사람의 전기를 읽을 적마다 머리를 한번 끄덕이더니, 마침내 단식斷食하고 염불한지 7일 만에 아미부처님이 나타나서 위로 하시기를 「너의 수명이 아직 십년이 남았으니 염불을 잘 하라 내가 십년 후에 와서 너를 영접 하리라.」

형가가 사뢰되, 「사바세계가 오타악세여서 바른 생각을 잃기가 쉽사오니 원컨대 빨리 정토에 왕생하여 여러 성현을 모시려 하나이다.」

부처님께서 「네 뜻이 그렇다면 3일 후에 와서 영접하리라.」 하시더니, 과연 3일 후에 왕생하였다。

또 회옥懷玉스님이 정토 업을 부지런히 닦더니 하루는 아미타부처님과 보살들이 공중에 가득하였는데, 한 사람이 은대銀臺를 가지고 들어오는 것을 보았다。 회옥스님이 생각하기를 「내가 일생에 정진하면서 금대金臺를 생각하였는데 어찌하여 그렇지 아니 한가」 하니 은대가 드디어 없어졌다. 회옥이 정진하기 21일만에 또 부처님과 보살들이 공중에 가득하였는데, 전날 은대를 가지고 왔던 이가 이번에는 금대를 가지고 왔다. 회옥스님이 드디어 담박하게 갔다.

유유민劉遺民이 여산 동림사東林寺에서 백련결사白蓮結社에 동참하여 염불하다가 하루는 염불을 하고 있노라니, 아미타부처님이 나타나신다. 유민이 생각하기를 여래께서 내 머리를 만져주시지 않는가 하였더니 부처님이 곧 머리를 만져 주셨고, 또 생각하기를 여래께서 가사로 나를 덮어주시지 않는가 하니 부처님이 곧 가사로 덮어주셨다.

부처님의 중생에게 대한 일이 진실로 지극하시니 참으로 대자대비하신 부모이시다. 빨리 왕생하기를 원하면 빨리 왕생케 하시고 금대를 원하면 금대로 바꾸어 주시고, 머리를 만져주시기를 원하면 손으로 만져주시고, 가사로 덮어 주심을 원하면 가사로 덮어 주시어서, 부처님이 모든 중생을 어여삐 여기시나니 어찌 난들 어여삐 여기지 아니하겠는가. 부처님은 모든 중생의 소원을 이루어 주시니 어찌 나의 소원인들 이루어 주시지 아니 하겠는가. 대자대비하신 마음은 원래 가리는 일이 없거니 어찌 그를 리가 있으리오.

그러므로 참으로 서원을 세우면 믿음이 그 가운데 있으며 믿음과 서원이 이미 참되면 행을 일으키려 하지 아니 하여도 스스로 일어나는 것이다. 그러므로 믿음과 서원과 수행의 세 가지는 서원의 한 가지로 끝나는 것이니라.

세상에 가장 소중한 것은 정신이요 세상에 가장 아까운

것은 시간이다. 일념이 깨끗하면 부처님 법계의 연기요, 일념이 더러우면 아홉 가지 법계에 태어나는 원인이 되느니라. 무릇 일념을 동함이 십법계의 종자가 되나니, 어찌 소중하지 아니 하랴. 이 하루가 지나가면 목숨도 따라서 감하나니 한 치의 햇볕이 곧 한 치의 목숨이라, 어찌 아깝지 아니하랴. 진실로 정신이 소중한 줄 알면 헛되이 쓰지 아니해야 할 것이니 생각마다 부처님 명호를 염해야 하며, 시간을 헛되이 보내지 않으려면 시시각각으로 정토의 업을 닦아야 할 것이다. 만일 부처님 명호를 염하지 않고 삼승의 행을 닦는다면 이는 정신을 낭비함이니 역시 천근의 활로 혜서鼷鼠(생쥐)를 잡으려고 쏘는 것과 같거든 하물며 여섯 범부의 생사의 업을 지음일까보냐.

정토의 업을 닦지 않고 소승의 과보를 닦는다면 이는 시간을 헛되이 보내는 것이며、역시 여의주로 옷이나 음식을 바꾸는 것과 같거든 하물며 인간이나 천상의 유루有漏의 과보를 취할 것인가? 이렇게 정신을 소중히 여기고 이렇게 시간을 아끼면 마음이 전하여 부처님을 감동하기 쉽고, 수행을 부지런히 하여 정업을 이루리라. 과연 정토에 왕생하여 아미타불을 뵈옵고 때때로 가르침을 받고 자비하신 말씀을 들으며 자기의 마음을 깨달아 법계를 증득하면 일념을 늘이어 겁을 삼고, 겁을 줄이어 일념을 삼아서 염과 겁이 원융하여 자유 자재함을 얻으리니, 이것이 어찌 소중히 여기고 아끼던 과보를 받음이 아니겠는가.

도를 본 후에 도를 닦고 도를 닦은 후에 도를 증득함은 여러 성인의 한 가지 길이요, 천고에 변하지 않는 논리이다. 그러나 도를 본다는 것을 쉽게 말할 수 있는가. 만일 교법을 의지한다면 첩첩한 관문을 통과한 후에야 도를 닦는다고 말할 수 있거니와 그렇지 않으면 눈감고 닦는 것이며 봉사의 연습이니 반드시 담에 부딪치고 벽에 마주치며 구렁에 빠지고 허방에 떨어지게 되리라.

오직 정토문은 그렇지 아니하여 여기서 서쪽으로 십만억 불국토를 지나서 한 세계가 있으니 이름이 극락세계요, 그 세계에 부처님이 계시니 이름이 아미타불이시라 지금 계시어서 설법 하시느니라. 다만 원을 세우고 염불하면 곧 왕생한다 하셨으니, 이것은 부처님 마음과 부처님 눈으로 아시고 보시는 경계요, 삼승의 성현으로는 알지도 보지도 못하느니라.

다만 부처님말씀을 믿고 그대로 원을 세워 염불하면 곧 부처님의 알고 보시는 것으로 나의 지견知見을 삼을 것이니, 따로 깨닫는 문을 구할 것 없느니라. 다른 문에서 도를 닦는 것은 반드시 깨달은 뒤에 법에 따라서 닦아야 하나니, 마음을 거두어서 선정을 이루고 선정을 인하여 지혜를 내고 지혜를 인하여 번뇌를 끊어야 하느니라. 내는 지혜가 수승하고 용렬함이 있으므로 끊는 번뇌도 얕고 깊음이 있으며, 그런 후에야 비로소 그 물러가고 물러가지 아니함을 말할 수 있거니와 이 정토문만은 오직 믿고 서원하는 마음으로 부처님의 명호만을 전일하게 염하여 한결같은 마음이 어지럽지 아니 하면 정토의 업이 이루어져서 죽은 뒤에는 결코 왕생하며 한번 왕생하면 영원히 물러나지 아니 하느니라.

또 다른 문에서 도를 닦으려면 먼저 현재의 악업을 참회해야 하며, 만일 현재의 악업을 참회하지 아니 하면 곧 도에 장애가 되어 나아가며 닦을 수 없거니와, 정토 업은 현재의 업을 가지고 왕생하는 것이요, 악업을 참회하지 아니하여도 되는 것이니 지극한 마음으로 한 마디만 염불하여도 팔십억 겁에 나고 죽을 중죄를 소멸하는 연고니라. 또 다른 문에서 도를 닦으려면 번뇌를 끊어야 하나니, 만일 견혹見惑 사혹思惑의 번뇌를 털끝만큼이라도 끊지 못한다면 분단分段 생사가 다하지 아니 하여서 사바세계 동거국토同居國土에서 벗어나지 못하거니와, 정토 업을 닦으면 삼계에서 가로 뛰어나게 되는 것이므로 번뇌를 끊지 않고도 이 동거국토로부터 저 동거국토에 왕생하며 저 국토에 한번 왕생하기만 하면 생사의 뿌리가 아주 끊어지느니라.

저 국토에 가서 나기만 하면 항상 부처님을 뵈옵고 때때로 법문을 들으며 의식과 거처가 저절로 생기고 나무와 물과 새가 모두 법문을 설하며 동거국토에서 여러 선인善人들과 한자리에 모여 있으면서 물러가지 않는 지위를 원만하게 증득하며 일생보처의 지위에 이르게 되느니라.

그러므로 정토법문은 처음에도 깨닫기를 구할 것이 없고 나중에도 지혜를 발하거나 악업을 참회하거나 번뇌를 끊을 것이 없어서 지극히 간편하고 지극히 빠르며 증득함에 이르러서도 지극히 광대하고 지극히 극측에 이르는 것이니 공부하는 사람은 세밀하게 생각하고 자세히 선택할 것이요, 일시적으로 잘난 체하는 생각으로 이렇게 훌륭한 큰 이익을 잃지 말지어다.

사람의 현재 일념은 인연으로 생기는 것이어서 제 성품이 없고 제 성품이 없는 것이어서 인연으로 생기나니, 부처님 법계에 나지 않으면 문득 아홉 가지 법계에 나는 것이니라. 만일 인연으로 생기어서 제 성품이 없는 이치로 보면 중생과 부처님이 평등하여 한결같이 공한 것이요, 제 성품이 없는 것이어서 인연으로 생기는 이치를 보면 법계의 승하고 못한 것이 현저하게 다르니라.

아기달阿祈達 왕은 임종할 때에 파리를 날리던 사람이 파리채로 얼굴을 스친 탓으로 일념의 성을 내고 독사가 되었으며, 어떤 여자는 물을 건너다가 실수하여 아들이 물에 떨어지거늘, 아들을 건지려다가 함께 빠져 죽었는데 자비한 마음으로 말미암아 천상에 태어났느니라. 일념의 자비와 성냄으로 천상과 축생이 나뉘었으니, 임종할 때에 인연으로 나게 되는 일념을 어찌 삼가지 아니 할까보냐. 진실로 이 마음으로 아미타불을 염하여 정토에 왕생하기를 구한다면 어찌 부처님을 뵈옵고 왕생하지 않으랴마는 다만 이 일념은 요행으로 얻을 수 없는 것이니, 모름지기 정성을 다하고 미리부터 행해야 하느니라.

그러므로 우리들이 이 한마디 아미타불을 천념 만념으로 내지 종일토록 하고 생이 다하도록 하는 것은 일념을 성숙케 하려는 것이다. 일념이 성숙하기만 하면 임종할 때에 오직 이 일념뿐이요, 다른 염이 없을 것이니라.

지자智者대사가 말하기를, 「죽음에 다달아 정定 중에 있는 마음(아미타불)이 곧 정토에 왕생하는 마음이라」하였으니, 일념뿐이요, 다른 염이 없는 것이 선정에 있는 마음이 아니겠는가. 일념이 과연 이렇다면 아미타불을 보지 못하고 누구를 보며, 정토에 왕생하지 않고 어느 곳에 태어나겠는가. 다만 우리의 믿는 마음이 그렇지 못할까 두려워할 뿐이로다.

『관경觀經』에 말하기를, 「이 마음으로 부처가 되고, 이 마음이 곧 부처다」 하였으니 두 말을 이미 말하였은 즉, 이 말밖에 있는 「마음이 부처를 짓지 못하면 마음이 곧 부처가 아니며, 마음이 아홉 법계를 지으면 마음이 곧 아홉 법계요, 마음이 아홉 법계를 짓지 않으면 마음이 곧 아홉 법계가 아니니라」라는 뜻이 모두 드러났느니라. 이 이치를 밝혀 알면서도 오히려 염불하지 않는다면 나도 어찌할 수 없느니라.

『관경』에 말씀한 「이 마음으로 부처가 되고 이 마음이 곧 부처라」 한 두 말은 오직 관경의 으뜸가는 법요法要일 뿐 아니라, 실로 석가여래 일대시교一代時教의 으뜸가는 법요이며‘ 오직 석가여래 한 부처님의 법장法藏의 으뜸가는 법요일 뿐 아니라, 실로는 시방삼세 모든 부처님들 법장의 으뜸가는 법요이니, 이 종취宗趣를 통달하였다면 무슨 종취를 통달하지 못하며, 이 법을 이미 분명히 알았으면 무슨 법을 알지 못하리요. 이른바 공부가 비록 많지 않으나 성현과 같을 수 있을 것이니라.

살생하는 일은 허물이 매우 중대하니 모든 중생이 다 부처님 성품이 있는 것이거늘 중생을 죽일 수 있겠는가. 중대한 죄업을 지어 살생하려는 마음을 기르며 깊은 원수를 맺어 괴로운 과보를 받는 것이 모두 살생으로부터 생기는 것이니라.

그러므로 살생하려는 마음이 점점 맹렬하고 살생하려는 업이 점점 깊어져서 차차 사람을 죽이다가 심지어 육친까지 죽이며 심하면 도병겁刀兵劫까지 되나니, 참으로 슬픈 일이니라. 이것들이 모두 살생하지 말라는 계율을 알지 못함으로 생기는 것이니, 진실로 살생을 경계할 줄 안다면 짐승도 죽일 수 없거든 하물며 사람을 죽이며 육친을 죽이겠는가. 짐승도 차마 죽일 수 없는데 도병 겁이 어떻게 오겠는가. 다른 사람의 아비를 죽이면 또 다른 이가 나의 아비를 죽이고 다른 이의 형을 죽이면 또 다른 이가 내 형을 죽인다 하였으니, 남의 부형을 죽일 수 없다는 것이 살생을 경계한 것인 줄을 알면서도 오직 부형을 죽게 한 것이 살생을 경계하지 않는 것으로부터 시작되는 것인 줄을 알지 못하도다. 사람들이 살생을 경계하지 않는 것은 인과의 이치를 통달하지 못하는 까닭이니, 인과란 것은 감感하면 응應하는 것이라, 내가 악한 마음으로 강하면 남도 악한 마음으로 응하고, 내가 착한 마음으로 감하면 남도 착한 마음으로 응하느니라.

사람들은 감感하면 응應함이 현재에만 있는 줄로 알고 과거 현재 미래에 통하는 줄을 알지 못하며, 또 감하면 응함이 인간에게만 있는 줄로 알고 여섯 갈래에 통하는 줄을 알지 못하도다. 여섯 갈래 중생들은 모두 나의 여러 생의 아버지와 형이어니 살생을 어찌 경계하지 아니 하리요. 또 감感하면 이 여섯 갈래에 통하는 줄을 안다 하여도 감感하면 응함이 세간과 출세간出世間에 통하는 줄을 알지 못하도다. 「내가 공한」마음으로 감感하면 성문이나 연각의 과보로 응應하고, 보리심과 육도만행으로 감하면 보살법계의 과보로 응하고, 평등한 대자大慈와 동체대비同體大悲로 감하면 불법계의 과보로 응하나니 감하고 응하는 도리를 다할 수 있겠는가.

이 염불법문은 마치 하늘이 두루 덮었고 땅이 모두 받는 것과 같아서 한 사람도 한 법도 그 밖을 뛰어나 그 속에 있지 않을 것이 없느니라. 화엄경이 비록 5주인과周因果와 4분문답分問答이 다르지마는 인과 과의 두 가지를 모두 포함하였나니 41위位의 인행因行 닦는 마음이 하나도 과지果地의 각으로 나아가지 않는 것이 없은 즉 41위에서 닦는 법행이 모두 염불하는 법행이 아니겠는가.맨 나중에 보현보살이 10대원왕大願王으로써 극락세계로 돌아가게 하여 경 전부의 결론을 삼았으니 그렇지 않다고 하겠는가.

또 「화엄華嚴」이란 말은 만행의 인을 닦는 꽃으로 일승一乘의 불과를 장엄한다는 뜻이니, 이 만행 무량이 염불하는 행이 아니겠는가. 화엄경에는 바수밀 여와 무염족 왕과 승열 바라문 따위의 무량한 법문을 구족한 것이 모두 비로자나불의 경계를 나타내는 것이니, 이 무량한 법문이 곧 염불법문이 아니겠는가.

법화경으로 말하더라도 처음부터 나중까지 부처님의 지견知見을 열어주고 보여주어 깨닫게 하고 들어가게 한 것이니, 그 처음과 나중이 오직 한 염불법문이 아니겠는가.

능엄경에서는 처음에 여래장성如來藏性을 보여서 부처님이 될 원인을 밝히고 다음에 원통圓通을 가려내어 부처님이 될 묘한 행을 보이고, 후에 60성위聖位를 차례로 말하며 보리를 원만히하며 얻는 것이 없는 대로 귀결하여 부처님 되시는 과지果地를 증득케 하였는데, 이 길을 등지면 일곱 갈래에 헤매게 되고 이 길을 향하면 50가지 마魔가 요란함을 밝히고 나중에 말하기를, "어떤 사람이 몸으로 네 가지 중대한 죄와 열 가지 바라이 죄를 구족하게 짓고 순식간에 이곳저곳의 아비지옥으로 낱낱이 돌아다니며 내지 시방의 무간지옥까지 샅샅이 경과해야 할 것이로되, 능히 일념에 이 (정토)법문을 가져다가 말법 중의 여러 사람에게 열어 보이면 이 사람의 죄업이 즉시에 소멸하고 그 받아야 할 지옥의 괴로운 원인이 변하여 안락(극락)국이 되리라" 하였으니, 이것은 철두철미하게 오직 염불법문이니라.

통틀어 말하면, 부처님의 일대 시교의 3장 12부와 반자교半字教 만자교滿字教의 권교權教 실교實教와 편벽하고 원만한 돈교頓教 점교漸教의 갖가지 법문이 모두 유심唯心의 자성을 보이어 위없는 묘각妙覺을 원만히 성취하는 것이니, 어찌 한 가지 염불법문이 아니겠는가.

또 선종으로 말하더라도 달마대사가 서쪽에서 와서는 사람의 마음을 바로 가리키어 성품을 보게 한다 하였으면 족할 것인데, 부처를 이루게 한 것은 선종도 역시 염불법문이 아니겠는가?

그러므로 2파 5종의 천칠백 공안이 당인의 근본 성품을 가리키어 본래 있는 청정법신을 보인 것이다. 법신이 가로로 가득하고 세로로 뻗어 있지 않는 데가 없거든 참선하는 사람이 모름지기 이것이 때때로 앞에 나타나서 하나 하나 서로 응하기를 구하나니, 이 어느 것이 염불법문이 아니겠는가? 심지어 「부처님이란 말을 나는 듣기를 좋아 하지 않노라, 한 방망이로 때려 죽여서 개에게 먹이리라.」 한 것들이 모두 법신 저쪽의 수승한 방편을 보인 것 이니, 이는 참으로 염불이거늘 가끔 무지한 무리가 말하기를 선종 사람은 염불할 것이 아니라 하니, 이것은 염불을 모를 뿐 아니라 선종도 모르는 것이니라.

내가 이제 염불하면 반드시 부처님을 뵈올 것이요, 한번 부처님을 뵈오면 문득 모든 고통에서 벗어나 깨달을 시기가 올 것이며, 과연 깨닫기만 하면 이왕의 부끄럽던 것을 한번 통쾌하게 씻어 버릴 것이니, 그래도 부처님을 염하지 아니 할까보냐.

여산 동림사의 혜원스님이 123인과 백련사를 조직하고 염불하였는데 그 123인이 차례차례 임종하면서 모두 상서가 있었으며, 비록 앵무새 같은 짐승이라도 염불하다가 죽을 적에 다 상서가 있었으니, 이것은 중생이 부처님에게 인연이 깊은 것이 아니고 무엇이겠는가.

또 『무량수경』에 말하기를 "말법시대에 모든 경전이 다 없어지더라도 나의 원력으로 이 경을 백 년 동안 머물러 두어 중생을 제도 하겠다" 하셨으니, 다른 경은 그만두고

이 경만 머물러 두는 것은 이 경 법문이 수행하기 쉽고 중생을 포섭함이 광대하며 도에 들어가기 적당하여 이익을 빨리 얻음이 아니겠는가.

이것으로 보아 이 법문이 시기가 가장 오래고 중생의 근기에 가장 적당한 줄을 알 것이니라. 세상 중생들이 매우 어렵고 괴로울 때에는 아버지 어머니를 부르고 하늘과 땅에 호소하거니와, 부모와 천왕이 나의 생사를 구원해 주거나 나의 윤회를 제도할 수 없음을 알지 못하나니, 그들도 나와 같이 생사의 윤회에 있는 연고니라.

삼승(성문 · 연각 · 보살승)의 성인이 비록 생사에서 벗어났으나 대비심이 없기 때문에 나에게 이익을 주지 못하며, 여러 보살들이 비록 대자비심이 있지마는 그의 증득한 바가 각각 한정이 있으므로 중생들을 두루 이익케 하거나 모든 이의 소원을 만족할 수 없으며, 시방의 부처님들은 비록 법계를 모두 증득하였으나 내가 감동하기란 용이치 못하고 설사 감동하여 뵈온다 하더라도 잠깐 동안 괴로움을 여읠 수 있으나 끝까지 여의지 못하거니와, 오직 아미타불은 한번만 뵈옵더라도 담박에 생사를 해탈하고 영원히 괴로움을 끊게 되나니, 그러므로 아미타불을 정성을 다하여 모실 것이니라.

우리들이 오랜 옛적부터 윤회하는 터이니 어찌 영원토록

벗어날 마음을 내지 아니 하며, 수도할 행을 닦지 아니 하리요마는 대개는 습관에서 벗어나지 못하고 게으른 마음을 가다듬지 못하므로 항상 생사 중에 있어서 큰 괴로움을 받았거니와, 이제 명호를 염하는 간단한 법문을 듣고도 예전과 같이 습관에 얽매이고 게으름에 빠진다면 가장 피 없는 놈이라 할 밖에 없느니라.

대승경전은 모든 부처님의 스승이다.
최고의 깨달음인 무상정등정각과 보리菩提가 모두 대승경전에서 나온다.
관무량수경에서 세 종류의 정업행淨業行과 상품상생으로 태어나는데
모두 대승경전 독송 왕생의 행行이 되고 있다.
-정토지귀집

○ 염불을 합시다

나무아미타불 나무아미타불 나무아미타불!

불법에 팔만사천 방편 문이 있는데, 왜 염불만 하여야 되며, 시방에 무수한 부처님이 계시는데, 하필 아미타불을 염하는가?

여기에 여러 가지 이유가 있다.

첫째, "시방 삼세불 아미타 제일이라." 자비 도덕 신통 지혜는 어느 부처님이 다 같지마는 원력과 인연은 다른 것이다.

아미타불은 사바세계 중생과 특별히 인연이 가까우며 원력이 시방삼세 부처님 중 제일 크다는 것이다. 법장 비구가 오랫동안 사유思惟하여 보살이 되어 중생계를 살펴보니 중생들의 고통이 너무나 참혹한지라, 지옥은 1주야에 만 번 죽이고 만 번 살리는 비참한 고통을 무량겁으로 받으며, 아귀는 배는 줄이고 목은 마르며 속에서 불이 올라와 몸을 태워 항상 울고 있으며, 축생은 서로 잡아먹어 한시도 마음을 놓을 수 없으며, 수라 · 인간 · 천상은 좋다 하나 생 · 로 · 병 · 사와 여러 가지 고통이 많다.

법장 보살은 이렇게 고통 받는 중생을 친 자식같이 불쌍히 생각하시고 꼭 건져줄 생각을 하시는데 완전히 생사고를 벗어나려면 성불시켜야 되는 것이라, 그리하여 48원 중 제11원에 결정정각원決定正覺願을 세웠다. 어느 중생이든지 내 국토에 나기만 하면 모두 정정취正定聚에 들어서 결정코 성불할 것이라 하셨으니, 이것은 참으로 천지를 진동시키는 큰 부르짖음이다.

경전에 3아승지 겁을 닦아 성불하였다는 말이 있는데, 그것도 발심한 보살이 행한 것이요 박지범부縛地凡夫(모든 번뇌에 골고루 묶여있는 범부)들이야 무량무량 아승지 겁으로 오면서도 생사윤회를 면치 못하는 실정이니, 이러한 어리석은 중생이 자력自力으로 수행하여 성불하기란 도저히 불가능한 것이라. 법장 보살은 생각하시기를 「나는 하늘을 흔드는 용기와 백절불굴百折不屈의 정신이 있으니 내가 천만번 죽는 일이 있더라도 저 중생들을 대신하여 수행을 쌓아 극락정토를 건설하고 중생들을 모두 성불시키겠다」는 것이다.

그런데 또 한 가지 문제는 극락세계에 가기가 쉬운 일이 아니다. 여러 부처님의 정토도 많이 있지만은 삼매의 힘이 없어서는 가지 못 한다. 죄업이 중한 말세 중생이 자력으로 삼매를 얻는 것도 하늘에 오르기보다 어려운 일이라. 그러므로 제일 쉬운 십념왕생十念往生을 세웠다.

“누구든지 나의 나라를 좋아하여 나려는 이는 나의 이름 열 번만 불러도 반드시 나게 될 것”, 또 임종현전臨終現前원을 세웠다. “누구나 보리심을 내어 많은 공덕을 짓고 염불발원하면 그 사람이 죽을 때에 내가 성중과 같이 가서 그 사람을 영접해 올 것이다.”

이와 같이 48원을 말하고 “만일 이 원대로 아니 되면 결정코 성불하지 않겠습니다” 하셨다. 이것은 철저한 대자비심으로 불난 집안에 있는 자식을 구제하겠다는 한 생각뿐이요 조금도 다른 생각은 없는 것이다. 마치 어머니가 자식이 물에 빠지는 것을 볼 때에 자식을 살리겠다는 생각뿐이요, 자기의 생명을 돌보지 않은 것과 같은 것이다.

법장 보살은 이 같은 48원을 세우시고 무량겁으로 고행을 하여 보시布施행을 닦을 적엔 두목신체頭目身体를 아끼지 아니하시고, 인욕忍辱행을 할 적엔 사지를 끊어도 성내지 아니하시고, 정진精進행을 닦을 적엔 7천년 동안 옆구리를 땅에 대지 아니하여 이와 같은 고행을 무량억겁으로 계속하여 48원을 모두 성취시켜 극락세계를 장엄하고 십호가 구족하신 아미타불이 되셨으니, 누구나 법장 보살의 원력을 믿고 극락에 가기를 원을 세워 부지런히 염불하면 영명선사 말씀과 같이 만 명이 염불하면 만 명이 다 극락에 가는 것이니, 이것은 자력이 아니라 타력他力(불력) 즉, 법장 보살의 원력으로 되는 것이다.

『무량청정각경』에 "누구나 아미타불의 원력을 듣고 마음이 기쁘며 털끝이 쭈삣하고 눈물이 나는 자는 보통 사람이 아니라 전생에 여러 부처님 처소에서 보살도를 닦은 사람이라" 하셨다. 아미타불 원력을 깊이 생각해보면 너무나 감격하여 털끝이 쭈삣 하고 눈물이 날만한 것이다. 그러므로 아미타불은 참으로 구세주救世主이시고 중생의 의지가 되므로 특별히 아미타불을 염하는 것이다.

둘째, 현세에 잘살기 위해서 염불한다. 아미타불의 명호는 무량수無量壽 무량광無量光으로 번역되는데 무량수는 시간을 초월하여 무시무종無始無終하고 무량광은 공간을 초월하여 시방十方세계를 포함하였으며 또는 우리의 심성이 무한의 수명과 무한의 광명이 있어 지혜와 자비가 구족하였으니, 아미타불의 명호는 우주와 심성의 진리를 전부 포함하였으므로, 법장보살이 48원을 말한 뒤에 "선과 복덕이 적고 마음이 약하여 불도 수행을 이기지 못한 범부에게 나의 명호의 보물을 주어 구제하리라" 하셨고, 원효대사는 "아미타불의 명호는 만덕이 구족한다" 하셨고, 부처님께서는 염불의 십종 공덕을 말씀하셨다.

1. 모든 하늘 큰 신장들이 항상 수호하며
2. 관세음보살 같은 25보살이 항상 보호하시며
3. 시방제불이 호념하시고 아미타불은 광명을 비춰 주시며
4. 모든 악귀들이 침범치 못하며
5. 수재 화재 도적과 횡사橫死가 없으며

6. 전생 죄업이 소멸하고 죽인 원수가 해탈을 얻어 다시 보복이 없으며
7. 꿈이 좋고 꿈에 아미타불을 간혹 뵈오며
8. 마음이 기쁘고 기력이 좋으며 모든 일이 뜻대로 되며
9. 세상 사람에게 공경을 받으며
10. 목숨이 마칠 때에 두려움이 없고 바른 생각이 나타나서 아미타불과 성중의 영접을 받아 극락정토에 왕생한다 하셨다.

신장들은 불법을 옹호할 원력을 세웠으므로 삼매 중의 왕인 염불삼매를 닦으면 신장들은 기뻐하여 항상 보호하여 주고 악귀들은 도망가며, 경에 "누구나 아미타불을 염하면 아미타불께서 관세음보살 같은 25보살을 보내어 그 사람을 보호하여 준다" 하는데 25보살 명호도 있다. 보통 수행력이 있는 사람이라도 임종 시에는 어디로 갈지 몰라서 정신을 차리지 못하고 갈팡질팡 하다가 타락 되기가 쉬운데 염불하는 사람은 신심이 깊으면 결정코 극락에 간다는 원력이 있으므로 임종 시에 마음이 흔들리지 아니하고 정념을 가져 극락에 가는 것이다.

셋째, 대중 생활불교로 염불한다.

불법을 수행하는데 시대와 근기에 맞아야 성취가 쉬운 것이다. 『정법염경正法念經』에 "수도하는 자는 시기와 방면을 관찰하라. 만일 때를 얻지 못하면 방편도 없나니 이것은 잃은 것이요 이익은 못 된다. 왜냐하면 물에 젖은 나무는 불을 얻으려 하나 얻지 못하나니 그것은 때를 얻지

못한 까닭이다. 마른 나무를 짜서 물을 구하려 하나 물은 얻지 못하나니, 지혜가 없기 때문이다" 하셨다.

『상법결의경』에는 부처님 열반 후 정법 오백년은 계행을 갖는 것이 굳세고, 상법 천년은 선정을 닦는 것이 굳세고, 말법 만년은 염불수행이 굳세다 하셨다. 시대가 감겁減劫이 되어 내려갈수록 사람의 근기는 낮게 나고 업장은 두터워 자력만으로 공부 성취가 어렵고 타력他力법문인 염불을 해야 된다는 것이다.

경에 "상근은 참선하고 중근 · 하근은 염불 관경觀經하라" 하셨는데, 참선은 특별한 상상 근기 아니고는 깨치기가 어렵고, 염불은 상중하 세 근기가 다 적당하고 사부 대중이 다 할 수 있는 것이다. 원효 대사 『아미타경소』에 이 경은 두 부처님(석가 · 미타)의 세상에 나신 본의와 사부대중의 도에 들어가는 문을 밝힌 것이라 하셨다.

이것은 「두 부처님께서 아미타경 법문하려 이 세상에 오셨다」는 것이며, 사부 대중이 ④아미타경』을 의지하여야 빨리 도에 들어간다는 것이다. 8만 법문이 모두 방편이지만 자력으로 닦는 성도문聖道門만 가지고는 많은 중생을 제도할 수가 없고 오직 타력 정토문이라야 많이 구제할 수 있다는 것이다.

그러므로 옛 스님의 법문에 삼세의 모든 부처님께서 정토법문을 여의고는 중생을 교화할 수 없고, 육도 중생이 정토법문이 아니면 성불할 수 없다는 것이다. 염불법문은 중하 근기가 한다 하지마는 실제로는 상·중·하 근기가 다 합당한 것이다.

그러므로 위로는 문수 보현 관음 세지 마명 용수 천진 외 인도의 많은 성인들이며, 중국의 천태종에 지자대사 이하 여러 도인과 화엄종에 두순 현수 청량대사 외 여러 조사와 선종의 혜충 진홀 사심 천의 원조 자수 정애 정자 대통 혜옥 중봉 천여 초석 도진 도작 영명 비룡 법진 고소 순눌 북간 천목 자운 외 여러 성현들과 삼론종에 현장 자은 외 여러 도인과 우리나라에도 원효 대안 의상 자장 원측 경흥 의적 현일 대현 대각 보조 태고 나옹 함허 서산 사명 외 여러 성현들이 들어내어 정토수행 하는 이도 있고 비밀히 닦은 이도 있다.

아래로는 무식하고 어리석은 사람과 오역 십악 죄악인과 내지 삼악도 중생까지도 염불하여 극락에 간 증거가 있으니, 이것은 아미타불의 원력이 지중함으로 수행이 빠른 까닭이다. 그러므로 용수보살은 불법에 쉬운 길, 어려운 길이 있으니, 이 오탁악세에 자력으로 수행하는 것은 수만리나 되는 먼 먼 길에 도보로 걸어가는 것 같이 고생만 하고 목적지에 가기가 어려움과 같고, 쉬운 길이란 아미타불의 원력을 믿고 염불 발원하면 극락에 가서 불퇴지에 오르는 것이 물에 배를 타고가면 아무런 괴로움이 없이 목적지에 가는 것과 같다 하셨다.

현재 일본 불교가 세계에서도 이름이 있는데 일본 불교는 15종인데 그 중에 정토종(진종, 시종, 융통염불종, 정토종)이 넷이며 신자가 전불교의 80%를 차지하여 정토신앙이 대중적으로 활발하다. 원효스님은 등에다 아미타불을 써 붙이고 도시와 시골을 돌아다니면서 춤추고 염불하여 대중적으로 염불을 권장하였다. 이 말법 시대에 죄악이 충만한 우리 같은 범부라도 아미타불의 원력을 믿고 염불하면 결정코 구제를 받을 것이다. 성철 종정스님 말씀에 “염불은 악인정기惡人正機라, 아무리 악인이라도 염불만 하면 자연히 선해진다” 하셨다. 요사이 물질문명이 극도에 달하는 반면에 정신은 혼탁에 빠져 사회가 혼란한 형편이니, 이때에 대중적으로 염불하고 정토발원을 하게 되면 물질의 무상함과 인생의 허망함을 알게 되어 자연 마음이 어질어져서 서로 도우고 서로 사랑하면 이 세상이 곧 극락이 될 것이다.

셋째, 업장을 녹이기 위하여 염불한다. 중생들이 생 · 로 · 병 · 사와 모든 고통을 받는 원인은 다생의 죄업이 많이 쌓인 관계라, 경에 죄업이 형상이 있다면 허공에도 가득 차고 남을 것이라 하였으니, 이러한 죄업을 가지고 어떻게 고생을 면하며 생사를 벗어나겠는가? 부처님 말씀에 “항상 부지런히 모든 죄를 참회하라, 모든 업장이 녹아지면 부처 경계가 나타난다" 하셨다.

참회란 것은 먼저 지은 죄를 뉘우치고 앞으로는 다시 짓지 않은 것이니, 지성으로 염불 예배하면 자연히 업장이 녹아진다. 그러므로 경에 "염불 간경하면 업장이 없어진다" 하셨고, 또 『십육관경』에 "어느 사람이 십악 오역죄를 짓고 임종 시에 지옥 불덩이가 눈앞에 나타나더라도 선지식 법문을 듣고 참회심을 내며 지성으로 나무아미타불을 부르면 아미타불 한 소리에 팔십업겁 생사 중죄가 없어져서 열 번만 부르면 극락세계에 간다" 하셨다.

넷째, 견성하기 위하여 염불 한다.

『현호경』에 크게 깨치고저 하거든 염불삼매를 닦으라. 게송에 누구나 아미타불만 염하면 이것을 높고 깊고 미묘한 선禪이라 한다. 지성으로 부처님 상호를 생각하고 염불하여 부처님을 볼 때에 이것이 곧 나지 않고 죽지 않는 법이라 하셨다.

欲求無上菩提 當作念佛三昧頌日 若人但念阿彌陀

是名無上深妙禪 至心想像見佛時 是即不生不滅法

『능엄경』에 대세지보살 말씀에 "모든 부처님은 중생을 생각하시기를 친 자식 생각하듯 하시는데, 어머니가 아무리 자식을 생각하여도 자식이 피해 도망가면 모자간에 서로 만나지 못하지만, 자식도 어머님 생각하기를 어머니가 자식 생각하듯 하면 모자가 세세생생에 서로 어긋나지 아니하리라. 만일 중생이 지극한 마음으로 부처님을 생각하고 부처님을 염하면 이생에서나 저,생에서 결정코 부처님을 뵈올 것이며, 부처님과 멀지 아니하여 방편을 빌리지 않고도 저절로 마음이 열리는 것이 마치 향기를 쏘이는 사람이 몸에 향기가 배는 것 같다" 하셨다.

염불삼매 법문이 『문수반야경』『자선삼매경』 등 여러 경전에 많이 있다. 선禪은 우리말로 고요히 생각하는 것인데, 염불할 적에 잡념이 없어지고 아미타불만 전념하는 것이 선이요, 참선할 때도 화두가 일심되는 것이 선인데, 참선이란 참구參究하는 선이란 것이다. 화두가 천 칠백이나 되지만 나무아미타불 하면 그것이 최상승最上乘 선이다. 염불이 일심 되어 삼매에 들어가면 정중定中에 아미타불을 보고 동시에 자성불自性佛을 보는 것이니, 이것이 끝나지 않고 죽지 않는 열반인 것이다. 어느 화두를 하든지 깨치기만 하면 일반이지마는 깨치기 전에는 차별이 없지 않으니, 명색 없는 화두 하는 것보다 만덕萬德이 구족한 아미타불 화두 하는 것이 진실로 좋지 않을까?

다섯째, 극락에 가기 위하여 염불한다.

고인의 말에 "부처님 말씀을 믿지 않고 누구의 말을 믿으며 극락정토에 나지 않고 어느 국토에 날 것인가" 하셨다. 부처님은 자비와 지혜가 구족하여 우리 중생들을 바른 길로 인도하는 스승이라. 그러므로 많은 법문을 설하셨는데, 말세에 번뇌 도적에게 욕보는 중생을 위하여 『관경』을 설하셨고 수 십 경전에 염불삼매와 정토법문을 설하셨는데, 여기서 서쪽으로 십만억 불토를 지나 극락세계가 있고 아미타불께서 현재 설법하시나니, 누구나 염불발원하면 모두 정토에 왕생하여 무생법인無生法忍을 증득한다 하셨다.

중생이 육도에 윤회하면서 여기 죽어 저기 나고 저기 죽어 여기 나서 죽고 나고 나서 한 태중에 나왔다가 다시 한 태중에 들어가고 한 껍데기를 버리고 다시 한 껍데기를 받아서 생사가 끊어질 때가 없다. 이 몸은 얻기는 어렵고 잃기 쉬우며 한 생각 삐뚤어지면 바로 악도에 들어가는데 악도에 들어가기는 쉬워도 나오기는 어려워 일곱 부처님 나시도록 항상 개미가 되었고, 팔만 겁이 지나도록 비둘기 몸을 벗지 못하였으며, 지옥은 이보다 여러 배나 세월이 길며 만 가지 고통을 함께 받는데 오직 정토는 고苦가 없다.

연꽃 속에 화생하니 나는 고苦가 없고, 수명이 무량하니 늙고 죽는 고가 없고, 부모 처자가 없으니 친척과 이별하는 고가 없고, 착한 사람만 모아 사니 원수가 없고, 마음이 선정에 드니 오음五陰 고가 없다. 부처님의 법문을 듣고 부처님의 광명을 받으면 번뇌가 녹아지고 열반을 증證

하는 것이다. 그러므로 육방 모든 부처님이 칭찬하시고 시방 보살들이 가기를 원하는데, 우리 같은 범부들이 이 같은 극락정토에 가지 않고 어느 국토에 갈 것인가 정토에 가는 데는 세 가지 조건이 있다.

1. 깊은 신심 : 『아미타경』에 "여기서 서쪽으로 극락세계가 있고 아미타불께서 현재 설법하신다" 하셨다. 또 『화엄경』에 "연화장蓮華藏 세계의 최하에 풍륜風輪이 있고 풍륜 위에 향수해香水海가 있고 향수해 위에 연화장 세계가 20중으로 되었으며, 아래로부터 제13층에 우리가 사는 사바세계가 있고, 사바세계 서쪽에 극락세계가 있다" 하셨다.

요사이 과학적으로 월세계와 공중에 무수한 별들이 세계라고 인정하며, 경전에는 미진수微塵數와 같은 세계가 있다 하셨다. 원효대사는 『아미타경소疏』에 "정토와 예토穢土가 한마음에 있고, 생사와 열반이 둘이 아니다. 그러나 둘이 아닌 것을 깨치기는 참으로 어렵고 한마음의 미한 꿈은 버리기가 쉽지 않다. 그러므로 석가세존은 오타 악세를 경계하여 정토에 가라고 권하시고 아미타불은 삼품 연대로 영접하여 나게 하신다" 하셨다.

예토는 더럽고 정토는 깨끗하여 천지현격으로 다르나, 진리로 보면 마음에 있는 것이다. 사바세계 중생은 마음이

탁하므로 예토를 보고, 극락세계 사람은 마음이 깨끗하므로 정토를 보는 것이다.

생사는 괴롭고 열반은 즐거운데 고와 낙이 현저하게 다르지만 그것도 또한 마음에 달려있다. 한 생각 깨치면 열반을 증하고 생각이 미迷하면 생사를 받는 것이므로 같다는 것이다. 그러므로 석가세존은 오타악세에는 열반을 증하기 어려우니 정토로 가라고 권하셨고, 아미타불은 여기에 와서 성불하라는 것이니, 그것은 정토에 가야만 성불이 빠른 까닭이다.

먼저 정토 · 예토가 마음에 있다는 것은 유심정토唯心淨土를 말하는 것이요, 석가세존은 "가거라", 아미타불은 "오너라" 하신 것은 현실 정토를 말하는 것이니, 이와 같이 극락세계가 분명히 있는 것이다. 여기에 석가세존의 말씀과 아미타불의 원력과 육방제불의 광장설로 증명하심을 의심하지 말고 절대로 믿을 것이다.

2. 간절한 원력 : 과거 모든 불보살께서 원願을 세워 성불하셨는데, 원은 가장 크게 대승보살의 원을 세워 인간 · 천상의 복락과 소승의 과보를 구하지 말고 오직 보리심으로 극락세계에 가서 성불하기를 원할 것이다. 보현보살은 "원컨대 내가 임종 할 때에 모든 장애가 없어져서 아미타불을 친견하고 극락세계에 왕생하여지이다" 하셨고,

문수보살도 이와 같은 원을 세웠으며, 여래십대발원문에 "내가 결정코 안양에 나기를 원합니다. 내가 빨리 아미타불 보기를 원합니다" 하셨다. 안양安養이 곧 극락이라 부처님께서도 극락에 나기를 원하셨는데 우리 범부들이야 말할 것 있겠는가?

"아미타불께서 우리를 영접迎接하실 원을 세웠으니 우리도 부처님 뵙기를 간절히 원하면 서로 감응이 되어 결정코 정토에 갈 것이니, 염불을 하든지 어떤 좋은 일을 했을 때는 이 공덕으로 모든 중생과 같이 극락에 갑시다." 이렇게 원력이 굳세어 지면 이 원력이 아뢰야식阿賴耶識에 감추어져서 이 몸은 죽어도 원력은 죽지 아니하고 앞길을 인도하여 극락에 가는 것이다.

3. 부지런한 수행 : 극락세계가 분명히 있는 줄 믿고 가기로 원을 세웠으니 길은 활짝 열려있는 것이다. 그러나 가는 것은 염불을 하여야 되는 것이다. 『아미타경』에 "조그마한 선과 복덕으로는 저 세계에 갈 수 없고 오직 하루, 이틀 내지 이레까지 아미타불의 명호를 불러 일심하면 그 사람의 임종 시에 아미타불께서 모든 성중을 데리시고 그 사람 앞에 나타나서 그 사람의 마음이 뒤바뀌지 아니하고 곧 극락에 간다" 하셨으며, 서산대사는 "서방의 염불법은 결정코 생사를 벗어난다. 마음과 입이 서로 응하면 손가락 튕길 동안에 극락에 간다" 하셨다.

염불 할 적에 입으로 부르고 마음으로 생각하여 염불소리가 귀에 들리도록 하고, 마음은 부처님을 여의지 아니하고 부처님은 마음에 떠나지 아니하여, 어느 때 어느 곳에나 염불생각을 놓지 않고 항상 계속하면, 자연 일심이 되어 몸과 마음이 편안하고 모든 일이 뜻대로 되며 장래에 극락에 가는 것이다. 고인의 법문에 오탁이 극히 심하면 삼재三災(난리 질병 흉년)가 생기나니, 아미타불을 의지하지 아니하면 이 재앙을 면할 수 없다 하셨다. 이 말법시대에는 천재지변, 흉년, 난리, 질병 등 여러 가지 재앙이 많이 생기는 것이니, 이러한 위험을 면할 길은 오직 일심으로 염불하여 불·보살의 가피와 신장의 보호를 받아 편히 지낼 수 있고 결국 죽을 때는 극락세계에 가는 길 뿐이다.

나무서방정토 극락세계

대자대비 대원대력 접인도사 아미타불

염불만일회주 안수산

○ 중생제도의 서원

석가세존이 이 세상에 오셔서 설법하신 본회는 결국 우리 중생의 제도濟度, 즉 만민을 구별 없이 모두 구제하려는 것 외는 없다. 그러면 일부 불교 이론이나 좀 깊이 연구하고 수도修道생활을 거친 사람들 가운데는 어려운 자력수행自力修行을 즐기고, 서민 일반 대중이 친근 하는 염불의 정토문을 무언가 천박한 것으로 오해하여 이를 연구하고 그 깊은 뜻을 받들려 하지 아니하려는 어리석음을 저지르는 일이 간혹 없지 않다.

그러나 일단 허심탄회하게 선입관先人觀을 버리고 아집我執을 버리고 『불설무량수경』을 정독한 후, 거기 숨어 있는 참 뜻에 접할 것 같으면 그런 오해가 얼마나 스스로 부끄러운 일인지 느끼지 않을 수 없을 것이다. 그것은 『무량수경』에 설해있는 무량수불의 홍원弘願 즉, '일체 중생을 모두 남김없이 절대 무조건적으로 구제하겠다'는 큰 서원을 올바르게 받아들인다면 이 경經 이전의 모든 경에서 설한 것은 궁극의 교설인 정토 왕생을 설하기 위한, 말하자면 일종의 준비라고 까지 느껴지게 될 것이기 때문이다.

삼계유일심三界唯一心을 설하는 화엄이나, 계戒를 중하게

하는 아함이나, 불심의 광대 평등을 설한 방등方等, 일체 개공皆空을 설한 반야, 일체 중생 모두의 성불을 설한 법화 등은 요컨대 예토穢土를 싫어하고 번뇌를 해탈하여 미망迷妄을 바꾸어 깨달음에 들어가기 위한 자력自力적인 수행의 교敎로서, 거기에는 '어떠한 악인 범부일지라도 구제된다'는 절대의 증명은 아직 없으며, 오직 『무량수경』에 한 중생도 빠짐없이 모두 구제되는 법이 있다. 이야말로 전 불교에서 마치 용을 그림에 끝으로 눈을 그려 넣는 점안點眼과 같은 것으로서, 이 경이야 말로 완벽한 종교로서 불교의 빛을 내게 하는 것이라고 해도 지나치지 않을 것이다.

도덕을 제창하는 것으로는 유교가 있고, 심오한 철학을 설하는 것으로는 일찌기 인도나 그리이스 시대의 거대한 형이상학의 체계가 있다. 오직 이 무량수불의 큰 원願이 있고서야 비로소 불교가 진실로 중생제도의 종교로서 완성된다고 말할 수가 있기 때문이다. 개개의 뛰어난 소질을 가지는 사람만이 수행에 의해서 도를 깨달을 수 있다고 한다면 그것은 만인을 두루 구제하는 종교로서는 부적당 하지 않은가. 종교인이상 어리석은 자, 죄 있는 자, 악인이라고 하는 자 등이 구해지는 종교가 되어야 하는 것이다. 그리고 진실로 겸허하게 말한다면, 스스로 현명하고 죄 없는 착한 몸과 마음과 입의 즉, 세 가지의 행위인 삼업三業이 고루 완전하게 어떠한 어려운 환경 속에서도 위선僞善 아닌 선행을 할 수 있는 자가 과연 우리 일반인에게 있을 수 있을까?

이와 같이 깊이 생각한 뒤에 눈을 『무량수경』에 돌리면 이 경의 종지는 아미타부처님이 성불하시기 이전의 법장보살 때에 세운 48원願 그중에서도 특히 제18원 즉, “만약 내가 부처가 됨에 시방十方의 중생이 지성으로 믿고 나의 국토에 나기를 바라고, 내지 십념十念만 하여도 날 수가 없다면 나는 정각正覺을 이루지 아니 하겠습니다” 라고 서원한 말씀에 모두가 집약되고 있는 큰 뜻을 찾아볼 수가 있을 것이다. 그러니 이것을 본원本願이라 부르는 것이다. 이 본원에 귀의해서 우리가 구제받는 이 외에 취할 바 길이 또 있겠는가.

우리에게는 많고 적고 간에 자기를 뽐내는 마음이 있다. 반드시 자기가 위인偉人이라고 까지는 아니 할지라도, 자기의 노력이나 수행에 따라서는 무언가 안심입명安心立命의 경지境地가 얻어지지나 않을까 하고 생각하는 마음이 있을 것이다. 특히 지식이 있다고 하는 층에서는 그런 경향이 강하다. 그러나 시간을 두고서 스스로가 뽐내는 “자기란 무엇인가?” 라고 깊은 반성을 하게 된다면 바로 자기의 발밑에는 입을 벌리고 있는 깊은 구렁텅이의 암흑이 있음을 느낄 것이고, 무서운 전율감戰慄感마저 느낄 것이다. 이런 것이 진정한, 인생 그것도 귀한 하나밖에 없는 자기 자신의 인생을 소중히 하는 사람이 한번은 부닥치는 벽이 아닐까?

자기라는 작은 존재는 공간적으로는 미저골尾骶骨(꼬리 부분에 있는 등골뼈)을 가진 5척 나머지의 짧은 신체에 한정되어 있고, 시간적으로는 그야말로 몽환포말夢幻泡沫에도 미치지 못할 짧은 생명에 의지하고 있을 따름이다. 오늘 하루는 편히 지날 수가 있을지라도 내일이라도 병마의 습격을 받아 누워버릴지, 또는 언제 어떤 고난에 부딪혀 몸을 망칠지 그 누가 알 것인가? 때로는 행운이 깃들어 얼마간의 명성이나 재물을 몸에 두게 되었을지라도 내일이면 어떤 일이 일어나서 우리의 행복을 망치게 될지도 모른다.

자기의 존재 자체를 이 공간의 넓이와 시간의 무한한 길이에 비추어 볼 때, 과연 자기의 인생이 얼마나 적고도 짧은 것인지 스스로 느끼게 된다면 소름끼치는 일이니라.

우리들 중에서 가장 영리하고 현명한 자와 지식으로서도 생사生死의 묘한 원리를 밝힐 수는 없는 것이고, 또 가장 실증實證적인 지식인 과학마저도 그것이 미치는 것이라야 겨우 개연적蓋然的·상대적 영역을 벗어나지는 못 한다. 소크라테스 식으로 말하면 「우리는 아무것도 모르고 있을 뿐만 아니라, 아무것도 모른다는 일조차 모르고 있다.」 또 이러한 분별의 지혜를 떠나서 선정에 의하여 깨달음을 얻는다고 하는 것도 그 대부분이 과연 진정한 의미를 가지는 것인지, 또는 순간적인 것에 지나지 않는 것인지, 또는 엄한 계율을 지키고 수도에 힘썼다 할지라도 번뇌를 완전히 해탈한다는 것은 어렵다.

왜냐하면 그와 같은 고행에 의한 깨달음은 한정된 자신의 힘으로서 그것을 성취하기에는 인생이 너무나 짧기 때문이다. 우리 범부의 생존과 부처님와의 관계는 넘을 수 없는 깊은 못이 있으며 단절이 있다. 얼마간의 인간적인 복덕을 쌓아 올렸다고 해 보았자, 또 자그마한 자신의 수행이란 것을 한다고 해보았자, 이 생사의 고해苦海를 넘어서 저 언덕 열반涅槃 길에 이르기란 아득한 일인 것이다. 이 작은 선과 약간의 수행에 자만심이 있어서야 되겠는가. 만약에 우리가 바다의 한복판에 내던져지게 되었다고 한다면 수영水泳에 서툰 자는 곧 물에 빠져 죽을 것이지만, 수영에 뛰어난 자 일지라도 결국은 그 망망대해 속에서는 지탱하지 못하고 빠져 죽을 수밖에 없다. 그러나 수영에 미숙할지라도 오직 아미타불의 큰 자비의 배(자항慈航)에 매달린다면 건져져서 구제되어 저 언덕에까지 이를 수가 있지 않겠는가.

이 구제의 방법을 알려주는 것이 곧 『불설무량수경』이라. 스스로의 힘 즉, 자력만을 믿는 자는 자기의 수영의 역량을 너무 믿어서 고해에 빠지는 사람이며, 아미타불의 대자대비 즉, 불력佛力에 오직 매달리는 신자는 스스로의 역량이 부족함을 솔직하고 겸허하게 자각하고서는 부처님의 홍원弘願이라는 큰 배에 올라타 구제되는 사람이란 것을 가르쳐주게 될 것이다.

종교의 궁극 목적을 이룰진대 지금 바로 고해란 바다 속에서 허덕이고 몸부림치는 자를 눈앞에 두고서 그들에게 수영이 필요하다는 등 물에 들어가기 이전에 해야 할 것들을 역설하고, 또는 일상의 해태懈怠를 책망해 본들 무슨 소용이 있겠는가?

중요한 일은 한때라도 빨리 전력을 다해서 구제하는 방법밖에는 아무것도 있을 리가 없지 않은가?

이와 같은 목적에 부합하는 진정한 대승적인 법문은 행하기 쉽다는 이행도易行道인 정토문 즉, 아미타불의 본원력을 진심으로 믿고 '오직 나무아미타불'이라고 염불하는 이외에는 방법이 없음을 우리는 『무량수경』을 잘 읽고 생각하여 반성한다면 알 수가 있을 것이다。

우리와 같이 죄에 오염되고 어리석기 짝이 없는 범부로서 거룩한 구제를 받을 수 있는 길이 있다고 한다면 그것은 오직 무량수불(아미타불)의 본원력本願力에 의한 염불 밖에는 찾을 길이 없는 것이다.

'나무아미타불'이라고 마음속에서 염불이 일어나더라도 입밖으로 소리 내는 것이 부끄러울 것 같고 잘되지 않는 것이 아마 젊은 지식인의 일반적 경향일 것이다. 그것은 얕은 인간의 자만심 때문이 아닌가? 그러나 그런 것을 넘어서서 우리의 궁극적 구제란 절대적 대명제를 성취할 수 있다는 생각을 더욱 깊게 한다면, 우리 인간이 스스로의 자만심에 억눌려서 마음에서는 염불하려는 진심을 속이는 일을 빨리 벗어나서 당당하게 소리 내어 입으로 염불하게 될 것이다.

신심으로 칭명하는 일의 종교적 뜻을 이해하기 위해서 부처님의 참뜻을 깊이 믿고 오로지 일심 정력으로 정토신앙에 몰두해야 하는 것이다.

○ 나무아미타불 신앙의 기원

여기서 다소 각도를 바꾸어 『불설무량수경』과 미타신앙 및 정토사상 등에 관해서 실질적인 고찰을 해보는 것이 중요하다. 거의 대부분의 불교경전이 인도에서 성립한 것은 모두 아는 일이나, 대승사상 특히 정토사상을 연구하려면 그 흐름이 서기 1~2세기에 인도에서 많은 저술을 남겨놓은 대승 불교의 대성자大成者인 용수보살(Nagarjuna)에까지 소급해야 한다.

그의 저서는 5~6세기경에 중국에서 많이 한역되었던 것이다. 또 4~5세기경에 무착無着(Asanga)이나, 또 세친世親보살의 저서들이 중국어로 번역되었던 것이 대부분 6~7세기경 이었다는 사실로 미루어 보았을 때, 일부의 예외는 있지마는 일반적으로는 인도에서 성립한 경전이 중국에 전해지기까지에는 적어도 약 삼백여년 전후의 기간이 경과하였다고 생각하고 있다.

『무량수경』이 언제쯤 성립되었는가를 살펴보기로 한다. 무량수경의 이역異譯인 『평등각경』을 후한시대에 한역하였다는 설이 있지만 연구결과는 믿음성이 적은 것이라고 알려지고 있다, 무량수경의 이역으로 보는 『대무량수경』이 오吳의 지겸支謙에 의해서 번역되었다는 설은 학자 간에 거의 정설로 되어있다.

지겸의 번역은 223~253년 간의 30여년 사이에 이루어진 것으로, 앞서 말한 규준에 따라서 『대아미타경』의 인도에서의 성립은 대체로 그 이전 삼백년 즉, 기원전 1세기경이라는 추정을 하는 것은 근거 없는 일이 아니다. 더욱이 용수보살의 저서 『십주비바사론十住毗婆沙論』의 이행품易行品에 '미타찬彌陀讚'이라고 불리우는 문장이 인용되고 있는데, 그것은 『평등각경』으로 부터의 인용임을 볼 수 있다. 이 『평등각경』은 같이 무량수경의 이역인 『대아미타경』으로부터 발전되어 온 형식을 갖추고 있는 것이므로, 그 『대아미타경』이 서기 기원전 1세기 또는 그것보다 이전에 성립되었으리라는 생각은 무리 없는 당연한 일이라고 보는 것 같다.

○ 신라의 정토사상

우리나라 불교는 고구려 제17대 소수림 왕 2년(372)에 전진의 부견 왕이 순도스님을 보내왔고 다시 2년 후에 아도스님이 왔으니 초전(初傳)이라 한다. 단지 그전에 민간 불교는 고구려 도인과 지둔 도림과의 편지로 보아 이미 유포되어 있었고, 백제 불교는 15대 침유 왕 원년(384)에 동진에서 마라란타가 오니 궁중에서 예경하였으며, 신라는 제23대 법흥 왕 14년(527) 이차돈의 순교로 공인(公認) 되었다. 이와 같은 삼국 불교의 초전설화(初傳說話)는 모두 궁중 불교요, 그 이전에 신라 역시 선산의 모례와 같은 신자가 있어 묵호자와 아도화상이 숨어서 포교하고 있었다.

삼국 중 신라 불교만이 유독 특성을 드러낸 것은 이차돈의 순교라는 사건에서 원인을 찾을 수 있다. 이것은 곧 고유 신앙과 외래 종교와의 문제점을 해결하기 위한 희생이었던 것이다.

그 후 진평왕(579~632) 때 원광스님은 중국유학을 마치고 대승불교를 펼쳤으며, 화랑의 세속 오계五戒 곧, 『임금에게 충성하고, 부모에게 효도하며, 친구 간에 신의 있고, 전쟁에서 물러나지 않고, 살생을 가려서 할 것』을 제정했으니, 고유의 화랑도와 불교 정신을 회통한 것이다.

자장율사(636)도 당나라에서 율학과 화엄을 배우고 왔으나, 그에게 『아미타경소』와 『아미타경 의기義記』가 있는 것으로 보아 정토신앙에 공이 크다고 할 것이다. 원측(613~636) 은 당나라에 가서 유식학에서 독창성(獨創性)을 개척하여 중국의 규기스님과 다른 일파를 이루었으나 『무량수경소』 3권, 『아미타경』 1권이 있었으며, 원효성사(617~686)는 더욱 『양권 무량수경 종요』 1권, 『무량수경사기』 1권, 『무량수경』 1권, 『아미타경』 1권, 『유심안락도』 1권, 『반주삼매경소』 1권, 『반주삼매경약기』 1권 등이 있었고, 의상대사(626~702)는 『아미타경 의기』 1권 등이 있었고, 현일스님도 『무량수경소』와 『무량수경기』, 『관무량수경기』, 『아미타경소』, 『수원왕생경기』 등이 있었다.

원효성사의 정토사상은 다음과 같다.

첫째. 정토왕생이란 아미타불의 본원력에 의하여 왕생하는 것이요 자력이 아니라 하였고, 둘째. 왕생의 바른 원인은 위없는 보리심을 말함이요, 도우는 원인은 염불이라 하였으며, 셋째. 내지 십념十念이란 『미륵발문경』에서 말한 열 가지 념이라 하였고, 넷째. 미륵정토와 미타정토를 비교하고 그 우열을 논하였다.

원효성사는 통불교 사상으로 『십문화쟁론十門和諍論』을

짓고, 만법이 하나로 돌아가는 불법의 궁극을 밝히었다. 실로 석가모니불·용수보살·원효성사는 불교학상의 3대 사상가라 할 만하다. 마지막 신앙적 실천은 정토 경전의 연구와 아미타불의 신앙이라 할 것이다. 이것은 자기만 위한 것이 아니고 곧 대중불교의 건설이라 하겠다.

원효성사는 곧 도시와 농촌 곳곳으로 돌아다니면서 대중들을 염불시켜 정토법문이 크게 퍼졌다. 그의 저술『유심안락도』에서 "48원이란 처음에는 범부를 위하고 뒤에는 삼승의 성인을 위한 까닭에 정토종 종지가 본래 범부를 위하고 겸해 성인을 위함인 줄 알겠다" 하였다. 이와 같은 원효성사의 말씀은 오탁악세의 말법시대인 현대의 우리 중생에게 한 가닥의 희망이요, 서광이라 할 수 있다.

이러한 원효의 십념론은 법위法位·경흥憬興·의적義寂스님으로 계승되고 일본의 정토진종에 큰 영향을 행사하였다.

○ 화엄과 정토의 일치사상(一致思想)

원효와 의상대사는 같은 친구요 함께 불교를 건설하였으니, 해동화엄의 첫 조사인 의상께서 미타정토사상을 이 땅에 심은 것이다.

의상대사께서 낙산사 창건발원문에 오직 원하건댄, 제자가 세세생생에 관음보살을 칭념하고 본사로 모시는 것을 관음보살께서 아미타불을 이마에 모심과 같게 하소서 하였고, 또 사후에 극락국토에 태어나기를 발원하였다. 원하옵건대, 제자는 이 목숨이 마칠 때에 아미타불께서 광명 놓아 맞으며 모든 두려움을 여의고 마음이 즐거워 잠깐 사이에 정법을 듣고 그 법으로 들어감이 흐르는 물처럼 생각 생각마다 지혜를 얻고자 합니다.

이와 같이 해동 화엄초조는 미타정토 신앙자요, 사십四十화엄 끝에 보현보살의 게송과 같은 것이니 화엄과 정토가 따로 있는 것이 아니다.

『보현행원품』에 원컨대 내가 임종할 때에 모든 장애는 없어지고 아미타불을 뵙고 곧 극락세계에 나게 하여 주소서. 한 것이 이상의 화엄사상과 같은 것이다.

의상께서 창건한 부석사는 안양安養문이 있고 법당은 무

량수전인데 정면에 주불을 모시지 않고 서편에 아미타불을 모셨으니 이것은 의상대사의 좌필서향(坐必西向)을 표시한 것이다. 신라 화엄종의 본산인 부석사가 어찌 아미타불을 본존으로 하는가, 사실 정토신앙의 본산은 부석사라 할 수 있다.

○ 고려 보조국사의 선정일치禪淨一致

그는『염불요문』에서 십종염불을 말씀하셨는데

1. 몸을 경계하는 염불(戒身念佛)
2. 입을 경계하는 염불(戒口念佛)
3. 뜻을 경계하는 염불(戒意念佛)
4. 움직이면서 생각는 염불(動憶念佛)
5. 고요히 생각하는 염불(靜憶念佛)
6. 말하면서 가지는 염불(語持念佛)
7. 묵묵히 가지는 염불(默持念佛)
8. 얼굴을 관하는 염불(觀相念佛)
9. 무심하게 하는 염불(無心念佛)
10. 진여염불(眞如念佛) 등인데

십종 염불은 한 생각 진각眞覺에서 발하고, 한 생각 진각은 몰록 깨치는 돈오頓悟하는 것이며, 십종 염불은 점차로 닦는 것이다.

염불의 공이 지극하면 행주좌와行住坐臥 일체 곳에서 날마다 아미타불의 진신眞身이 곧 나타나고, 임종 시에는 구품연대에 나되 상상품上上品에 왕생한다. 선과 염불은 두 가지가 아니라 하나라는 것이다.

여기서 원효의 내지 십념론은 보조에서 다시 십종염불로 발전한 우리의 염불 전통이 드러난다. 그의 십종 염불은 곧 돈오점수頓悟漸修의 수선修禪이며 선정禪淨 일치다.

○ 조계종사 태고왕사 법문

임종게송에

사람 목숨은 물거품처럼 공한 것인데

팔십 여년이 봄꿈 속이라

죽음에 다다라 지금 가죽 부대를 버리니

붉은 해가 서산으로 넘어가네

人生命若水泡空 八十餘年春夢中

臨終如今放皮袋 一輪紅日下西山

붉은 해가 서산으로 넘어간다는 것이 곧 극락왕생이다.

낙암거사에게 설한 염불법문

아미타불은 한문으로는 무량수각無量壽覺이라 한다. 사람마다 본성의 영각성靈覺性이 있으니 본래 생사가 없고 고금에 걸쳐 신령하고 밝고 깨끗하여 안락한 것이니, 어찌 이것이 무량수불이 아니리오. 까닭에 이 마음을 밝힌 이를 부처라 하고 이 마음을 설명한 것을 교敎라 한다. 부처님이 말씀하신 일대장경은 사람들에게 지시하여 본성을 스스로 깨치게 하는 방편이다. 방편이 많지만 요점을 말하면 "마음이 정토요, 자성이 미타이니, 마음이 깨끗하면 불토가 깨끗하고 본성이 드러나면 불신佛身이 드러난다"고 말한 것이 바로 이것이다. 아미타불의 깨끗하고 묘한 법신이 일체 중생들의 마음에 두루 있다.

"마음과 부처와 중생이 차별이 없다" 하였고 "마음이 곧 부처, 부처가 곧 마음이라. 마음 밖에 부처가 없고 부처 밖에 마음이 없다"고 하였으니, 대감이 진실로 염불하려면 바로 자성미타自性彌陀를 하고 종일토록 아미타불의 이름을 마음과 눈앞에 두고 마음과 눈과 아미타불이 한 덩어리가 되어 마음이 계속하여 어둡지 않게 하고, 때로는 생각하는 이것이 무엇인고 하여 오래오래 계속 하시오. 공功이 이루어지면 갑자기 생각이 끊어지고 자성미타의 참모습이 우뚝 나타날 것이니, 그때 비로소 "예전부터 움직이지 않는 것이 부처라"(舊來不動名爲佛) 하는 것을 분명히 알 수 있을 것입니다.

○ 조계종사 나옹선사 법문

누이(妹氏)에게 보낸 답서

종일 옷 입고 밥 먹고 말하고 일할 때에 늘 아미타불을 간절히 생각하되 끊임없이 생각하며 쉬지 않고 기억하여, 생각하지 않아도 저절로 생각나는 경지에 이르면 나를 기다리는 마음에서 벗어나고도 억울하게 육도에 헤매는 고통을 면할 수 있을 것이다. 간절히 부탁하고 부탁하니 게송을 들으시오.

아미타불이 어느 곳에 계시는고

마음으로 생각하여 부디 잊지 마오

생각이 다하여 생각 없는 곳에 이르면

육문에서 언제나 자금광紫金光을 놓으리라.

이상서에게 보낸 편지

서쪽을 향해 부지런히 염불하라. 연화대의 상품이 저절로 열리리라.

모든 염불하는 사람에게 보임

깊고 고요해 말이 없으며 뜻은 더욱 깊으니 한 이치 누가 감히 헤아릴까? 앉거나 눕거나 가고 오는데 다른 일 없고 마음 가운데 생각 당당히 하여라. 자성미타가 어느 곳에 있는고. 언제나 생각하여 잊지 말아라. 갑자기 하루아침에 생각조차 잊으면 물건마다 일마다 감춤 없이 드러나리라. 아미타불 생각할 때 부디 사이 띄지 말고 12시간에 언제나 자세히 보라. 갑자기 하루아침에 친히 생각하면 동서가 한 털끝만큼도 간격이 없으리라.

○ 함허선사의 성영대군 영가법문

바른 눈을 뜨지 못하고 무명을 부수지 못했으면 미타의 대 원력을 받들어 바로 구품연대 위에 가서 노시오.

상우상암화상 천도법문

화상은 시자의 염불소리를 듣다가 그쳐라. 그쳐라. 염불할 것 없다 생각하면 지금은 마음을 쓰는 마지막이다. 평소에 참선하는 공과 여러 성인들의 도우는 힘을 의지해 자성미타를 보고 유심정토를 통달하였다. 만일 자성미타를 보고 유심정토를 통달한다면 반드시 정신은 대방에 올라가거나 잊거나 아무 걸림이 없을 것이다. 비록 그런 경지에는 이르지 못한다 하더라도 아미타불의 대비 원력을 받들어 구품연화 속에 나거든 미타님을 뵈옵고 친히 묘법을 듣고 무생無生을 깨치고 부처님의 수기를 받고 다시 사바세계에 돌아와 정각을 이루고 큰 수레를 굴려 중생을 두루 제도하시오.

미타찬 彌陀讚

1. 법신으로부터 화신을 나투고

2. 중생 근기를 따라 상호를 보이시다

3. 아미타불 상호를 보는 이는 신심을 내고

4. 아미타불 명호 듣는 이는 감화를 받는다.

5. 잠깐 염불하여도 모두 이익을 얻고
6. 염불공은 적어도 받는 이익은 크다
7. 중생의 근기를 따라 제도하시니
8. 시방 부처님 중에 아미타불이 높으시다
9. 남에게 권하고 자기도 염불하여 공덕이 커지면
10. 무상대도를 원만하게 증득하리라。

안양찬

1. 남과 내가 같이 부처님 교화를 받고
2. 의보 · 정보(依報正報)가 모두 수승하도다.
3. 순전히 낙만 있고 근심은 없으며
4. 온 세계가 연꽃으로 장엄되었다.
5. 칠보로 된 연못 속에 화생하고
6. 시방세계 부처님께 공양 올린다.
7. 법문 듣고 무생법인을 깨달으며
8. 목숨이 한량없어 부처님께 의탁한다.
9. 상선인上善人과 같이 도를 닦으며
10. 부처님의 감화를 받아 열반을 증득한다.

미타경찬

1. 팔만 법문 중에 제일 빠른 길을 보이시고
2. 죄악 많고 어리석은 중생을 제도한다.
3. 정토를 칭찬하여 기쁜 마음을 내게 하고
4. 아미타불을 칭찬하여 염불을 권한다.
5. 육방의 제불諸佛이 같이 칭찬하시고
6. 남과 내가 서로 영접을 한다.
7. 인간 · 천인이 함께 부처님 말씀을 따르고
8. 이 세상과 뒤 세상에 같이 이익을 얻는다.
9. 근기에 따라 빨리 감응을 얻고
10. 모든 공덕을 정토에 회향한다.

○ 청허당 서산대사 염불법문

서방의 염불법문은 결정코 생사를 벗어난다. 마음과 입이 서로 응하면 손가락 튕길 동안 극락에 왕생한다. 한 생각으로 연화대를 밟는데 누가 팔천八千 리라 말하는가. 공을 이루고 목숨 마치기를 기다리면 부처님이 와서 너를 맞으리라.

합장하고 서쪽을 향해 앉아 마음 모아 아미타불 염하라. 평생에 그리는 일은 항상 백련화에 있네.

나무아미타불의 육六자는 정녕 윤회에서 벗어나는 지름길이다. 마음은 불佛 경계에서 반연하여 생각해 잊지 않고, 입은 불의 명호를 불러 분명하고 산란치 아니하여, 이와 같이 마음과 입이 서로 응함을 염불이라 한다.

범어梵語에 아미타불은 한문의 무량수불無量壽佛 무량광無量光佛이라 한다. 시방十方 삼세三世 부처님 중에 제일이기 때문에 그렇게 이름한다.

법장 비구가 세자재왕불 앞에서 48원을 세웠는데 “내가 부처가 될 때 시방의 모든 인간, 천상과 날고 기는 곤충까지도 내 이름을 열 번만 염하면 반드시 내 나라에 날 것입니다. 만일이 원이 이루어지지 않으면 결코 성불하지 않겠습니다” 하셨다.

선성先聖도 말씀하기를 부처님 명호를 한번 부르면 마군魔軍이는 도망가고 염라왕 명부에 이름이 없어지고 정토의 금 못에 연꽃이 난다 하였다.

또 참법懺法에는 자력自力과 타력他力을 말하였는데 자력 성도聖道문은 더디고 타력 정토문은 빠르다 하였다.

염불이 네 가지가 있는데

첫째, 명호를 부르는 것(칭명稱名)

둘째, 등상불等像佛을 생각는 것(사상思像)

셋째, 상호를 관하는 것(관상觀相)

넷째, 실상實相을 관觀하는 것이다.

○ 정토 왕생가

가봅시다 가봅시다 좋은 국토 가봅시다
천상 · 인간 두어두고 극락으로 가봅시다

극락이라 하는 곳은 온갖 고통 전혀 없어
황금으로 땅이 되고 칠보궁전 좋은 의식
마음대로 수용하네 아미타불 주인 되고
관음세지 보처 되어 48원 세우시고
구품연대 벌려놓아 반야용선 운항하여
염불중생 접인할 제

팔 보살이 호위하고 인로보살 노를 저어
하늘음악 갖은 풍유 천동천녀 춤을 추며
오색광명 어린 곳에 생사바다 건너가서
연꽃 중에 화생하고 무량법락 수용하며
너도나도 차별 없이 필경성불 하고 마네
장하시다 미타원력 무엇으로 비유할꼬
여보 염불 형제들아 깊은 신信과 큰 원願으로

허송세월 하지 말고 하루바삐 아미타불
부지런히 염불하여 유심정토 찾아가서
자성미타自性彌陀 친견하세

허망한 세상 일을 꿈과 같이 생각하고
일편단심 아미타불 분명히 잡드려서
천념만념 무념으로 반조자성返照自性 간단 없이
몸과 마음 분별 않은 넓은 마음 그것일세

나무아미타불!

서산대사 극락왕생 발원문

弟子 兼判禪敎事 都大禪師(제자 겸판선교사 도대선사) 某(서산)는
극락교주 아미타불의 尊容존용을 모신 족자를 삼가 그리옵고,
향을 사르고 頂禮정례하오며 대서원을 발하옵니다.
"원하옵건데 저는 임종할 때에 죄업의 장애를 없애고
서방 大慈尊대자존(아미타불)의 금색 광명 속으로 나아가서
수기를 받자옵고, 미래세상이 다할 때까지 중생을 건지겠나이다.
허공이 다하는 일이 있더라도 이 서원은 다하지 않을 것이오니,
시방세계의 모든 부처님은 증명을 하여 주옵소서."
-淸虛集청허집 券권4

정 법 수 호 론

正 法 守 護 論

정법수호론 正法守護論

서문

경에 이와 같이 말한 것은 부처님 말씀이요, 이와 반대되는 것은 마구니 말이라 하셨다. 부처님께서 열반하신 후 정법·상법은 이미 지나가고 말법도 천년이 넘어서 마구니는 강하고 정법은 약하여 마구니 말이 성행하여 정법을 요란케 한다. 불법의 근본은 계·정·혜 삼학이라. 계를 인연하여 정력이 나고, 정력을 인연 하여 지혜가 나는 것인데, 계가 없으면 정과 혜가 어찌 있으며, 선은 부처님 마음이요 교는 부처님 말씀이요 계는 부처님 몸이라, 몸이 없으면 마음과 말이 어찌 있을 것인가.

그러므로 계는 만행의 선봉이 되고 육바라밀의 기초가 되며 법신을 장엄함에는 보배 구슬이 되고, 번뇌를 없애는 데는 청량제가 되며 먼 길 가는 데는 양식이 되고 위험한 바다를 건너는 데는 좋은 배가 되고, 위중한 병에는 어진 약이 되며 어두운 밤에는 등불이 되고 깊은 냇물에는 다리가 되는 것과 같이 만 가지 공덕을 갖추었는데, 근자에는 이렇게 귀중한 계법이 망하여 사와 정을 가리지 못하고 승과 속을 구별할 수 없는 형편이니, 종단이 어찌 온전할 수 있을 것인가?

『관불삼매해경』에 "모든 부처님께서 염불하여 성불하셨다" 하고 지자대사는 "염불삼매는 삼매중의 왕이라" 하셨으니 염불이 곧 불법 중에 최상이라는 말이다.

경전에 염불삼매 법문이 무수히 많으며 『지도론』에 “염불삼매는 능히 모든 번뇌와 선세 죄업을 제하나니, 다른 삼매는 혹 음심은 제하나 진심은 제하지 못하며 혹 진심은 제하나 음심은 제하지 못하며 혹 치심은 제하나 음식 진심은 제하지 못하며 혹 삼독은 제하나 선세 죄업은 제하지 못하지만은 이 염불삼매는 능히 모든 번뇌와 모든 죄업을 없애느니라.” 또는 “보살이 항상 염불삼매를 닦는 인연으로 나는 곳마다 부처님을 보나니 반주삼매경에 말씀과 같이 이 삼매에 들면 곧 아미타불 나라에 난다” 하셨다.

이러한 정법을 비방하고 부수니 이것은 곧 불종을 끊고 중생의 눈을 멀게 하는 것이라. 내가 비록 무지하고 용렬하지만 신명을 아끼지 말고 정법을 수호하라는 부처님의 말씀을 따라 이 글을 쓰는 것이니, 나를 알아주던지 나를 벌주는 것은 여러분 독자에게 맡길 뿐이다.

갑자년 중춘에 저자(수산 스님) 근서

정법수호론(正法守護論)

『능엄경』에 육도 중생이 음욕과 살생과 도적의 마음이 없은 즉 생사윤회가 끊어지는 것이니, 너희들이 삼매를 닦는 것은 티끌을 벗어나기 위함인데, 음욕과 살생과 도적의 마음을 없애지 못하면 티끌을 벗어날 수 없는 것이다. 비록 지혜가 있고 선정의 힘이 있더라도 음·살·도의 마음을 끊지 못하면 마도(魔道) 신도(神道) 사도(邪道)에 떨어져서 각각 자기 무리가 있어 스스로 위없는 도를 얻었다고 말한다.

내가 열반에 든 뒤 말법 가운데 이러한 마구니와 귀신과 요사(妖邪)가 성하여 세간에 숨어서 선지식이라고 속이고 음행하고 고기 먹고 도적질하여도 보리(깨달음)에 장애가 없다고 말한다. 삼매를 닦을 적에 음욕과 살생과 탐심을 버리고 진실히 수행하여야 되는데 어찌하여 도적들이 나의 옷을 입고 부처님을 팔아 여러 가지 업을 짓고 비구계 가지는 것을 소승이라 비방하고 중생을 그르치고 무간 지옥의 업을 짓는고?

만일 중생들이 몸과 마음에 살·도·음·이 없더라도 큰 망어를 하게 되면 삼매를 얻지 못하고 부처종자를 끊는 것이다. 말하되, "내가 성문 4과와 벽지불승과 보살도를 얻고 견성을 하였다 하여 사람의 공양을 탐한다면 이것은 극히 악한 사람이라 불종을 끊는 것이다. 만일 비구가 마음을 활줄같이 곧게 가지고 진실히 삼매에 들어가서 길이

마사(魔事)가 없으면 나는 이 사람을 위없는 지각(知覺)을 성취하였다고 인정할 것이니, 내 말과 같은 것은 부처님의 말씀이요 내 말과 다른 것은 마구니 의 말이라" 하셨다.

부처님께서 열반에 드실 때에 "계로 스승을 삼으라" 하셨으니, 계가 곧 불법의 생명이라, 계가 있으면 불법이 있고 계가 없으면 불법이 없으며, 계가 있으면 중이 있고 계가 없으면 중이 없는데, 근자에 마구니는 성하고 정법은 망하여 계를 받지 않은 중이 있고, 중이 없이 종단을 세우고 주육(酒肉)과 살·도·음을 행하면서 비구로 가장하고 법을 비법이라 설하고 법 아닌 것을 법이라 설하여, 마구니의 말이 성행하고 세상 사람을 속여 불종을 끊게 되니 참으로 통곡할 일이다.

불자로서 차마 강 건너 불 보듯 앉아 볼 수 없어 감히 정법 수호의 깃발을 세워 파사현정(破邪現正)하려 한다.

불교 유신론(維新論)에 대하여

요사이 만해 한용운을 많이 숭배하고 있는데, 그분이 어떤 공적이 있는지 살펴보고자 한다.

한용운은 재주가 있고 지조가 곧아서 사회로 보아서는 인물이지만 불교에 대해서는 마구니라 할 수 있다. 그가 삼일운동을 발기하였고 옥고를 많이 당하여도 조금도 굴하지 않고 매우 가난하게 살면서도 왜놈의 유혹을 받지 않고 탄핵이 심한 중에도 능란한 변재로 애국사상을 고취시키고 평생토록 절조를 변하지 않았으니 삼십삼인 중에도 제일 애국자라 할 수 있다.

그 점은 나도 많이 존경하지만 불교에 대해서는 중도 아니고 불법을 망쳐놓았다. 『불교 유신론』에 적당한 말도 있지만 승려 결혼과 염불당 폐지론은 순전히 마설(魔說)이다. 부처님 지혜가 범부 한용운이만 못하여 필요 없는 계율을 제정하였으며, 염불을 많이 권하였을까?

계율과 염불은 불법의 근본인데, 근본이 없으면 팔만 법문이 어디에 있을 것인가?

첫째 승려 결혼에 대하여

1. 대승은 걸림이 없는데 소승계를 지킬 필요가 없다 한다.

대승보살은 불이(不二)법을 요달 하였으므로 마음이 넓어 아무데도 걸림이 없으나 법에는 어긋남이 없고 혹 역행하여도 보살 정신으로 탐착심이 없어서 파계승의 함부로 음욕을 행하는 것과는 천지현격으로 다른 것이다. 『범망경』에 "대승보살이 음계를 범하면 바라이 죄라" 했고, 용수보살은 대승 법을 주창하면서도 『지도론』에 음행을 크게 경책하였다. 소승은 몸으로 범하면 파계가 되지만, 대승은 마음만 움직여도 파계가 되는 것이다.

2. 과거칠불도 자식이 있다 한다.

칠불이 출가 후에 자식을 낳았던가? 출가 전 자식은 계율에 관계 없는 것이다。

3. 무후(無後)하면 죄가 된다 한다.

유교는 세간법이라 현세만 봄으로 선대(先代)를 이어가지 못하면 죄가 되지만, 불교는 세간을 나온 법이라 수도하여 생사윤회를 끊고 열반을 증득하는 것인데, 음욕은 생사의 근본이 되고 부정하기는 이를 데 없어 법신을 더럽힌다.

4. 식민 정책에 위배되고 인종이 멸망된다 한다.

세상 사람이 자기 업력에 끌리어 나고 죽고 하는데 중이 독신 생활을 한다고 인종이 멸망할 것인가? 만일 전 세계 사람이 모두 출가하여 독신 생활을 한다면 이 세계가 바로 극락이 될 것이다.

5. 포교에 해롭다고 한다.

『소서(素書)』에 "몸을 해석하여 사람을 가르치는 자는 이치를 거슬리고, 몸을 바르게 하여 사람을 가르치는 자는 이치를 순종한다" 하였다.

몸을 해석해 사람을 가르친다는 것은 자기 잘못은 숨기고 잘한 것만 드러내어 말로만 사람을 가르치는 것이요, 몸을 바루어 사람을 교화한다는 것은 행동을 바르게 하여 다른 사람에게 모범이 되게 하는 것이다. 법사가 만일 말과 행동이 같으면 듣는 이가 감명이 되지만, 행동이 올바르지 못하면 아무리 좋은 구변으로 설교하여도 잘 믿어주지 않는 것이다. 청정비구와 파계승의 교화하여 감화 되는 것은 크게 다른 것이다.

이상의 말을 살펴보면 유치하고 무식하여 한용운 이가 이 정도인 것뿐인가 의심스럽다. 『비구계 본』에 음계가 살인

계위에 있고 음계를 범하면 중의 생명은 끊어지고 죽어서는 지옥에 가는 것이다. 세속에서도 연구가들은 독신으로 지내는 이가 많은데 하물며 출가한 중이 결혼한다는 것은 언어도단이다.

염불당 폐지론에 대하여

1. 극락세계를 부정한다.

부처님이 거짓말로 "여기서 서쪽으로 십 만억 불토를 지나 극락세계가 있다"(아미타경)고 하셨겠는가? 『화엄경』에 의하면 "연화장세계의 맨 아래에 풍륜(風輪)이 있고, 풍륜 위에 향수해(香水海)가 있으며, 향수해 가운데 대연화(大蓮華)가 있고, 연화 위에 십불가설(十不可說) 불찰(佛刹) 미진수(微塵數) 찰종(刹種)이 있으니, 이것을 화장세계라 하며, 그 많은 찰종들은 모두 이십중세계(二十重世界)로 되었다. 그 한복판에 있는 종의 제13층에 우리가 살고 있는 사바세계가 있는데 13불찰 미진수 세계로 둘러싸였으며, 사바세계의 서쪽으로 십만억 세계를 지나가서 극락세계가 있으니, 극락세계는 사바세계와 같이 제13층에 있다"고 하셨다.
불조께서는 혜안으로 보시고 극락세계가 분명히 있다고 하셨는데, 자기 눈이 어두워 보지 못하고 없다고 주장하니 태중 봉사가 일월 광명을 의심함과 무엇이 다르겠는가.

2. 예토가 곧 정토요 정토가 따로 없다고 한다.

성인의 경계에는 예토가 정토가 되지마는 범부의 경계에는 예토 정토가 분명히 다르다. 『증도가』에 "꿈속에서는 분명히 육도가 있지마는 깨친 뒤에는 비고 비어 삼천대천세계도 없다" 한다. 마음만 깨달으면 이 세계도 정토가 되는데 이 오탁악세에는 깨닫기가 어려우므로 부처님께서 극락으로 인도하여 깨닫게 한 것이다.

3. 아미타불이 내 마음에 있는데, 아미타불이 아미타불을 부를 수 없다 한다.

내 마음에 아미타불이 있지마는 삼독 번뇌가 덮여 볼 수 없고, 다른 부처를 부름으로서 자기 부처를 찾는 것이다. 그러므로 이치로서는 마음에 아미타불이 있고 실지로는 서방에 아미타불이 계신다. 중봉선사는 "만일 염불하지 않으면 마음 부처를 잃어버린다"(약불념불실심불若不念佛失心佛) 하셨다.

4. 부처님 명호를 불러 정토에 갈수 없다고 한다.

『무량수경』에 "보리심을 내어 무량수불을 생각하여 여러 가지 착한 일을 하면 그 사람이 죽을 때에 무량수불이 그 앞에 나타나거든 부처님을 따라 극락세계에 간다" 하셨고, 『아미타경』에는 "적은 복으로는 극락세계에 갈 수 없다. 하루나 이틀 내지 이레 동안 아미타불의 명호를 불러 일심이 되면 그 사람이 임종 시에 부처님을 뵙고 곧 왕생한다" 하셨다. 이것은 즉 아미타불의 원력을 의지하므로, 아미타불만 생각하면 곧 극락에 간다는 것이다.
영명선사는 "참선은 못하여도 염불만 하면 만 명에 만 명이 모두 극락에 간다. 다못 아미타불만 뵈오면 어찌 깨닫지 못함을 걱정할 것인가" 하셨다.

5. 고성염불은 마음공부가 아니라 한다.

그것은 소리가 마음에서 나오지 않고 입에서만 난단 말인가. 고성염불의 십종공덕이 있고 서산대사는 "서방 염불법문은 결정코 생사를 벗어난다. 마음과 입이 서로 응하면 극락에 가는 것이 손가락 튕길 동안이라" 하셨다.

6. 염불하여 극락에 가는 것은 인과를 무시한다 한다.

자은규기대사는 "미타경소에 부처님이 작은 일을 증명하실 때에는 혀를 내어 낯을 덮으시고, 큰일을 증명하실 때에는 큰 혀를 내어 세계를 덮는데, 정토법문은 적은 인을 지어 큰 과보를 얻어 빨리 윤회를 벗어나고 열반을 증한다" 하셨다. 이것은 곧 아미타불의 원력을 의지함으로 인은 적어도 과보는 크다는 것이다. 중봉선사는 "경전에 염불을 많이 권하시고 역대 조사도 또한 염불을 권하셨으니, 만일 염불하지 않으면 성불할 수 없고 만일 믿지 않는 자는 곧 부처님을 비방한다" 하셨다.

7. 성불하여 극락에 가지 비루하게 다른 부처를 부를 것인가 한다.

성불하면 극락에 갈 필요가 없지만, 극락에 가지 않고는 성불하기가 어려우므로 모든 보살들도 왕생극락을 발원하는 것이다. 문수 보현 관음 세지 마명 용수 등 보살과 역대 조사들이 무수히 왕생하였으니, 그 말이 일리가 있다.

그러나 원효대사는 "유심안락도"에서 "정토법문은 첫째

범부를 위하고 다음에 보살을 위한 것이다" 하셨다. 보살이야 정토에 가지 않더라도 생사고통을 받지 않지만, 범부들은 정토에 가지 않으면 윤회를 벗어날 수 없는 것이다. 『관경』에 "오역 십악을 지은 죄인이라도 임종 시에 선지식 법문을 듣고 **나무아미타불** 십념하면 염불소리 한 마디에 팔십 억겁 생사 중죄가 멸하고 곧 극락에 간다" 하셨다.

만해 한용운 이가 선을 주장하면서 염불을 반대하니, 염불이 선(禪)인 줄 모르는 까닭이다.

어떤 이가 말하기를 한용운은 참으로 선각자라 70년전에 승려 결혼을 역설 하였으니, 중도 결혼하는 것이 옳다 한다. **내가 말하기를 한용운은 순전히 불법을 망친 마구니다.** 그이가 왜놈을 보기 싫어서 총독부를 등지고 북향집을 지으면서도 승려 결혼법을 제정해 달라고 왜놈 통감부에 건의 하였으니, 불법을 망치기로 원을 세운 마구니가 아닌가. 요사이 승僧 풍이 이렇게 문란한 것은 불교유신론의 영향이 크다고 할 수 있다. 온 세상이 만해사상을 많이 선전하지만, 지옥에서는 언제나 벗어날지 의문이다.

수계의범(受戒儀範)에 대하여

거사 수계에 (술을 마셔 취하지 말라) 하였다.

술은 반성죄(半性罪) 반차죄(半遮罪)로 계율마다(오계 팔계 사미계 식차마나계 구족계 보살계) 빠짐없이 모두 먹지 못하게 하였다. 다른 계는 사미계에 있는 것이 비구계에 빠지는 것이 있고, 비구계에 있는 것이 보살계에 없는 것이 있지마는, 술은 계율마다 금하여 꼭 마시지 못하게 하였고 마셔 취하지 말라는 말은 없다. 그것은 술로 인하여 파계의 원인이 되고 또 서른여섯 가지의 허물이 있기 때문이다. 그러므로 경에 술은 냄새도 맡지 못하게 하고 입술에 대지 못하게 하였으며, 차라리 구리쇠 물을 마시고 죽을지언정 술을 마시지 못하게 하였다.

『정법염처경』에 "누가 우바새 오계 받은 사람에게 술의 공덕을 말하되 술도 또한 계라 하여 그 사람으로 하여금 술을 마시게 하면 저 사람은 이 악업 인연으로 죽어서 규환(叫喚) 지옥에 떨어진다" 하고, 또한 "어느 사람이 이익을 위하여 술을 팔면 이 사람도 악업의 인연으로 규환지옥에 떨어진다" 하였다. 또 술은 자성을 혼미케 하고 미치게 하는 약이며 마취성이 있으므로 술을 먹어 취하지 않게 함은 성인이 아니고는 어려운 것이다. 그러므로 옛말에 "술을 끊기는 쉬워도 조절하여 마시기는 어렵다(단음이절음난(斷飮易絶飮難)" 하였다. 보통 말로서 취하지 않을 정도로 먹으라고 할 수는 혹 있지만 계율문에는 그런 말을 할 수 없으며 더욱이 수계의식에 그렇게 말 할 수 있을 것인가. 이것은 정법을 부수는 것이라 할 수 있으니 다시 수정하여야 될 것이다.

비구니 계본 연구에 대하여

음계에 대하여 저술자의 의견으로 이성(異性) 관계는 중생의 본능으로, 욕심을 금하기란 매우 어려운 것이다.

『화엄경』에 “보살은 자기의 처에 만족을 알고 다른 처를 구하지 말라” 하였으니 이것은 사음(邪淫: 삿된 음행)만 금한 것이고, 구마라습과 연화생 상사와 광덕과 칠란이 모두 취처 생활을 하였으니, 이 같은 현상은 대승의 무애행(無發行)을 보임이라. “철저한 수행승은 계율을 깨끗이 가져 교단을 대표하고 포교승은 계율을 별도로 제정하여 어디에도 걸림 없이 하는 것이 좋겠다” 한다.

불교의 근본 목적은 도를 닦아 생사윤회를 해탈하는 것인데, 음욕은 제일 도업을 장애하는 법이고 또 생사의 근본이 됨으로, 경에 “이것이 하나뿐이므로 다행한 일이요, 만약 둘만 있으면 천하에 도를 이룰 사람이 없을 것이라” 하였다. 이것을 보면 음욕을 끊지 않고는 성불할 수 없다는 것이다.

『화엄경』에 사음만 경계한 것은 재가 보살에 대한 말이요, 출가 보살에는 해당치 않으며, 『유마경』에도 “보살은 처자를 두었으나 항상 범행(梵行)을 닦고 법을 즐겨하므로 처자를 삼는다” 하였고, 대승의 무애행을 말하지마는 어느 대승경에도 음욕을 금하지 않는 데는 없다.

구마라습, 연화생 상사, 광덕, 친란은 보살로서 역행(逆行)한 것이요, 색욕을 탐하였다고는 볼 수 없으며, 만약 색을 탐하여 취처(娶妻)하였다면 그것은 파계승이라, 그들이 파계하였다고 우리도 따라서 한단 말인가.

또 포교사를 위하여 계율을 개정한다는 말은 더욱 부당하다. 거사로서 오계를 받고 포교활동을 하면 정당하고 깨끗한데, 하필 대처승이라야 포교사가 된단 말인가?

계율은 곧 자성계(自性戒)라 우리 자성에 계법이 구족 하였으니, 자성은 상주 불변하여 고금이 없어서 억만이 지나도 변하지 않는데, 계법이 어찌 변할 것이며 계법이 변하지 않는데, 계를 어찌 고칠 것인가. 또 계는 본래 부처님께서 제정하신 것이라 누가 감히 손을 댈 것인가. 공자가 춘추를 지음에 삼천 제자 중 문학으로 제일 치는 자유와 자화도 감히 한말도 칭찬 못하였다.

여색의 재화는 불무더기보다 더 심하므로 부처님께서 음행을 못하게 하고 음심을 끊고 끊는 마음까지도 없애라 하셨는데, 가장 귀중한 계본에 이런 말을 써서 사람의 신심을 떨어뜨리고 음심을 도발시키니 이것은 정법을 비방한 것이라 빨리 수정하여야 될 것이다.

주요 경전 연구에 대하여

정토 삼부경은 대승 인과와 인천교(人天教)라 하여도 틀리지 않을 것이라 하였다.

정토 삼부경은 방등부(方等部)에 속한 대승 경전인데, 인천교란 말은 순전히 정법을 비방한 것이다.

삼부경 이름은 부처님 명호에 따라 지었음.

① 체(体)를 분별하면 대승경전은 실상으로 본체를 삼으니 곧 우리의 심성이다.

② 종(宗)은 신심과 원력 수행을 종취(宗趣)를 삼는다.

③ 역용(力用)은 극락에 가서 물러가지 않는 자리에 올라

성불하는 것이다.

④ 교상(教相)은 삼장은 경 · 율 · 론인데 경장에 섭(攝)함.

⑤ 이장(二藏)은 성문 · 보살인데 보살장에 섭(攝)함.

⑥ 삼승은 대승 · 중승 · 소승인데 대승에 섭(攝)함.

⑦ 사승은 성문 · 연각 · 보살 · 불인데 불승에 섭(攝)함.

아미타경

부처님께서 기원정사에 계실 적에 성문과 보살과 팔부신중이 많이 모였는데, 아무도 묻는 이 없이 부처님께서 스스로 이 경을 말씀하셨으니, 이것은 곧 묻지 않는다고 말씀하시지 않으면 이 좋은 법을 전할 수 없고, 이 법이 아니고는 많은 중생을 제도할 수 없으므로 스스로 말씀하신 것이다.

「여기서 서쪽으로 십억만 불토를 지나 극락세계가 있고 그 세계에 아미타불이 계시어 지금도 설법을 하시며, 그 세계에는 고통은 없고 순전히 낙뿐이며 훌륭한 의보(依報) · 정보(正報)를 말하여 중생으로 하여금 신심을 내게 하고, 다음에는 극락왕생함을 발원시키고 수행 방법으로는 하루 이틀 내지 이레 동안 아미타불 명호를 불러서 일심되어 산란치 아니하면 그 사람의 임종 시에 아미타불께서 모든 성중과 함께 그 앞에 나타나거든 그 사람의 마음이 뒤바뀌지 아니하고 곧 극락세계에 왕생한다.

또는 내가 아미타불의 공덕을 칭찬하는 것 같이 육방에 항하사수의 부처님들이 각기 그 세계에서 넓고 긴 혀를 내어 삼천대천 세계를 덮으시고 진실한 말씀으로 이르시기를, 너희 중생들이 (칭찬 불가사의 공덕 일체제불 소호념경: 아미타경 이전 이름)을 믿으라 하시니라.
어찌하여 이 경 이름을 여러 부처님 네가 보호하고 염려하시는 경이라 하느냐. 선남자 선여인이 이 경 이름을 듣고 가지거나 여러 부처님 명호를 들은 이들은 모두 여러 부처님 네가 함께 보호하고 염려 하시어 아뇩다라삼먁삼보리에 물러나지 아니하리니, 그러므로 너희들은 내 말과 여러 부처님의 말씀을 잘 믿으라.」 하셨다.

지자대사는 아미타경 찬(讚)하시기를,
“팔만법문 중에 간장(肝臟)과 심장(心臟)같이 중요하며 부처님의 일대 설교 중 결과를 지은 경전이요 생사를 벗어나는 제일 요긴한 법이다” 하셨다.

팔만법장묘간 일대설교지결경 출리생사지요법
八萬法藏妙肝 一代說敎之結經 出離生死之要法

자은규기대사는 「미타경소에 아미타경은 위험한 성(城)을 넘어가는 요긴한 발굽이며 고통의 바다를 건너가는 자비한 배다 부처님께서 적은 일을 증명하실 때는 혀를 내어 낯을 덮으시고 큰일을 증명하실 때는 큰 혀로 세계를 덮는데 미타경법문은 적은 인을 지어 큰 과보를 얻어 빨리 성불하는 것이라 지극히 큰일이므로 혀로 삼천대천세계를 덮어서 증명하신 것이다。

수행방법이 많이 있지만 염불의 공덕에는 미칠 수 없고 여러 가지 공덕이 있지만 아미타경 공덕에는 견줄 수 없으므로 '여러 부처님께서 보호하고 염려하신 경'이라」 하셨다.

무량수경

부처님께서 왕사성 기사굴 산중에 계실 때 비구와 보살 대중들이 많이 모였는데 아난이 부처님께 예배하고 여쭙기를, "오늘은 부처님의 안색이 너무 맑고 광명이 나십니다. 무슨 까닭입니까?"

부처님께서 말씀하시되, "아난아 모든 하늘이 너를 시켜 묻느냐? 너의 소견으로 묻느냐?"

아난이 대답하되, "하늘이 시킨 것이 아니옵고 저의 생각으로 묻는 것입니다."

부처님이 말씀하시되, 좋다. 좋다 네가 묻는 것은 참으로 훌륭하다. 너의 물음으로 인하여 육도 중생이 모두 제도를 얻을 것이다. 지나간 무량겁 전에 세자재왕 부처님이 세상에 나셨는데, 그때에 거룩한 임금이 있더니, 이 부처님 법문을 듣고 크게 감동하여 보리심을 내어 나라와 임금의 지위를 버리고 출가하여 중이 되었으니, 이름이 법장이라 용맹하고 영리하며 재주가 세상에 뛰어나서 세자재왕불 앞에 나아가 합장하고 찬탄한 다음 부처님이시여 저는 위없는 보리심을 내었사오니, 여러 부처님의 정토를 닦는 인행(因行)을 가르쳐 주시면 저도 그렇게 행하겠습니다.

그때에 세자제왕불은 법장 비구의 원력이 크고 뜻이 고명하심을 짐작하시고 큰 바닷물이라도 오랜 세월을 두고두고 길어 낸다면 말릴 수 있듯이, 지극 정성으로 부지런히 정진하여 도를 구하면 소원을 성취할 수 있느니라. 고 칭찬하시면서 이백 십억이나 되는 모든 부처님 정토의 좋고 나쁜 모양을 말씀하시어 눈앞에 나타나게 하시었다.

그리하여 법장비구는 깨끗한 마음으로 큰 원을 세우고 5겁 동안이나 생각하고 생각하여 여러 부처님의 불국토를 장엄하는 깨끗한 행을 취하시었다. 그리하여 법장 비구는 부처님 앞에 나아가 사십팔원을 말하되,

내가 부처되는 국토에는 지옥, 아귀, 축생, 삼악도의 이름도 없을 것, 악취무명원(惡趣無名願)

내 국토에 나는 중생들은 다시는 악도에 떨어지지 않을 것, 무망악도원(無望惡道願)

내 국토에 나는 중생들은 모두 육신통이 구족할 것.

내 국토에 나는 이는 모두 정정취(正定聚)에 들어가서 결정코 성불할 것, 결정정각원(決定正覺願)

시방세계 중생들이 지성으로 내 국토를 믿고 즐거워하여 나려는 이는 내지 열 번만 내 이름을 염하여도 반드시 나게 될 것, 다만 오역죄와 정법을 비방한 이는 제외함, 십념왕생원(十念往生願)

시방세계 중생들이 보리심을 내어 모든 공덕을 짓고 지성으로 염불 발원하면 그 사람이 죽을 때에 내가 대중과 함께 가서 영접할 것, 임종현전원(臨終現前願)

시방세계 중생들이 내 이름을 듣고 내 나라를 좋아하여 여러 가지 공덕을 짓고 지극성심으로 회향하여 내 나라에 나려는 이는 반드시 나게 될 것, 회향개생원(廻向皆生願)

이와 같은 사십팔원을 세우고 원마다 이원이 성취되지 않으면 성불하지 않겠습니다. 하고 게송을 외우되,
내가 세운 이 원은 세상에 없는 일 위없는 바른길에 가고야 말리.
이 원을 성취하지 못한다면 언제라도 부처는 되지 않으렵니다.
한량없는 오랜 겁 지나가면서 내가 만일 큰 시주 되지 못하여 가난뱅이 고생을 제도 못하면 언제라도 부처는 되지 않으렵니다.
이 노래를 마침에 땅은 여섯 가지로 진동하고 좋은 꽃이 하늘로서 내려와 머리 위에서 뿌려지며 풍악소리가 나면서 공중에서 "법장 비구여, 너는 결코 성불할 것"이라고 찬탄하였다.

법장 비구는 이러한 큰 원을 성취하기 위하여 무량겁으로 오면서 보살행을 닦아 탐욕과 번뇌와 모든 집착은 없어지고 어떠한 어려운 경우라도 성내지 아니하고 참고 견디며 무량겁으로 난행 고행하여 사십팔원을 성취하고 성불하였으니, 곧 아미타불이시며 지금 극락세계에 계시느니라. 극락세계 장엄과 아미타불의 공덕은 시방제불이 모두 칭찬하시느니라.

부처님이 아난에게 이르시되, 극락세계에 나는 데는 삼품이 있다.

상품에 나려는 이는 출가하여 승이 되어 보리심을 내어 무량수불을 전심으로 생각하고 모든 공덕을 지으며 저 나라에 나기를 원하면 그 사람의 임종 시에 무량수불이 대중과 함께 그 앞에 나타나거든 곧 부처님 뒤를 따라 극락

세계 칠보 연꽃 속에 화생하여 지혜와 신통이 구족 하느니라.

중품에 나려는 이는 비록 출가승은 되지 못하나 큰 보리심을 내어 무량수불을 생각하고 재와 계를 가지고 탑과 불상을 조성하고 스님들께 공양하고 등과 꽃과 향을 올리며 모든 선을 닦아 이 공덕을 회향하여 저 나라에 나기를 지성으로 원하면 그 사람의 임종 시에 무량수불이 화신(化身)으로 나타나거든 이 사람이 화신불을 따라 곧 극락세계에 가서 물러나지 않는 자리에 오르나니 공덕과 지혜는 상품 다음에 간다.

하품에 나려는 이는 많은 공덕은 짓지 못하더라도 큰 보리심을 내어 한결같은 정성으로 내지 열 번이라도 무량수불을 부르고 지성으로 저 나라에 나기를 원하며 좋은 법문을 들으면 즐거이 믿고 의심하지 않으면 그가 임종할 때에 저 부처님을 뵙고 가서 나느니라.

아난아 저 나라의 보살들은 모두 보살들의 가장 높은 지위인 일생보처(一生補處)에 오르며 몸은 32상이 구족하고 무생법인(無生法忍)을 얻어 지혜와 신통이 자재 하느니라.

부처님은 미륵보살과 여러 대중에게 이르시되, 무량수불 국토가 지극히 아름답고 행복하여 깨끗한 것은 앞에서 말한 바와 같다.

왜? 사람들은 선업을 닦아 저 국토에 태어나서 깨닫게 된다는 도리를 믿지 않는가? 부처님의 자비는 상 · 하 · 귀천의 차별이 없이 두루 펼쳐짐을 모르는가? 이제야말로 사람들은 저마다 힘써 정진하여 저 불국토에 태어나지 않으면 안될 것이다. 이 악한 세상을 벗어나 극락세계에 왕생하면 다섯 가지 악한 나쁜 경계는 사라지고 위없는 깨달음에 이르게 된다.

참으로 저 국토에 왕생하기는 어렵지 않은데 이르는 이가 적다. 신심이 있는 이는 부처님 원력으로 어김없이 왕생하는데 사람들은 어찌해서 세상일을 버리고 깨닫는 길에 가지 않는가? 사람들은 자신의 생활에 괴로워 허덕이어 귀천 빈부 남녀 노소 없이 모두 재물에 눈이 어둡고 욕심에 빠져서 근심 걱정으로 편할 날이 없다. 논 밭이 있으면 있어서 걱정, 없으면 없어서 걱정 재물 의복 음식 모든 세간살이가 걱정 아닌 것이 없다. 뜻밖에 수재, 화재, 도적을 만나 재산을 잃으면 원통해하고 슬퍼한다. 이러한 비통심이 맺히면 신경병이 되고 정신 분열증이 생긴다. 이렇게 악착스레 모은 재산이건만 목숨이 다하면 모든 것을 다 버리고 빈손으로 혼자 가고 누구하나 따라가는 이가 없다.

또 이러한 근심 걱정으로 인하여 죽는 수도 있다. 그들은 일찍이 선한 일을 행하지 않고 도덕을 쌓지 않았으므로 선악의 과보를 따라 혼자서 어두운 세상을 가게 된다. 가족들과 친척들은 서로 공경하고 사랑할 것이며 미워하고 시기해서는 안 된다. 있는 이나 없는 이나 서로 도우고 탐심부리고 인색하지 말며 항상 부드러운 말과 좋은 얼굴로서 서로 대하여야 한다.

만약 마음에 누구를 미워하는 마음을 두면 금생에는 비록 말다툼만 할지라도 내생에는 서로 원수가 될 수 있다. 왜냐하면 마음속으로 항상 원한을 품기 때문이다. 그래서 원수가 풀리지 않아 서로 죽이게 되는 것이다. 인간은 자기가 업 지은 데로 과보를 받아 선한 업을 지으면 좋은 곳에, 악한 업을 지으면 나쁜 곳에 가는 것은 정한 이치다. 그런데 사람들은 왜 나쁜 일을 버리고 착한 일을 닦아 생사가 없는 곳에 가려하지 않는가?

나고 죽는 일은 면할 수 없다. 부모는 자식을 잃고 통곡하며 자식은 부모를 잃고 운다. 형제와 부부도 서로 통곡한다. 죽음에는 노소가 없어 누가 먼저 죽을지 모른다. 이런 무상(無常)의 도리와 경전의 말씀을 믿지 않고 애욕에 빠져 재물과 색을 탐하다가 결국 악도에 빠져 생사의 고통이 끊임이 없는 것이다.
이 세상은 악하고 부정하여 하나도 즐길 것이 없다. 그러므로 마음을 결단하여 마음과 몸과 행동을 바르게 하여 안과 밖을 같게 하라. 일생의 괴로움은 잠깐이요 뒤에 무량수불 국토에 태어나면 끝없는 행복을 누리게 되는 것이다.
너희들은 나의 말을 잘 명심하여 이 세상에서 마음을 바르게 가지고 나쁜 일을 삼가 하라. 그것은 참으로 좋은 일이다. 내가 이제 다섯 가지 나쁜 일과 다섯 가지 착한 일을 말하리라.

첫째 나쁜 일은, 모든 중생들은 강한 자가 약한 자를 압박하여 때리고 죽이면서 착한 일은 하지 않으므로 악도에 떨어진다.

둘째 나쁜 일은, 군신 부자 부부 형제들 사이에 의리(義理)를 모르고 사치와 방일로 법도에 어긋난 행동을 하여 서로 속이고 미워하여 어진 이를 시기하고 모함하며 탐심이 많고 성을 잘 내며 인과를 믿지 않는 것이다.

셋째 나쁜 것은, 음욕심이 많아서 항상 부정한 생각을 가지고 자기 처는 미워하고 화류계에 출입하며 나쁜 벗을 사귀어 재물을 없애고 패가망신 하는 것이다.

넷째 나쁜 것은, 사람들이 착한 일을 하지 않고 나쁜 말로 악담하고 남을 이간 붙이고 거짓말로 남을 속이고 음란한 말로 사람의 마음을 방탕케 하고 착한 이를 미워하고 자기 부부만 알고 부모에게 불효하며 사장에게 불경하고 친구 간에 신용이 없으며 제가 잘난 체하고 다른 이를 업신여기며 천지신명을 두려워하지 않는 것이다.

다섯째 나쁜 것은, 세상 사람들은 게을러서 직업에 충실치 않아 가족은 기한(飢寒)을 견디지 못하고, 부모의 경계하는 것은 불공한 말로 대답하여 원수같이 반항하며, 제가 할 일은 하지 않고 은혜를 갚을 마음이 없으며, 자기 이익에 탐착하여 남의 것을 훔치어 함부로 소비하며, 술을 과히 마시고 음식을 절제하지 않으며, 방탕하고 게을러서 예의를 등지고 다른 이의 착한 일을 미워하고 부모처자의 생계를 걱정하지 않고 항상 나쁜 행동만 하며 부처님의 말씀을 믿지 않고 영혼이 후생에 다시 태어난다는 것도 믿지 않고 어리석고 무식하면서도 자기는 잘난체 하지마는 어디로부터 이 세상에 왔으며 죽어서 어디로 갈 것인지 알지 못 한다.

사람의 도리를 지키지 못하면서도 요행히 오래 살기를 원한다. 그러다가 죽을 때가 되어 뉘우치고 두려워한들 무슨 소용이 있을 것인가. 그러기에 삼악도의 고통이 끊어질 때가 없는 것이다. 이것이 다섯 가지 나쁘고 다섯 가지 고통스럽고 다섯 가지 불타는 것으로, 마치 큰 불이 사람의 몸을 태우는 것과 같은 것이다.

만일 누구든지 이 악한 세상에서 위의 다섯 가지 나쁜 것과 반대로 한결같이 마음을 가다듬고 행동을 바르게 갖고 착한 일을 하며 나쁜 짓은 하지 않으면 고통에서 벗어나 복덕과 구원을 얻고 열반의 저 세계에 날 것이다. 이것을 다섯 가지 착한 일이라 한다.
너희들 후세 중생들은 부처님의 말씀을 듣거든 그대로 지킬 것이다. 임금부터 착한 일을 하면서 신하에게 일러주고 신하는 백성들에게 가르쳐 상하가 일체가 되어 자비로 근본을 삼고 불교를 진실히 믿으면 삼악도의 고통을 벗어나는 것이다.
이 세계에서 팔관재계를 하룻 밤낮 갖는 것은 극락세계 백 년 동안 착한 일을 닦는 것보다 좋다. 그것은 극락세계는 오직 착한 일 뿐이요, 나쁜 일은 전혀 없는 까닭이다.

나는 너희 중생들을 가엾이 여겨 간곡히 가르쳐서 선업을 닦게 하고 거기에 적당한 경전을 말하여 믿고 실행하여 불도를 이루게 한다. 부처님이 다니면서 교화하는 나라나 도시나 마을치고는 부처님의 은혜를 입지 않은 데가 없다. 세상은 화평하고 일월은 명랑하며 우순풍조하고 악질이 없으며 국가는 부강하고 백성은 편안하여 도덕을 숭상하고 예의를 존중한다.

내가 너희 중생들을 가엾이 여김이 부모가 자식을 생각함보다 더하다. 내가 이 세상에 부처가 되어 다섯 가지 악과 고통을 없애고 선으로서 악을 멸하여 생사의 고(苦)를 빼고 열반의 경지에 이르게 한다.

누구나 **무량수불(아미타불)**의 명호를 듣고 기뻐하여 이 부처님을 한번이라도 생각하면 이 사람은 커다란 이익을 얻어 위없는 공덕을 온전히 갖출 것이다.

미륵이여, 가사 큰 불이 삼천대천세계에 가득 찬다 할지라도 그것을 넘고 가서 이 경전을 들을 것이며 듣고는 기뻐하고 믿으며 읽어 외워서 말씀과 같이 수행할 것이다. 왜냐하면 많은 보살들이 이 경을 듣고자 하여도 마음대로 안 되는 것이니, 만약 중생이 이 경을 듣는 자는 성불하는데 결정코 물러가지 않을 것이다. 그러므로 이 경을 전심으로 믿고 받으며 읽고 외워서 가르친 대로 실행할 것이다.

미륵이여, 나는 이제 여러 중생들을 위해 이 경을 설하여 무량수불과 그 국토에 있는 모든 것을 보였다. 그대들은 저 국토에 태어나기 위해 물을 것이 있거든 자세히 물어서 내가 열반에 든 뒤에 다시 의심하지 말아야 한다.

앞으로 말법시대가 지나가면 모든 경전이 없어질 것인데, 나의 자비로서 이 무량수경은 백 년 동안을 더 남아있게 하여, 이 경전을 만나는 이는 소원대로 제도를 얻게 될 것이다.

미륵이여, 부처님을 만나기가 매우 어려우며 불경을 듣기도 어려우며 보살의 법과 모든 바라밀을 듣기도 또한 어려우며 선지식을 만나 법문을 듣고 행하기도 매우 어렵지만, 이 경의 법문을 듣고 믿어 가지는 것은 어려운 중에도 어려운 것이다.

그러므로 나의 법은 이와 같이 보이고, 이와 같이 설하고, 이와 같이 가르치는 것이니, 마땅히 믿고 수행하여 법답게 순종할지어다.

원효대사 무량수경소

이 경은 보살장교의 적격한 말씀이요, 불국토의 인과를 밝힌 보배 경전이다.

원과 행의 깊고 주밀함을 밝히고 과덕(果德)의 깊고 원대함을 드러낸 것이다. 18계(界)가 깨끗하여 3계를 뛰어넘고 5근(根)의 상호는 욕계 6천(天)과 같으며 보배 음식과 법의 맛으로 몸과 마음을 기르니 주리고 목마를 고가 없고, 보배 수풀에 바람이 온화하여 차고 더움이 없으며, 여러 신선이 모여 8공덕수 연못에 목욕하니 늙는 고통이 없으며, 좋은 도반들과 같이 시방 부처님 국토에 놀아서 모든 근심이 없어진다.

부처님 법문을 들으면 상이 없는(무상無相)데 들어가고, 부처님 광명을 보면 나는 것이 없음(무생無生)을 깨닫는다. 나는 것이 없음을 깨달음으로 나지 않는 바가 없고, 상(相)이 없는데 들어가므로 상 아닌 것이 없다. 지극히 깨끗하고 지극히 즐거워서 마음으로 헤아릴 수 없는 것이다.

혜원조사 사무량수경의소(義疏)

부처님께서 자비심으로 중생을 가엾이 여겨 모든 경전이 없어져도 오직 이경(무량수경)을 백 년 동안 더 머물게 하여 중생을 제도하시는 것은 이 경 법문을 보고 모두 정토에 나게 하는 까닭이다.

대열반경은 불성을 드러내 보여 성인을 가르치지만 성인이 먼저 숨는 까닭으로 경전도 먼저 없어지고 하지만, 이 경(무량수경)은 사람으로 하여금 고통을 싫어하고 낙을 구하여 부를 구제하는데 요긴하므로 뒤에 없어지는 것이니, 중생들이 이 경(무량수경)을 만나는 자는 큰 소원을 성취하는 것이다.

불법이 없어진 백 년간에도 듣는 이는 모두 왕생의 이익을 얻는데, 하물며 오늘에 듣는 자가 어찌 왕생하지 못할 것인가?

관 무량수경

부처님께서 왕사성 기사굴산에 계셨는데, 비구와 대중이 많이 모여 있었다. 그때에 아사세 태자가 아버지 빈바사라 왕을 방에 가두어 놓고 일체 사람을 들어가지 못하게 하였다. 왕비 위제희가 목욕하고 우유와 꿀에 가루 반죽한 것을 몸에 바르고 포도즙을 비밀히 왕에게 드렸으며, 목련존자는 팔계를 설해주고 부루나존자도 설법하여 주어 이렇게 삼일을 지냈다. 어느 날 아사세 왕이 문지기에게 부왕은 아직도 살아 있느냐고 물었다. 문지기가 대답하기를, 왕대비께서 우유와 꿀과 포도즙을 가져다 드리고 목련존자와 부루나존자는 설법하여 주심을 금할 수가 없습니다.

이 말을 들은 왕은 화를 크게 내면서 어머니도 역적이라 악한 왕을 죽지 않게 하였다고 칼을 들어 어머니를 치려 하였다. 이때에 월광과 기바 두 신하가 말하기를 "〈베다〉 성전을 보니 아득한 예전부터 오늘에 이르도록 악한 임금이 왕위를 탐하여 부왕을 죽이는 자는 일만 팔천이나 되지마는 어머니를 죽였다는 말은 듣지 못하였으니 대왕이 만일 부모를 살해한다면 이것은 극히 악한 짓이라, 우리는 같이 있을 수 없습니다." 하고 물러가려 하였다.

왕이 깜짝 놀라 어머니를 살해하지 않고 방에 가두어 놓았다. 이때에 위제희는 기사굴산을 향하여 예배드리고 "부처님이시여, 저는 지금 갇힌 몸이 되어 부처님을 뵈올 수 없으니 목련존자와 아난존자를 보내어 저를 보게 하여 주옵소서" 하고 슬피 울었더니, 즉시 두 존자가 날아오고 부처님께서도 앞에 나타나셨다。

이때 위제희가 부처님을 뵙고 땅에 엎드려 울면서 아뢰되, "저는 전생에 무슨 죄를 지어서 이와 같은 악한 자식을 두었으며 부처님께서는 무슨 인연으로 조달(부처님 사촌인 데바닷타)이 같은 권속을 두었습니까? 저를 위해 걱정 없는 세상을 말씀해 주옵소서. 저는 그런 세상에 살고 싶고 이렇게 악한 세상에는 살기가 싫습니다. 저에게 깨끗한 세상을 보여주옵소서."

그때에 부처님이 양미간으로 광명을 놓아 시방세계를 비치시니, 모든 부처님 국토가 그 광명 속에 나타났다.

위제희가 보고 아뢰되, "부처님이시며 이 모든 국토가 깨끗하오나 저는 아미타불의 세계에 나고자 하오니, 저로 하여금 사유(思惟)케 하고 정수(正愛)케 하옵소서."

부처님께서 말씀하시되, "아미타불이 계시는 곳은 여기서 멀지 않으니 당신은 생각을 모아 깨끗한 업으로 이루어진 저 국토를 자세히 관하오. 이제 당신을 위해 비유로 말하여 다음 세상에 깨끗한 업을 닦는 사람들이 극락세계에 가서 나도록 하리라. 저 국토에 나고자 하는 이는 세 가지 복을 닦을지니,

첫째, 부모에 효도하고 스승과 어른을 공경하며 자비심으로 살생하지 말고 여러 가지 착한 업을 닦을 것이다.

둘째, 삼귀의 계와 여러 가지 계를 받아가지고 행동을 바르게 할 것이다.

셋째, 보리심을 내고 깊이 인과를 믿으며 대승경전을 독송하며 남에게도 이 법을 권할 것이다.

이와 같은 세 가지를 깨끗한 업이라 하는데, 이 세 가지 업은 삼세 모든 부처님의 깨끗한 업과 바른 인(因)인 것이다. 나는 번뇌 도적에게 욕보는 미래세의 중생들을 위하여 깨끗한 업을 말하리라.

위제희여, 참으로 좋은 일을 물었도다. 아난아, 너는 이 말을 잘 기억해 두었다가 여러 대중에게 널리 선전하여 주어라. 나는 오늘 위제희와 모든 중생들을 위하여 극락세계를 보게 하리라. 위제희여, 당신은 범부라 마음이 용렬하고 천안통을 얻지 못하여 멀리 보지 못하지만, 부처

님은 특별한 방편을 가지고 당신으로 하여금 볼 수 있게 하는 것이다."

위제희가 부처님께 사뢰되, "부처님이시여 저는 지금 부처님의 신력으로 저 국토를 보게 되지만, 부처님 열반하신 후 모든 중생들은 더럽고 악하여 다섯 가지 고통에 시달리는데 어떻게 극락세계를 보겠습니까?"

부처님께서는 위제희에게 이르시되, "당신과 중생들은 서쪽을 향해 바로 앉아 해지는 곳을 자세히 보되 생각이 산란치 아니하고, 해지는 모양이 공중에 달린 북 같음을 보고 해를 본 뒤에는 눈을 뜨나 감으나 분명히 할 것이니 이것이

1. 해를 생각하는 일몰관(日沒觀). 첫째 관이다.
2. 극락의 물을 생각하는 것, 수관(水觀)
3. 땅을 생각하는 것, 지관(地觀)
4. 나무를 생각하는 것, 보수관(寶樹觀)
5. 팔공덕수를 생각하는 것, 팔공덕수관(八功德水觀)
6. 모든 것을 생각하는 것, 총관(總觀)
7. 연화대를 생각하는 것, 연화암관(蓮花巖觀)
8. 부처님을 생각하라. 모든 부처님들은 법계신(法界身)으로 중생들의 마음으로 생각하는 속에 들어가나니, 너희들이 마음으로 부처님을 생각하면 이 마음이 곧 32상과 80수 형호(隨形好)라. **이 마음으로 부처를 짓고, 이 마음이 곧 부처다.** 모든 부처님의 지혜가 마음에서 나나니, 그러므로 한결같이 저 부처님을 생각하라. 이 관을 짓는 자는 무량억겁 생사의 중죄를 없애고 현신(現身)에 염불삼매를 얻느니라.
9. 무량수불의 몸과 광명을 관하라. 무량수불의 광명은 시방

세계를 두루 비추어 염불하는 중생을 섭수하여 하나도 버리지 않는다.

10. 관세음보살을 관하라.
11. 대세지보살을 관하라.
12. 통 털어 관하라, 보관(普觀)
13. 섞어 관하라, 잡상관(雜想觀)
14. 상품에 남을 관하라, 상품관(上品觀)

상품상생자라 하는 것은
저 국토에 나고자 하는 이가 세 가지 마음을 내면 곧 왕생한다.

1. 지성스러운 마음.
2. 깊이 믿는 마음.
3. 회향하여 발원하는 마음이다.

또 세 가지 중생이 왕생하나니

1. 자비심으로 살생하지 않고 모든 계행을 갖춘 사람이요.
2. 대승경전을 독송한 사람이요.
3. 육념, 불·법·승·계·사·천(佛法僧戒捨天)을 수행하는 사람이다. 이들이 저 국토에 나기를 원을 세워 하루 내지 이레까지 이와 같은 공덕을 쌓으면 곧 극락에 왕생하는데, 저 국토에 날 때에 아미타불이 모든 성중을 데리시고 행자 앞에 이르러 큰 광명을 비추시거든 행자는 기쁨에 넘쳐 금강대를 타고 부처님 뒤를 따라 잠간동안 저 국토에 왕생하여 불보살의 상호가 구족함을 보고 광명의 보배숲에서 설하는 미묘한 법문을 듣고 무생법인을 깨달으며 잠깐 동안 시방제불을 섬기고 수기를 받느니라."

상품중생자란,

대승경전을 읽지 않더라도 그 뜻을 잘 알고 깊은 진리를 듣고는 마음이 움직이지 않으며, 인과를 깊이 믿고 대승을 비방하지 아니하며, 이 공덕을 회향하여 극락 국에 나기를 원하면, 이 사람의 임종 시에 아미타불이 관음세지와 많은 대중을 데리시고 행자 앞에 이르러 칭찬하시되, "법의 아들아 너는 대승을 수행하여 제일의 진리를 알았으므로 내가 너를 영접하노라"고 하신다. 행자가 붉은 금대에 앉아 합장하고 부처님을 찬탄하면서 잠깐 동안 극락국 칠보 연못 속에 나며 하룻밤이 지나 연꽃이 피면 몸이 금빛으로 되고 칠경일을 지나 위없는 도에 물러가지 않음을 얻고 시방세계를 날아다니면서 모든 부처님을 섬기고 1소겁(小劫)을 지나 무생법인을 얻고 부처님 앞에서 수기를 받는다.

상품하생자란,

인과를 믿고 대승을 비방하지 않으며 위없는 보리심을 내어 이 공덕을 화신부처님과 보살들에게 회향하여 극락국에 나고자 하면 행자가 임종 시에 모든 화신부처님과 보살들이 일시에 손을 내밀고 칭찬하되, "법의 아들아 너는 이제 청정하여 위없는 보리심을 내었기에 내가 와서 맞이하노라." 행자가 자금대를 타고 칠보연못 속에 화생하여 1주야를 지나 연꽃이 피고 7일 중에 부처님을 보았으나 상호가 분명치 않다가 삼칠(21)일을 지나 자세히 보고 시방세계로 다니면서 모든 부처님께 공양하고 깊은 법문을 듣고 3겁을 지나 백법명문(百法明門)을 얻고 환희지(歡喜地)에 머무느니라.

15. 중품에 나는 관觀

중품상생자란,

5계와 8계를 지키고 모든 계행을 닦고 오역죄를 범하지 않으며 모든 허물이 없어서 이 공덕을 회향하여 극락국에 나고자 하면, 이 사람의 임종 시에 아미타불은 모든 권속에 둘러 싸여 광명을 놓으면서 그 사람 앞에 와 고(苦) 공(空) 무상(無常) 무아(無我)를 설하시고, 출가하는 것이 모든 고통을 벗어난다고 찬탄하신다. 행자가 이것을 보고 기뻐하여 부처님께 예배하고 미쳐 머리도 들기 전에 극락국에 왕생하여 여러 가지 음성이 사제법(四諦法)을 찬탄함을 듣고 곧 아라한 도를 얻어 3명 6통 8해탈을 갖추게 된다.

중품중생자란,

1주야 동안 팔계를 가지거나 1주야 동안 사미계를 가지거나 구족계를 지켜 행동을 올바르게 하여 이 공덕을 회향하여 극락국에 왕생하고자 하면 행자가 임종 시에 아미타불이 권속들과 함께 광명을 놓아 칠보 연꽃을 가지고 그 앞에 오심을 보며 공중에서 칭찬하는 소리가 나되, "선남자여, 너와 같이 착한 사람은 삼세 부처님의 가르침을 순종함으로 내가 너를 맞아주노라." 행자가 연꽃 위에 앉아 극락국에 왕생하여 법문 듣고 반 겁을 지나 아라한이 된다.

중품하생자란,

부모에게 효도하고 여러 가지 착한 일을 하는 사람이 임종 시에 선지식을 만나 아미타불의 48원을 듣고 죽자 마자 곧 극락국에 왕생하여 7일을 지나 관음 세지 두 보살의 법문을 듣고 반 소겁을 지나 아라한이 된다.

16. 하품에 나는 관觀

하품상생자란,

온갖 나쁜 일을 하면서 부끄러운 줄 모르지만 대승경전을 비방하지 아니하였는데, 이 사람이 임종할 때에 선지식을 만나 대승 12부 경전의 제목을 들으면 이 공덕으로 천겁의 중죄가 소멸되고, 또 선지식이 권하여 합장하고 「나무아미타불」을 부르면 그 공덕으로 오십억 겁 생사 중죄가 없어진다. 그때에 아미타불이 화신불과 화신관음보살과 화신세지보살을 이 사람 앞에 보내어 칭찬하시되, "선남자여, 너는 부처님 명호를 부른 공덕으로 모든 죄가 소멸되어 내가 맞으러 왔노라." 말을 마치자, 행자는 화신불의 광명을 보고 기뻐하면서 운명하여 연꽃 속에 왕생하며 연꽃이 필 때에 관음·세지 두 보살이 광명을 놓으면서 12부경 설법함을 듣고 위없는 보리심을 내어 10소겁을 지나 백법명문(百法明門)을 갖추고 초지(初地)에 들어간다.

하품중생자란,

오계, 팔계, 구족계를 범하고 승단의 물건을 훔치며 부정하게 법을 설하면서도 부끄러운 줄 모르는데, 이와 같은 죄인은 마땅히 지옥에 떨어질 것이로되, 그때 선지식을 만나 아미타불의 위신력과 신통력과 계·정·혜·해탈지견의 찬탄함을 듣고는 80억겁의 생사 중죄가 없어지고 화신불·보살이 맞아 들여 잠깐 동안 연꽃 속에 왕생하며 6겁이 지나 관음·세지 두 보살이 대승경전 설함을 듣고 위없는 보리심을 낸다.

하품하생자란,

오역 십악 등 온갖 죄를 지어 지옥에 들어가 많은 고통을 받을 것이나 임종 시에 선지식을 만나 묘한 법을 설해 염불하라는 가르침을 듣고 「나무아미타불」을 지성으로 열 번만 부르면 「아미타불」 한 소리에 80억겁 생사중죄가 소멸하고 순식간에 극락국에 왕생하여 연꽃 속에 12겁을 지나 꽃이 피거든 관음·세지 두 보살님의 법의 실상(實相)과 죄를 없애는 법문을 듣고 기뻐하여 보리심을 발한다.
부처님을 관하는 이 삼매를 닦는 이는 이 몸으로 무량수불과 두 보살님을 볼 것이다. 선남자 선여인이 부처님과 두 보살님의 명호만 들어도 무량겁에 지은 생사중죄가 소멸하거든 하물며 생각함이랴. 염불하는 사람은 사람 중에도 제일 좋은 분타리 꽃이라. 관음·세지 두 보살님이 친구가 될 것이고 당래에 도량에 앉아 부처님의 집에 날것이라 하셨다.

지자대사 관경소

극락세계는 매우 즐겁고 땅은 황금으로 되었으며 연꽃 속에 화생함으로 나는 고(苦)가 없고 보배나무가 줄을 지어 매우 아름다운데, 사바세계는 고통이 많고 땅은 흙과 모래로 되었으며, 어머니 태중에서 많이 고생하고 가시나무가 무성하여 부정하기 짝이 없다.

이것은 마음이 때 묻고 깨끗함에 따라 두 국토의 올라가고 내려감을 보며 행동의 선함과 악함에 따라 두 세계의 추하고 묘함을 보는 것이다. 비유컨대 얼굴이 단정하면 그림자도 곧고 물의 근원이 탁하면 흐르는 물도 어두운 것과 같다.

그러므로 극락국토에 나고자 하면 반드시 16가지 묘관(妙觀)을 닦을 것이요, 아미타세존을 뵙고자 하면 세 가지 깨끗한 업을 수행할 것이다. 그러나 교화하는 것은 일과 인연을 따라 일어나는 것이라. 그러므로 아사세 왕이 아버지를 살해함에 위제희 왕비가 울면서 애걸하여 부처님께서 큰 법문을 설 하실세 백호(白毫)광명을 놓아 시방세계를 비추어 다시 부처님 이마로 돌아와서 금대(金臺)로 화하여 시방세계가 그 중에 나타났는데 위제희가 극락국에 나기를 원을 세웠으며 부처님께서 말세 중생으로 하여금 이 묘관(妙觀)을 닦게 하신 것이다.

지는 해가 북같이 달린 것을 관(觀)함은 생각을 서방에 보내는 것이요, 물이 얼음이 됨은 유리 땅을 표시하는 것이다. 보배 나무에 바람이 불면 하늘 음악소리가 나고,

금으로 된 못에 물결이 일면 여러 가지 묘한 법문을 설한다. 육계상(肉髻相)을 보면 시자(관음보살 이마 위에는 화불, 세지보살 이마 위에는 보병)를 알 수 있고, 백호상을 생각하면 부처님을 보는 것이다.

장차 눈을 감고 죽을 때는 칠보 연화대에 올라가 삼계 윤회를 벗어나며 글자는 남아있고 도장은 부서지는 것과 같이 금련 화에 앉아 화생한다(밀로 만든 도장을 진흙에 찍으면 도장은 없어지지만 글자는 생기는 것이니, 마치 염불하는 사람이 이 세상에 죽어지지마는 저 세계에 나는 것과 같은 것이다.)

상 · 중 · 하 3품의 수행에 따라 5도(道)(지옥 아귀 축생 아수라 인간) 윤회를 뛰어넘고 5도의 고통을 벗어나서 길이 물러나지 않는 지위에 오른다. 참으로 미묘한 수행과 미묘한 관법이요, 지극한 도며 요긴한 술법이라 할 수 있다. 이 경은 마음으로 관함을 종지로 삼고 실상을 본체로 삼는 것이다.

위의 정토 삼부경은 대승경 중의 대승이요 경절문(徑截門) 중의 경절이라. 관불삼매를 닦으면 현세에 부처님을 보고 열반을 증할 것이며, 임종 시에는 부처님의 영접을 받아 극락국에 왕생하여 무생법인을 증득하고 일생에 등각 지위에 오르는 것인데, 이러한 대승경을 인천교라 함은 천만 부당하고 정법을 비방한 것이다. 무량수경에 오선 · 오악을 말씀하신 것은 인과의 원리를 가르친 것이요, 경의 종지는 아닌 것이니, 다시 정정하여야 될 것이다.

미륵불에 대하여

요사이 어떤 사람들이 석가모니불 시대는 지나가고 미륵불이 곧 나오신다고 많이 선전하여 인심을 현혹케 한다. 『미륵상생경』에 "석가모니불 당시에 미륵보살이 도솔천 내원궁에 상생하였다가 오십육억 칠천만년이 지나 도솔천에서 열반하시고, 인간에 내려와 성불하시어 용화 회상에서 중생을 제도 하신다" 하셨다.

도솔천 수명은 4천년인데 도솔천 하루가 인간의 4백년이라 그것을 환산하면 56억 7천만년이 되며, 『미륵하생경』에는 "바다물이 삼천 유순이 줄어져야 미륵존불이 출세하신다" 하시니 그것은 바다가 마른다는 말인데, 무량겁을 지낸다는 말이다.

『아함경』에는 "사람의 수명이 팔만세 때에 미륵불이 출세한다" 하셨고 또 『보적경』에는 "불법이 멸진한 후 수천만년을 지나 미륵불이 출세한다" 하였으니, 이것은 무한한 세월을 말한 것이다.

『상법결의경』에는 "정법 오백년은 계행을 가지는 것이 굳세고, 상법(像法) 천년은 선정을 닦는 것이 굳세고, 말법 만년은 염불이 굳세다" 하였으니, 만년 후에는 중생이 박복하여 불법이 없어지고 장구(長久)한 세월이 지나서 미륵불이 나오신다는 것인데, 석가여래 삼천년도 되지 않아 미륵불 출세란 말은 황당하고 근거 없는 말이며 세상을 속이는 것이다.

정토신앙에 대한 오해

요즈음 일부 불교 승려 사이에서 정토 신앙에 대해서 그 본래의 의미를 오해(誤解)하고 함부로 마구니 같은 말을 하여 극락세계가 어디 있느니, 또 극락세계에 가도 복이 다하면 타락한다느니, 또 정토법문이 소승이니 하는 발언을 종종 듣게 되는데, 한 부처님 제자로서 그때마다 설득(說得)의 사명을 느끼던 나머지 이제 붓을 들고 정토 신앙의 길을 보여 오해를 덜고자 하는 바이다.

옛 조사의 말씀에 "삼세 부처님이 정토교법을 여의고서는 많은 중생을 제도할 수 없으며 육도중생이 정토법문을 닦지 않으면 성불할 수 없다"고 하였으니, 대체 무슨 까닭일까. 중생의 근기는 천차만별로 한결같지 않아 팔만사천 법문을 열어 보인 소의가 여기에 있는 것이다.

따라서 자력(自力) 수행은 상근기가 아니면 성취하기 어렵고, 중근 · 하근은 자력에다 타력(他力)을 겸하여야만 성취가 빠른 것이다. 그런데 상근이라는 것은 천만 명에 한 명 있기가 어렵고 대개는 하근이니 정토법문을 의지하여 아미타불의 가피를 입지 않고서 성불하기란 실로 땅에서 하늘로 오르기보다 어려운 일이다. 허울 좋은 겉치레 보다는 자기 분수에 알맞는 수행이 필요한 것이다.

그러므로 부처님께서 정토삼부경 (아미타경, 무량수경, 관무량수경)을 말씀하시어 극락세계 장엄과 아미타불의 원력(願力)과 왕생(往生)의 방법에 대해서 세밀히 전개하여 놓았다. 그 외 경전에도 여러 곳에 정토법문을 말씀하셨고 많은 보살과 역대 조사가 설한 법문 또한 한량없이 많다. 여기에서 그중 몇 가지만을 들어 소개할까 한다.

문수보살은 『문수발원경』에서 말하기를 "원컨대 내가 임종할 때에는 모든 장애가 다 없어져서 아미타불을 친견하고 극락세계에 왕생하여 일체의 큰 원을 다 이루고 아미타불께서는 그 자리에서 수기를 주옵소서" 하셨다.

보현보살은 『화엄경 보현행원품』에 십중 큰 원을 정토로 회향하여 다음의 게송을 읊었다. "내 보현의 수승한 행의 한량없는 복을 다 정토에 회향하오니, 원컨대 고해에 빠진 모든 중생들이 어서 아미타불의 세계에 가지이다"고 하였다.

문수와 보현은 더 말할 것도 없이 비로자나불의 좌우보처이다. 다시 말하면 법신의 양면성(兩面性)을 상징한 보살들인 것이다. 문수·보현의 원은 곧 우리 자성의 원이기도 하다.

또 대세지보살은 『능엄경』에서 말씀하시기를, "부처님을 생각하고 염하면 이생에서나 저 생에서나 반드시 부처님을 뵈올 것이다"고 하셨는데, 이생에서 보는 것은 곧 견성(見性)을 말한 것이요, 저 생에서 보는 것은 왕생(往生)을 가리킨 것이다.

그리고 (아라한인) 나선 비구는 죄 있는 사람이라도 염불을 지극히 하면 왕생하게 된다고 다음과 같은 비유로 말하였다. "작은 돌맹이를 물에 던지면 그대로 가라앉기 마련이지만, 아무리 큰 돌이라도 그것을 배에 실으면 가라앉지 않는다."

이와 같이 부처님의 힘(佛力)에 의지하면 죄업을 가지고도 왕생할 수가 있는 것이다. 용수보살은 '제2의 석가'란 칭호를 들으리만큼 위대한 보살인데, 그는 『십주비바사론』에서 보살이 물러가지 않는 자리에 오르는데, 행하기 어려운 길과 쉬운 길을 말씀하셨다.

행하기 어려운 길이란

이 오탁악세 부처님이 안 계시는 말세에 자력으로만 수행하고 타력의 가피가 없으면 다섯 가지 장애 때문에 성도하기 어려운 것이 마치 멀고 먼 길을 육로(陸路)로 걸어간 즉 목적지에 가기가 어려워 많이 괴로움과 같고,

행하기 쉬운 길이란

부처님을 믿는 인연으로 정토에 나기를 원하면 부처님 원력을 타고 곧 왕생하여 대승의 정정취(正定聚)에 들어가나니, 정정이 곧 물러가지 않는 것이라. 비유하면 수로(水路)에 배를 타고 간 즉 빨리 목적지에 가서 즐거워함과 같다.

중국 북송시대에 영명연수 선사는 선·교·율이 구족한 성인인데, 그는 『선정사료간』에서

첫째, 선만 있고 정토가 없으면 열 사람 중 아홉은 미끄러지나니 음경(陰魔)이 만일 앞에 나타나면 잠간동안 저를 따라간다.

둘째, 선은 없어도 정토만 있으면 만 명에 만인이 다 극락에 간다. 다못 아미타불만 뵈오면 어찌 깨닫지 못함을 걱정할 것인가.

셋째, 선도 있고 정토도 있으면 뿔난 범과 같아서 현세에는 인간의 스승이 되고, 내생에는 부처와 조사가 될 것이다.

넷째, 선도 정토도 없으면 지옥에 들어가서 억만을 지내도록 벗어나기 어려우리라.
어진 사람들이여! 빨리 생사를 벗어나고 성불하려던 이 네 가지를 가려서 행하라 하셨다.

원효스님은 『유심안락도』에서 "악업이 중한 사람이라도 임종 할 때에 십념만 하면 곧 왕생 하나니, 부처님의 명호는 만 가지 공덕을 갖추었으므로 죄업을 없애는 것이다. 악업은 망령된 마음에서 생기고 염불공덕은 참된 마음에서 생기는 것이니, 진심은 해와 같고 망심은 어두움과 같아서 해가 떠오르면 어두움이 없어짐과 같다"고 하셨다.

의상스님은 『아미타경 의기(義記)』를 지어 정토를 찬양하고 항상 서향하여 앉아 염불하셨다.

이상에서 여러 성현들의 말씀을 살펴보았다. 그 내용들을 종합하면 정토법문이야 말로 성불하는데 가장 쉬운 길임을 알 수 있다. 이 오탁 말법시대에 중생의 업장은 두텁고 바탕은 얕아 자신의 힘만으로 성도하기란 어렵고, 오직 성인의 가피력이 있어야만 속히 성취되는 것이다.

비유하면 연약한 곤충인 파리가 제 힘으로는 하루 십리를 날아가지 못해도 천리마 꼬리에 붙으면 천리를 갈 수 있는 것과 같은 것이다. 그러므로 정토법문을 경절문 중의 경절이라 한다.

그런데 요즈음 보면 소위 수행한다는 사람들이 실상은 없고 교만한 생각만 가져 정토를 이해하지 못하고 도리어 비방하여 염불하는 사람을 보면 무식하고 어리석은 사람이라 비웃고 외도같이 보는 수도 있다. 그런 사람의 행동을 보면 공복고심(空腹高心)의 속물임이 들여다보인다.

불법의 근본은 계(戒) 정(定) 혜(慧) 삼학인데 염불할 때에 입으로 부르고 마음으로 생각하여 나쁜 짓을 멀리하면 저절로 계를 갖는 것이고, 생각을 한곳에 모아 육근이 쉬게 되면 정에 들 것이요, 생각이 생각 없는 곳에 이르러 마음이 깨끗하여 명경지수(明鏡止水)같이 되면 곧 지혜가 생기나니, 이것이 곧 삼매다. 이와 같이 삼매를 성취하면 유심(惟心)정토를 증득하여 현세의 극락을 수용하고 임종에 왕생을 얻는 것이다.

그럼 염불함에 있어서는 어떤 조건이 갖추어져야 하는가?

그것은 신심과 원력과 수행이다.

신심이란 이치로는 내 마음에는 본래 극락이 갖추어져 있고 실지로는 서방정토가 분명히 있는 것을 믿으며, 또는 석가모니불과 육방제불의 말씀이 진실하며 아미타불의 48원이 헛되지 않으며 염불한 인을 지어 극락왕생의 과를 얻음을 믿는 것이다.

원력이란 사바세계를 싫어하고 극락세계를 즐거이 하여 모든 중생과 함께 극락정토에 나기를 원할 것이다.

수행이란 아미타불의 명호를 불러 일체 때와 일체 곳에 간단없이 계속하여 삼매가 현전하기를 기약할 것이다.

부처님은 염불의 십종공덕을 말씀하셨다.

1. 모든 하늘 · 신장들이 밤낮으로 수호하여 준다.
2. 관세음보살 같은 25보살이 항상 보호하신다.
3. 육방의 제불이 호념하시고 아미타불은 광명을 놓아 섭수하신다.
4. 모든 악귀가 범치 못하고 또 독사나 모진 짐승들이 침해하지 못한다.
5. 화재, 수재, 도적, 칼, 화살, 횡액(橫厄)을 받지 않는다.
6. 지은 죄가 소멸하고 내가 죽인 원혼이 해탈을 얻어 보복하지 않는다.
7. 꿈을 바르게 꾸고 꿈에 아미타불을 간혹 뵈옵는다.
8. 마음이 기쁘고 기력이 충실하며 모든 일이 소원대로 성취된다.
9. 세상 사람에게 공경과 예배를 받는다.
10. 죽을 때에 두려운 마음이 없고 바른 생각이 나타나서 아미타불과 보살성중이 금대를 가지고 맞아서 극락세계에 왕생하여 온갖 즐거움을 받는다.

중생이 처음 발심하여 성불하기까지는 3아승지겁이란 오랜 세월이 걸린다고 경전에서는 말씀하시고 있다. 그러니까 그동안 한량없는 생과 사를 받아 많은 고통을 겪어온 셈이다. 그러므로 수도하는 사람이 한번 몸을 바꾸면 전생일이 캄캄하고 새로 딴 판이 되어 결국 성불하는 이가 드물다.

그러나 이 정토법문을 닦는 사람은 한 생각에 염불한 인연으로 극락세계에 왕생하여 아미타불의 법문을 듣고 곧 무생법인을 얻어서 성불하게 된다. 다른 법문은 자기 자신의 힘만으로 수행하는 관계로 번뇌가 조금만 남아 있어도 성불은 고사하고 윤회를 면할 수 없다.

그런데 정토법문은 자신이 염불한 공덕과 아미타불의 원력을 힘입어 설사 번뇌를 말끔히 끊지 못했다 할지라도 업을 가지고 왕생하는 것이다. 그러기 때문에 정토법문은 제일 간단하고 첩경이며 신묘한 법문이라고 한다.

성암 법사 법문에 "삼아승지 겁으로 복과 지혜를 닦지 않더라도 다못 육자 「나무아미타불」로 생사를 벗어난다" 하셨다.

계체戒體를 살펴보자

증자는 자기의 병이 위독하자 제자들을 불러놓고 말씀하시되, "내 손과 발을 살펴보아라. 이 몸은 부모에게 받은 것이므로 조금도 상하지 않아야 효(孝)가 되는 것이다. 부모께서 온전히 낳아 주셨으니 자식도 온전히 가지고 돌아가야 옳을 것이라" 하셨다. 증자는 공자의 제자로서 유교의 성인이라 세간법을 주장한 그는 이 허망한 몸이지마는 부모에게 받은 것이라 해서 그토록 소중히 여기는 것이다.

하물며 우리 불자들은 출세간의 열반을 구해 부처님으로부터 법신 즉 계체(戒體)를 받았으니, 그 소중함은 육신에 비할 바가 아니다. 그러므로 계체를 잘 보호해 가져야 부처님께 효도가 되고 불자라 할 수 있을 것이다. 그러면 어떻게 해야 계체를 잘 가질 수 있을까? 그것은 계가 목숨보다 소중한 줄만 알면 어렵지 않게 갖게 될 것이다.

용수보살이 지은 『대지도론』에 보면 이런 구절이 있다.

"나를 해치지 않을 때는 살해할 마음이 없지만 만약 상대방이 나를 죽이려 한다면 어떻게 할 것인가? 경중(輕重)을 헤아려 보라"고 했다. 즉 계가 중한가? 몸이 중한가? 계를 파하는 것이 손해가 많은가? 몸을 죽이는 것이 손해가 많은가? 이와 같이 생각해보면 불자로서는 마땅히 이 몸뚱이 보다는 계가 소중한 것임을 알게 될 것이다.

수다원과를 증한 이가 백정의 아들로 태어났었다. 그는 나이 스물이 넘도록 부모의 강권에도 불구하고 살생을 하지 않았다. 하루는 아버지가 몹시 화를 내면서 칼 한 자루와 양 한 마리를 아들에게 주고 창고에 가두면서 만약 양을 죽이지 않으면 너도 나오지 못할 것이라고 야단을 했다. 아들은 생각하되, '내가 만약 이 양을 죽이면 나도 백정이 되고 말 것이다. 살생의 업을 짓기보다는 스스로 죽는 것이 좋겠다'고 결심하고 마침내 자살을 했다.

그는 이 공덕으로 곧 천상에 태어나게 되었다. 이것이 이른바 신명을 아끼지 않고 정계(淨戒)를 보호한 것이다.

부처님께서 제자들을 거느리고 길을 가시는데 건너편 산 밑 쌓아둔 나무에 불이 붙어 화광이 충천했다. 부처님께서 제자들을 돌아보시고 말씀하시되, "너희가 저 불을 손으로 만질 수 있겠느냐?"고 물으셨다.

"만질 수 없습니다. 만지다가는 당장 타 죽을 것입니다"라고 대답했다.

얼마 가지 않아서 젊은 여인 한 사람이 걸어오고 있었다. 부처님은 다시 제자들에게 물으시되, “저 여자는 만질 수 있겠느냐?”고 물으셨다.

“만져도 괜찮을 것입니다” 하였다.

이때 부처님은 말씀하시되, “비구들아, 사실은 이 여인이 저 불보다 더 무서운 것이다. 불에 육신은 타 죽어도 법신(法身)은 살아 악도에 떨어질 염려가 없지만 여자를 가까이 하여 계를 파하면 법신이 죽어 악도에 떨어져 무량겁을 두고 나오지 못하는 것이다.”

이와 같은 말씀을 두고 생각할 때 계율이 목숨보다 더 중요한 것은 틀림없다. 불법의 근본은 계율인데, 계가 없으면 불법도 있을 수 없는 것이다.

그러므로 우리 불자들은 계체를 잘 보호하여 마지막 이 세상을 떠날 때에 살펴보아 조금도 손상됨이 없어야 할 것이다. 그런데 흔히 계율은 출가한 스님들이나 지키고, 집에 있는 신도들은 지키려고 하지 않는 경향이 있으니 이것은 잘못된 일이다.

신도들이라면 먼저 삼귀오계를 받고 팔관재계와 보살계를 받아 가져야 한다. 그래야만 청신사 청신녀라 할 수 있다. 그리고 계를 받을 때에는 계덕(戒德)이 구족한 스님을 택해야 계체가 사는 것이다.

보살계 법문에 “계는 앉아서 받고 서서 파하여도 공덕이 있다”는 말을 잘못 알아 계를 소홀히 생각하는 이도 있다. 그러나 파하여도 공덕이 있는데 가지는 공덕이야 얼마나 클 것인가. 심성이 한량없으므로 계성(戒性)이 한량없고 계성이 한량없으므로 계의 공덕도 한량없이 커서 빨리 성불하게 되는 것이다.

그러나 파계한 죄는 2겁, 3겁동안 부모와 3보의 명자도 듣지 못하고 악도에서 고통을 받는 것이니, 어떻게 애를 써서라도 부처님으로부터 받은 계만은 꼭 지켜야 할 것이다.

한번 이 몸을 버리면 억만 겁을 지내어도 다시 얻기 어려우니 금생에 이 몸을 건지지 못하면 다시 어느 생을 기다릴 것인가. 우리 불자들은 항상 다음과 같은 큰 맹서를 발해야 한다.

"이 몸으로부터 성불할 때까지 계율을 잘 가져서 범하지 않겠사오니, 원컨데 부처님께서는 증명해 주옵소서. 차라리 신명을 버릴지언정 결정코 물러가지 않겠나이다."

부처님께서 열반하신 뒤에 "계로서 스승을 삼으라"고 하신 말씀은 출가자나 재가자(사부대중)가 다 같이 명심해야할 금언인 것이다.

'원효의 극락관'을 읽고

이기영 박사가 쓴 『원효의 극락관』을 읽어보니 필자의 견해에 어긋난 바가 있어 몇 자 적어보고자 한다.

불교의 수행에는 많은 법문이 있는데 이것을 대체로 말하면 자력문과 타력문이다. 자력문이란 지관(止觀) 참선 관경 등 자신의 힘으로 수행하는 것이요, 타력문이란 염불송주 등 다른 이의 힘을 의지하는 것이다. 그러나 타력도 자력 없이는 얻지 못하나니, 곧 자력과 타력을 합한 것이라 할 수 있는데, 원효의 극락관은 유심정토와 서방정토가 둘이 분명하여 이치와 일이 걸림이 없는 것이니, 스님이 지으신 많은 정토법문에 나타나고 있다.

『아미타경소』에 「중생의 마음이라는 것은 상(相)과 성(性)을 떠나서 바다와 허공과 같은 것이다. 허공과 같으므로 상에 융통치 못한데가 없나니 어찌 동방과 서방의 처소가 있으며, 바다와 같으므로 자성을 지키지 아니하나니 어찌 움직이고 고요한 때가 없으리오. 그리하여 혹 더러운 업을 인연하면 오탁에 떨어져 생사에 골몰하고 혹 깨끗한 인연을 만나면 사류(四流)를 끊고 열반을 증하는 것이다.

이같이 움직이고 고요한 것은 다 꿈인 것이요, 깨치고 보면 생사도 열반도 없는 것이다. 예토(穢土)와 정토(淨土)가 본래 한마음(一心)에 있고 생사(生死)와 열반(涅槃)이 실로 둘이 아니다. 그러나 생사 · 열반이 둘이 아닌 것을 깨치기는 참으로 어렵고, 한마음을 미(迷)한 꿈은 버리기 쉽지 않다. 그러므로 성인이 남기신 자취에는 멀고 가까움이 있고 말씀하시는 교법에는 혹 찬양도 하고 혹 낮추기도 한다.

예로서, 석가세존은 예토에 계시면서 오탁을 경계하여 정토에 가라고 권하시고, 아미타불은 정토에서 삼품 연대를 벌려놓고 중생을 접인 하시는 것이다. 이 경(아미타경)은 두 부처님의 세상에 나오신 뜻과 사부대중의 도에 들어가는 문을 밝히신 것이다.

정토에 왕생발원을 보이시고 부처님께 귀의함을 칭찬하신 것이다. 부처님께 귀의한다는 것은 귀로 경 이름만 들어도 승에 들어가고, 입으로 부처님 명호만 불러도 곧 삼계를 벗어나거든, 하물며 예배 · 전념(專念) · 찬영(讚詠: 찬탄) · 관찰함이랴.

정토에 왕생을 원한다는 것은 금으로 된 연못에 목욕하면 생사의 더러운 인(因)을 없애고, 옥으로 된 수풀에 노닐면 생사 없는 성과(聖果)로 향한다.

다시 부처님의 광명을 보면 무상(無相)의 경계에 들어가고 부처님의 법문을 들으면 무생법인을 깨닫는 것이다.
그리하여 오문(五門)을 좇아 나와 생사와 번뇌를 벗어나서 한걸음을 옮기지 않고 시방을 두루 하며 한 생각을 내지 않고도 삼세(三世)에 나타나게 된다. 이와 같이 즐거움을 헤아릴 수 없으니 극락이라 함이 어찌 헛된 말이랴.」

위의 대의를 요약하여 말하면 중생의 마음이란 허령광대(虛靈廣大)하여 시간과 공간을 초월하고 모든 것을 지어냄으로 정토 · 예토와 생사 · 열반이 마음에 있다는 것이니, 이것은 유심정토를 말한 것이다. 그러나 이것은 깨달은 뒤에 하는 말이요,깨닫지 못하면 생사 · 열반과 예토 · 정토가 천지현격으로 다른 것인데, 깨치기란 정말 어려운 것이다.

이 사바 악세에는 더러운 인연이 많으므로 깨닫기가 어렵고 극락정토는 깨끗한 인연만 있으므로 빨리 무생법인을 깨닫게 되는 것이다. 그러므로 석가세존은 정토로 가라고 권하시고, 아미타불은 연화대로 접인 하는 것이니 이것은 서방정토를 말하는 것이다.

현재에도 기도(염불)하여 특이한 영험을 보는 수가 많으며 6.25 난리 때도 염불하여 살아난 사람이 많고, 부처님 당시에도 어느 청신녀가 스님의 병을 치료하기 위해 자기 다리의 살을 베었는데, 얼마나 고통이 심했던지 급한 마음으로 "나무불타 나무불타~" 여러번 불렀더니 뜻밖에 부처님이 나타나시어 약을 발라 주어 즉시 완쾌하였으니, 이것이 모두 타력이 아니고 무엇이겠는가.

또는 정토발원을 하면 현실을 부정하여 비판의 세계가 될 염려가 있다 한다. 이 세상이 어찌해서 이렇게 악화되느냐 하면 삼세인과(三世因果)를 믿지 않고 현실만 주장하게 되니, 이 세상에서 잘살려면 재물과 명예와 권리를 구하지 않을 수 없어 탐욕심이 많아져서 나만 위하고 남을 해쳐서 모든 죄악을 저지르거니와 부처님 말씀대로 이 세상의 모든 것을 무상·무아(無常 無我)로 보아 보리심을 내어 정토발원을 하면 세상에 애착심이 없고 오직 자선심(慈善心)과 공익심으로 나의 의무를 다하고 남을 도와주면 사회 질서가 바로 서고 국가가 평온하여 불국토를 이룰 것이다.

또는 특정한 경론을 고수(固守)하는 종파를 비평한다.
지자대사 『십의론』에 "석가세존께서 일생 설교하신 수십 경전에 중생을 권하여 아미타불을 불러 극락세계로 가라고 하였으니 부처님 말씀을 꼭 믿으라" 하셨다.

또는 마음에 찌꺼기가 없는 것이 극락이라 한다.
그것은 틀림없는 말이다. 마음에 찌꺼기가 없으면 그것은 곧 열반이니 극락은 말할 것도 없다. 그러나 열반을 말하기는 쉬워도 증득하기는 어려운 것이라 정토법문의 특수한 점이 여기에 있다. 곧 다른 법문은 많은 겁으로 수행하여 번뇌가 완전히 없어져야 열반을 증하지만, 정토법문은 업을 가지고 왕생하여 부처님 법문을 듣고 곧 열반을 증득하는 것이니, 이것은 아미타불의 원력으로 되는 것이다.

『유마경』에 "문수보살이 묻기를, 보살들이 생사를 두려워하는데 누구에게 의지하여야 합니까? 유마거사 대답이 「부처님 공덕의 힘」에 의지하여야 됩니다" 하였고,

『화엄경』에도 "부처님의 공덕을 생각하고 또 전심으로 공경하고 예배하면 삼악도의 두려움이 없어진다" 하였으며,

『관경』에도 "말세의 번뇌 도적에게 욕보는 중생을 위하여 정토법문을 설한다" 하였으며,

원효대사는 "염불하여 일심이 되면 상품에 나고, 내지 임종에 십념만 계속한 이도 하품에 나게 된다. 이 가운데 보살들은 상의 삼품에 나고, 이승들은 중의 삼품에 나고, 범부들은 하의 삼품에 나는데, 그 중에도 정토법문이 범부에게 제일 적당하다" 하셨다。

사람의 목숨은 한번 쉴 동안에 달려있고, 삼악도 고통은 너무나 참혹한데 다만 구두선(口頭禪)으로 큰 소리만 하는 것은 조금도 이익이 없고 오직 실천 수행하여 분발심으로 생사 해탈의 길을 찾아야 할 것이니, 이 길은 정토문이 제일 첩경일 것이다.

그러므로 용수보살은 “불법 중에 가장 쉬운 길”이라 하셨고, 또 원효대사는 “사바세계는 목숨이 짧아 많은 겁으로 고행 수도 하여도 물러가는 이가 많고, 서방정토는 목숨이 길어 한 평생 수행하여 십지에 오른다” 하셨다.

원효스님은 자기만 정토 수행할 뿐 아니라 등 뒤에 아미타불을 써 붙이고 방방곡곡으로 다니면서 대중들과 같이 춤추고 염불하며 법문도 하여 주어 많은 포교를 하였으며, 아미타경 외에도 정토법문을 7권이나 지어 “이치로는 자성미타와 유심정토가 있고, 실지로는 극락세계가 분명히 있어 누구나 염불하면 모두 왕생하여 성불한다”고 심간(心肝)을 쪼개 내어 설파하였으니 원효의 극락관은 이러한 것이다.

환계법(還戒法)

불법의 근본은 계정혜(戒定慧) 삼학이다. 계로 인하여 정력이 생기고 정력으로 인하여 지혜가 발하는 것이다. 즉 계는 기초가 되고, 정혜는 집이 되는 것과 같아서, 그러므로 계가 있어야 불법이 있고 계가 없으면 불법이 없는 것이다.

근자에 불법이 쇠퇴하여 청정한 승단이 수라장이 되어가니 어찌 통탄하지 아니 하리요. 이렇게 불법이 혼란한 것은 환계법을 실행하지 않는데 있다 할 수 있다. 환계법은 정법이라 부처님 당시에도 일곱 번이나 환한 자가 있으며, 현재 남방 여러 나라에 계법이 살아 있는 것은 모두 환계법을 쓴 때문이다.

『출가공덕경』에 보면 “1주야에 계를 지닌 공덕으로 일곱 번이나 천상에 나서 여러 겁으로 많은 복을 받고, 최후로 인간에 태어나 아라한과를 증하였다” 했으니, 중노릇을 잘 하다가 부득이 속퇴할 경우에는 계를 바치고 나가면 그동안 중노릇 한 공덕은 남아있고, 또한 양심의 가책이 없어 떳떳하게 독실한 신도가 될 수 있을 것이다. 그리 지내다가 다시 발심하여 재차 출가할 경우에는 계를 다시 받아 착실히 수행하면 청정비구도 될 수 있을 것이다.

그러나 파계하고 나가면 공덕은 고사하고 죄업만 남는 것이니, 얼마나 원통한 일인가. 이 혼란한 말법시대에 동진(童眞) 출가하여 한평생 중노릇 잘한다는 것은 상근기가 아니면 어려운 것이다.

필자가 수년 전부터 몇몇 스님들께 환계법을 말하여 보았는데, 환계법을 쓰면 많이 나갈 것이라는 반응이다. 나갈 이는 어떻게든 나갈 것인데, 기왕 나갈진댄 파계하고 나가는 것 보다는 계를 온전히 하고 나가는 것이 천지(天地)차이가 아니겠는가. 그리고 발심한 사람이라면 환계법을 쓴다고 나갈 리가 만무한 것이다.
요사이 대부분은 계율에 관심이 적은 것 같은데, 환계법을 쓰게 되면 계가 소중한 생각이 절로 날 것이니, 이점을 깊이 생각해볼 필요가 있다. 계율에 대한 근본적인 자각이 없이는 교단의 앞날이 걱정될 뿐이다.

염불과 참선이 둘이 아니다

부처가 곧 마음이요 선은 부처 마음이니, 염불은 곧 마음 부처를 생각하는 것이라 염불과 선이 어찌 다르리오.

『좌선 삼매경』에 "보살이 좌선할 적에 일체를 생각지 않고 오직 한 부처를 생각는다"(**菩薩坐禪 不念一切 惟念一佛**) 하셨다.

『현호경』에는 "위없는 깨침을 구하려거든(**欲求無上菩提**) 염불삼매를 닦으라.(**當修念佛三昧**) 게송에(**頌日**) 누구나 다 못 아미타불만 염하면(**苦人但念阿彌陀**) 이것을 높고 깊고 미묘한 선이라 한다.(**是名無上深妙禪**) 지성으로 불상을 생각하여 부처님을 볼 때,(**至心想像見佛時**) 이것이 곧 나지 않고 죽지 않는 법이라(**是即不生不滅法**)" 하셨다.

선은 우리말로 고요히 생각하는 것인데, 고요히 아미타불을 염하면 이것이 최상승선이 되고, 참선도 이것이 무엇인고, 고요히 생각하는 것인데, 참구 자는 참구(參究) 즉, 의심하고 연구한다는 뜻이다.

지성으로 염불하여 잡념은 없어지고 아미타불이 일심 되면 번뇌가 녹아지고 삼매에 들어가서 아미타불의 진신(**眞身**)을 보게 되고, 동시에 나의 자성불을 보는 것이니, 이것이 생사를 벗어난 열반인 것이다. 삼매와 견성이 이름은 다르나 곧 같은 열반 경계, 생사를 벗어나는 것이다.

그러나 참선은 자력으로만 연구함으로 번뇌가 조금만 남아 있어도 생사를 벗어날 수 없지만, 염불은 자력에 불력

(佛力)을 겸하므로 번뇌를 완전히 끊지 못하더라도 원(願)만 세우면 극락세계에 갈 수 있고 극락에 가면 결코 성불하는 것이다.

『문수반야경』에 "문수보살이 부처님께 묻기를, '어떻게 하면 속히 무상정각을 얻겠습니까?'

부처님께서 대답하시되, '일행삼매에 들면 되나니, 일행삼매에 들고자 하는 자는 곧 조용한 곳에 한가로이 거하여 산란한 생각을 버리고 얼굴을 관하지 말고, 생각을 한 부처님께 모아 부처님 명호를 부르며 부처님 계신 곳을 향하여 단정히 앉아서 한 부처님을 생각하여 생각이 끊어지지 않으면 곧 마음 가운데 과거 현재 미래의 모든 부처님을 보아, 주야로 말하되 지혜와 변재가 다함이 없느니라."

대세지보살은 『능엄경』에서 "6근을 단속하고 깨끗한 염불생각을 계속하면 방편을 빌리지 않더라도 자연히 삼매에 들어가느니라" 하였다.

마명보살은 『기신론』에서 설하길, "중생이 처음 이 법을 배워 바른 신(信)을 구하고자 하되, 마음이 겁약해서 이 사바세계에 있어서는 항상 부처님을 만나 친히 공양치 못하고 신심이 성취하기 어려울까 두려워하여 뜻이 물러가려고 하는 자는 부처님이 좋은 방편으로 그 신심을 보호하나니, 경전의 말씀과 같이 만일 사람이 아미타불만을 생각하며 모든 복과 선을 회향하여 저 세계에 나기를 원하면 곧 왕생을 얻어 항상 부처님을 뵈옵는 고로 퇴전이 없느니라."

혜원조사는 말하기를, "요사이 선객들이 정토 수행하는 이를 보고는 상(相)을 집착하여 수행한다고 비방하고 참선의 견성을 주장하여 염불 관경은 하지 않고 왕생을 믿지 않으니, 이것은 크게 잘못된 것으로 아미타불이 최상승선임을 알지 못한 까닭이다. 참선하여 견성코자 하거든 따로 화두를 들것 없이 다못 아미타불만 가지고 생각하고 생각하여 오래 계속하면 자연히 삼매를 얻을 것이요, 설사 깨닫지 못하더라도 죽을 때는 극락 상품에 날 것이다."

자운준식 스님은 말씀하시되, "극락에 가는 깨끗한 업은 모든 경전과 모든 부처님께서 칭찬하셨으니 사부 대중이 빨리 무명을 없애고 오역십악의 큰 죄를 없애고자 할진댄, 이 법을 닦을 것이요, 계율이 깨끗해지고 현전에 염불삼매를 얻고자 할진댄 마땅히 이 법을 배울 것이요, 임종할 적에 두려워함이 없고 아미타불의 영접을 받고자 할진댄 마땅히 이 법을 배울 것이다."

감산대사는 『몽유록(夢遊錄)』에서 설하기를, "참선하는 이가 많으나 생사를 벗어나는 이가 드물고 염불하는 이는 생사를 벗어나는 것이 의심 없다. 왜냐하면 참선은 생각을 여의어야 하고 염불은 생각을 두는 것이다. 중생들이 오랜 겁으로 오면서 망상에 빠져서 생각을 여의기는 어렵고, 더러운 생각을 깨끗한 생각으로 변하면 이것은 독으로서 독을 다스려 바꾸는 법이라. 그러므로 참구는 깨닫기가 어렵고, 염불은 성취가 쉽다" 하였다.

철오선사는 말하되, "관무량수경에 시심작불 · 시심시불과 선종의 직지인심 견성성불을 비교하면 참으로 직절 통쾌하다. 왜냐하면 견성은 어렵고 작불은 쉬운 까닭이다. 견성은 심 · 의 · 식(心意識)을 여의고 신령스런 광명이 드러나야 비로소 견성이 되므로 견성은 어렵고, 작불은 부처님의 명호를 생각하며 부처님의 의보 · 정보(依報正報)를 관하면 곧 작불이 되므로 작불은 쉬운 것이다. 관경(관무량수불경)에 너희들이 부처님을 생각할 때에 이 마음이 곧 32상과 80종호라 하였으,니 이것이 부처님을 생각하므로 곧 작불이 되는 것이다."

인광 대사는 말하기를, "수행하는 이가 신심과 원력으로 염불하여 극락왕생하게 되면 깨닫지 않는 이가 없고, 혹업(惑業)이 다하여 생사가 끊어지지마는 만일 깨닫기만 구하고 원(願)이 없는 경우에는 혹업이 다하지 못하였으면 능히 자력으로 생사를 마칠 수도 없고 불력의 가피가 없으므로 윤회를 면치 못하는 것이다. 법신보살도 성불하기 전에는 불력을 의지하거든 항차 업이 중한 범부야 말할 것이 있겠는가."

『정토혹문』에서 학인이 묻기를, "깨달은 사람이 이에 견성하고도 다시 정토에 나기를 구합니까?"

천여선사 답하되, "깨달은 사람이라야 왕생하기를 구하나니, 고인의 말에 「정토에 나지 않고 어느 국토에 나겠는가」 하였으니, 그대가 깨닫지 못하였을지언정 깨닫기만 하면 정토에 가는 것을 만 마리 소의 힘이라도 막지 못할 것이다."

『관불삼매경』에는, "문수보살이 염불삼매를 얻고 여러 정

토에 나거늘 부처님께서 말씀하시기를, 너는 극락세계에 왕생하라" 하셨고,

『화엄경』에는 "보현보살이 선재동자와 많은 대중들에게 십중대원으로 극락에 가도록 지도하여 게송에 이르되, 원하오니 이내 목숨 마치려 할 때, 모든 장애 없어지오며, 아미타불 친견하옵고, 극락세계 가서 나지이다" 하셨다.

『능가기』에는 "용수보살이 초지에 올라 극락세계에 왕생하였으며",

『기신론』에는 "마명보살이 왕생의 원을 세웠고",

『무량수론』에는 "천친보살이 왕생발원 하였으며",

『대보적경』에는 "정반왕과 7만 석종의 왕생을 말하였고",

『관경』에는 "위제희 부인과 오백 시녀가 아미타불을 뵈었다" 하였으며, 또 **"정반왕과 위제희 부인은 현세에서 무생 법인을 얻었다"**고 하였다.

인도에 이러한 이는 셀 수 없으며 중국에 혜원조사의 백련결사원들과 지자대사, 현수국사 등 여러 스님과 거사로서 왕생한 이들은 헤아릴 수 없는 것이다.
저 문수·보현은 대보살이요 선재동자도 성인이며, 마명·용수는 선에서 대조사로 모시는 이들이다. 이 여러 성현의 증득하심이 지금 깨달았다는 사람에 비해서 어떻다 하겠는가?

저들도 오히려 극락에 왕생하여 아미타불을 친견하려는데, 그대가 한번 깨달은 뒤에 다시 왕생을 원하지 않는다

면 닦아 증득한 바가 용수·마명과 보현·문수보다 지나며, 무생법인을 증득한 것이 선재동자와 정반왕과 위제희보다 지난단 말인가? 정반왕은 부처님의 아버지요, 7만 석종은 부처님의 친척인데 정토에 왕생하는 이익이 없다면 부처님이 부왕과 친척을 그르쳤단 말인가?

영명연수선사는 『선정 사료간』을 지어 간담을 드러내어 정토를 주장하고 임종 시에 여러 가지 상서가 나타나고 사리가 무수히 나왔느니라. 영명화상은 달마의 선법을 크게 깨닫고 극락상품에 왕생하였으며, 말법 시대를 위하여 정토의 신앙을 많이 권하였으니, 종교에 큰 공이 있다고 나는 말하는 것이다

어찌 영명화상 뿐이리오. 『사심선사 권수정토문』에 "아미타불은 염하기 쉽고 정토에는 왕생하기 쉽다 하였고, 또 말하되 참선하는 이도 염불법문이 쉬우니 근기가 둔하여 금생에 크게 깨닫기 어렵거든 아미타불 원력을 믿고 왕생을 구하라. 너희가 염불하고 왕생하지 못하면 이 중이 발설지옥에 떨어지리라" 하였다.

진헐료선사의 『정토설』에는 설하길, 조동종의 스님들이 비밀히 정토수행을 하였으니 그것은 염불이 수행의 지름길이기 때문이다. 종문의 큰스님들이 법을 깨닫고도 정토발원 하는 것은 정토에 가서 아미타불 뵈옵는 것이 종문에서보다 더 쉬운 까닭이며, 부처님과 조사들이 교나 선에서 모두 정토법을 닦아 한 근원으로 돌아가셨으니, 이 문에만 들어가면 무량법문을 모두 증득할 수 있다 하였으며, 내지 천의 회, 원조 본, 자수 심, 남악 사, 법조 정애, 정자 대통, 천태 회옥, 양나라 도진, 당나라 도작, 비

릉 법진, 고소 수눌, 북간 간, 천목 례 등 여러분들이 선문에 종장들로서 비밀히 정토수행하며 드러나게 교화하여 정토를 선양한 것이 한결 같으니라. 어찌 여러분 큰스님 뿐이랴.

일찍 노덕스님께 들으니, 오종의 종파와 천하 선승으로서 깨친 이나 깨치지 못한 이가 한 사람도 정토에 돌아가지 않은 이가 없다고 하였다.

백장선사는 마조의 적자로 천하 총림에서 그의 법을 어기는 이가 없는데, 『백장청규』에서, 병난 스님을 위하여 염송할 때에 게송으로 「아미타불」을 찬양하고 대중이 같은 음성으로 백번 염불하고 축원하기를 "세상 인연이 다하지 않았거든 빨리 병을 낫게 하여 주시고, 명이 다 하였거든 속히 극락으로 데려 가옵소서" 하며, **또 죽은 스님을 봉송할 때도 염불하고 축원하기를, "업은 티끌 번뇌를 버리고 정신은 상품연대에 나며 부처님께서 수기를 주옵소서."** 하고 다비 할 적에도 고성으로 **「나무서방정토 극락세계 대자대비 아미타불」**을 불렀으니, 이것이 정토로 회향하는 것이 아닌가 하셨다.

위의 말씀을 종합하여 보면 참선과 염불이 모두 마음을 깨달아 성불하는 방편이라, 삼매를 얻거나 견성을 하면 생사를 벗어나고 성불함은 말할 것 없거니와, 만일 크게 깨닫지 못하여 번뇌가 남아 있을 경우에는 참선은 자력뿐이요 불력이 없으므로 업을 따라 윤회에 빠지게 되지만, 염불은 자력에다 불력을 겸하였으므로 극락세계에 왕생하여 윤회를 면하는 것이다.

의제(衣製) 개혁설에 대하여

요즈음 법복이 시대에 맞지 않다고 개혁을 주장하는 이가 있다.

비구의 법복은 곧 가사인데, 가사는 삼세제불(三世諸佛)의 표치(標職)라. 해탈복(解脫服) 복전의(福田衣)이며 조와 색이 법에 맞는데 어떻게 고칠 것인가. 가사를 고친다는 것은 곧 불법을 망치는 것이다.

부처님께서 "3의(衣)를 여의지 말라" 하셨으니, 중은 가사를 항상 수(受)하여야 되고 가사가 없으면 중이라 할 수 없다.

어떤 이가 말하기를, 절에 있을 때는 가사를 상착(常着)할 수 있지만 혹 시장이나 관청에 다닐 때는 불편치 않을까 한다. 중은 관청이나 어디라도 법복을 입고 다니면 위의가 있고 행동이 단정하여 불법의 존엄성이 있으며 세상 사람이 우러러 보게 될 것이다.

요사이 이렇게 불법이 망하는 한 가지 원인은 가사를 장착하지 않는데 있다고 볼 수 있다. 가사의 색깔을 괴색(壞色)으로 한 것은 부정(不正)색을 표시한 것이고 또 승속을 구분하기 위함이니, 가사를 입고서는 나쁜 곳에 들어가지 못할 것이다.

예수재에 대하여

『예수 왕생칠재 찬의』란 책은 삼백년 전에 송당 대우스님이 지었는데, 이조 때에 불교의 배척이 심하여 승려 생활이 곤란하여서 방편으로 지은 모양이나, 경전에는 근거도 없고 거기 인용한 승만경과 수생경은 예전 스님들이 위경(僞經)으로 판정하였으며, 시왕이니 종이 돈을 찍어 빚을 갚는다는 것은 도교에서 뽑아온 것이며, 불교에는 시왕이란 말이 없고 염라왕은 죄인으로서 지옥왕이 되었는데 시왕에 빌어 극락에 간다는 것은 천만 부당한 것이다.

『석문의범』에 참으로 예수재가 있으니, 죽은 후에 행할 불사를 생전에 미리 닦는 법을 말한다. 『관정수원왕생정토경』에 "사부 대중이 몸이 무상한 줄 알고 부지런히 닦아 보리도(불도)를 구하려거든 죽기 전에 미리 삼칠(21)일을 닦되, 등을 켜고 번을 달고 스님네를 청하여 경전을 읽고 복업을 지으면 한량없는 복을 얻으며 소원대로 과보를 얻는다" 하였으니, 이것이 참으로 예수재며 왕생성불의 원인이 되는 것이다.

『범망경』에 "불법은 천마 외도가 파하지 못하고 오직 불자들이 망치는 것이니, 비유하면 사자는 죽어도 다른 짐승이 두려워 침범치 못하고 사자 몸에서 벌레가 나서 사자의 살을 먹는 것과 같다" 하였다. 요사이 외도가 성해서 불법을 침해하는 수가 혹 있지마는 우리 불자들이 부처님 말씀대로 계를 스승삼아 수행을 잘한다면 정법이 흥왕하여 외도의 침해는 마치 반딧불로 수미산을 태우려는 것과 같이 조금도 침해를 받지 않을 것이다.

우리가 다생으로 오면서 헛되게 나고 헛되게 죽어서 해골

을 모으면 허공에 차고도 남을 정도로 몸을 많이 버렸으나, 한번도 정당한 일은 못하였는데 금생에는 다행히 사람이 되어 부처님 제자가 되었으니, 이 귀중한 법을 위하여 생명을 한번 바칠 각오를 하여야 할 것이다.

신성한 불법이 이렇게 망하는 것은 지도자의 책임도 있지만 사부 대중이 모두 자기의 허물인 줄 알아 정성껏 참회하고 반성하여 마음을 화살같이 곧게 가지고 정법을 수행하고 정법을 보호하여 부처님 혜명(慧命)을 이어가야 될 것이며, 금생에 다 못한 것은 당래에 극락세계에 왕생하여 빨리 무생법인을 얻어가지고 다시 이 세계로 돌아와 정법 부흥시키기를 발원할 것이다.

종단제도 개혁안에 대하여

불교종단은 병이 골수에까지 들어 여간 치료로서는 효과 얻기가 어렵고 근본을 치료하여야 되는데, 종단의 근본은 승려라 승려가 병들었으니 종단이 살아 날 수 있겠는가. 응급치료 방법을 몇 가지 말하고자 한다.

1. **승려 교육을 실시하여야 된다.** 승려 교육은 교리는 모두 배웠으니 필요 없고 계율을 엄중하게 전공하여 행자 가르치듯이 1개월 가량 수련하여 완전히 새 중을 만든다.
2. **승려 교육을 마치고는 계를 새로 받는다.** 오육십 이하의 승려는 모두 수계하여야 된다. 우리가 모두 계율에 완전한 상태가 못 되는데, 계를 다시 받아 새 정신으로 분발하여야 된다.

3. 환계법을 실행하여야 한다.
4. 가사를 늘 착용하여야 한다.
5. 염불당을 세워야 한다. 종교는 신앙이 근본인데 조계종은 선종이므로 선을 철학같이 생각하는 경향이 있다. 어느 선객은 말하기를 불교는 깨치는 것이 목적이고 신망할 것이 못된다 하며, 인과도 없다 하고 삼세윤회도 믿지 않으며 살·도·음·망에 걸림이 없는데, 종단이 어찌 안정이 될 수 있겠는가.
염불하는 이는 순전히 신심으로 부처님을 의지하고 부처님 말씀을 순종하며 인과를 믿고 행동을 조심하는 것이다. 지금 오육십년 전만 하여도 국내에 염불당이 수백 개 있어서 그때는 불법이 살아 있었지만 근래에는 염불당이 전멸 상태에 있으니, 불법이 온전할 리가 있겠는가?

또는 선방에도 있지 않고 허송세월 하는 승려가 많으니, 그런 이들을 위하더라도 염불당을 설립하여 선과 염불을 함께 장려함이 좋을 것이다.

예전 중국 총림에는 선방과 염불당이 같이 있었고, 현재 대만에도 염불당이 많이 있는 실정이니, 염불당 부흥이 종단 부흥의 계기가 될 줄 안다.

6. 매월 2회 포살을 하여 삼업을 맑힐 것이다.
7. 특별총림을 차려 율원, 선원, 염불원, 강원을 구비하고 신심 있는 승려들만 모아서 십년 동안 산문을 나가지 않고 수도에만 전력하여 승보를 양성하여야 종단이 부흥할 것이다.

8. 승가대학을 설립하여 포교사를 양성한다.

9. 종단구성에 대하여 총무원장은 직선하고 종회의원과 본사주지는 교구 승니가 투표로 선거한다. 말사 주지는 사부대중이 투표 선출한다. 종회의원에 신도도 십분의 일 정도로 참예한다. 사찰 재산은 사부중이 공동 관리한다.

십념왕생에 대하여

누가 말하기를 "『관경』에 「십악오역 죄를 지어서 임종에 지옥 불덩어리가 나타나더라도 선지식 법문을 듣고 염불하면 「나무아미타불」 한소리에 팔십억겁 죄가 없어지고 극락에 간다」 하였으니, 평시에는 오욕락으로 즐겨 놀다가 죽을 때에 십념 염불하면 될 것인데 무엇 때문에 미리 염불하느라고 고생하며 계행 지키려고 구속을 받을 것이 있겠는가?"

답하되, 참으로 슬프고 괴로운 일이다. 이것은 불법을 망치고 옥에 끌어넣는 말이다. 죄 많은 사람이 임종 시에 선지식을 만나 십념을 성취하는 것은 그 사람이 비록 금생에는 악인이라도 전생에 선근이 많은 사람이니 이렇게 요행하게는 만에 하나도 어려운 것이다.

『석군어 논』에는 열 가지 횡사(橫死)하는 사람은 임종 시에 염불 못한다 하였다.

1. 선지식을 못 만나서 염불 못하고
2. 업으로 받는 고통이 심하여 염불 못하고
3. 중풍에 걸려 말을 못하는 이요,
4. 정신병이 있는 이요,

5. 수재 · 화재를 만난 이요,
6. 독한 짐승에게 급히 죽는 이요,
7. 악한 벗의 꼬임에 빠져 신심이 없는 이요,
8. 급병으로 죽는 이요,
9. 전쟁에서 죽는 이요,
10. 높은 데서 떨어져 죽는 이라 하였다.

가사 횡사를 아니 하고 집에서 고종명(考終命)으로 죽더라도 몸에는 고통이 많고 마음에 집안 걱정과 자손의 애정과 여러 가지 번뇌가 얽히어서 십념하기가 지극히 어려운 것이니, 그 어렵고 요행을 바래서 염불하지 않고 있다가 갑자기 죽게 되면 곧 큰일을 당하고 신세를 망치지 않겠는가?

참으로 생사대사를 위하거든 보리심을 내어 깊은 신심과 간절한 원력을 세워 매일 시간을 정하든지 기수(記數)를 정하여 놓고 일과(日課)를 삼아 부지런히 염불하면 업장이 녹아지고 임종 시에 고통이 없어 십념을 성취하여 부처님의 영접을 받아 결정코 왕생하는 것이다.
또 악인이 왕생한 증거가 왕생록에 몇 분 있지마는 그것도 만에 하나가 있는 것이니, 그런 요행을 믿다가는 큰 실수가 되는 것이다.

『관경』에 왕생하는데, 세 가지 복을 말씀하셨다.

첫째, 부모와 스승, 어른을 잘 섬기고 자비심으로 살생하지 않고 열 가지 선을 닦을 것이다.
둘째, 삼귀의와 여러 가지 계를 받아가지고 행동을 올바르게 할 것이다.

셋째, 인과를 깊이 믿고 대승경전을 읽고 보리심을 내어 다른 이에게도 정법을 믿도록 권할 것이다.
또 세 가지 마음을 내면 **상지상품**에 난다 하였다。

1. 지성심(至誠心)
2. 깊이 믿는 마음(深心)
3. 회향 발원심이다.

선도대사가 해석하기를, **지성(至誠)**은 진실이니 말과 행동이 같이 올바르고 안과 밖이 참되고 거짓이 없음이요,
깊이 믿는 마음은 우리 범부는 전생 죄와 금생 죄가 한없이 많으니, 이 죄업으로서는 틀림없이 악도에 가는 것을 믿는 것이다. 그런데 다행히 아미타불께서 48원을 세우시고 중생을 접인(接引)하시니, 두 부처님의 말씀은 조금도 틀림없으니 결정코 왕생함을 믿을 것이다.

회향 발원심이란 나의 전생의 선근과 금생의 선근과 다른 이의 공덕을 기뻐하는 선근을 모두 정토에 회향하여 여러 중생과 같이 정토에 왕생하기를 원할 것이다.

『무량수경』에는 "상품 중품 하품에 왕생하는데 모두 보리심을 내어 부지런히 염불하고 재와 계를 가지며 여러 가지 복을 지으라" 하였고, "48원 중 제18원에는 시방중생들이 지극정성으로 나를 믿고 내지 십념만 염불하여도 나의 국토에 날 것입니다. 그리 안 되면 성불하지 않겠습니다."

제19원에는 "어느 중생이나 보리심을 내어 여러 가지 공덕을 짓고 내 나라에 나기를 발원하면 그 사람의 임종 시에 내가 대중과 함께 가서 영접해 올 것이니, 그리 아니

되면 성불하지 않겠습니다.”

제20원에는 “시방세계 중생들이 내 이름을 듣고 내 국토를 사랑하여 많은 공덕을 짓고 그 공덕을 회향하여 내 나라에 나고자 하는 자는 반드시 나게 될 것이니, 그리 아니 되면 성불하지 않겠습니다” 하셨다.

『미륵소문경』에 열 가지 마음과 『대보적경』에 여덟 가지 법과 또 열 가지 마음과 『보현행원품』에 열 가지 원과 『유마경』의 여덟 가지 법이 모두 정토에 왕생하는 요긴한 법문인데, 그것을 종합하여 말하면 ①삼보를 정성스럽게 믿고 ②중생을 이롭게 하고 ③중생의 고통을 대신하고 ④보리심에서 물러나지 아니하고 ⑤내 허물을 살피고 ⑥남의 허물을 말하지 아니하고 ⑦육바라밀을 닦고 ⑧여러 가지 착한 일을 하는 것이다.

이 밖에 여러 경전에 정토수행을 말한 것은 대게 보리심으로 용맹스럽게 염불하고, 계행을 가지라 하였으니, 죄악범부의 십념 왕생하는 것은 만의 일에 불과한 것이니 그런 요행을 바라지 말고 염불을 정행(正行)으로 삼고 모든 선은 조행(助行)을 삼아 부지런히 정진하면 만 명에 만이 다 왕생하는 것이다.

인과는 절대 틀림없다

어느 선객이 말하기를, 인과설은 힌두교에 있는 말이요, 불교에는 없는 것이며 삼세 윤회와 인과응보가 모두 거짓말이라 한다.

답이라. 참으로 통곡할 일이다. 부처님 일생 설교에 인과와 인연법을 많이 말씀하셨으며 역대 조사도 무수히 증명하였는데, 인과가 없다는 것이 무슨 말인고?

인과와 인연법은 진리 자체로 있는 것이요, 부처님과 관계없는 것이다. 설사 힌두교에 있는 법이라도 좋은 점은 받아들이는 게 무엇이 나쁠 것인가?

육신은 여러 가지 인연이 모여 생겼다가 인연이 흩어지면 죽지만은 심성은 본래 생멸(生滅)이 없으며 시간과 공간을 초월하여 천년 전과 만년 후라도 항상 한결같이 변하지 않으며, 시방세계를 마음속에 포함하여도 남는 것이 없는 것이다.

요사이 심령학자자들도 심성은 무한의 생명과 무한의 능력이 있다고 과학적으로 증명하였다. 이렇게 시종·생멸(始終生滅) 없이 변하지 않지만은 인연을 따라서는 10법계(法界)(지옥 아귀 축생 아수라 인간 천상 성문 연각 보살 불)를 만들고, 업보에 따라 생사윤회를 하는 것이다.

업은 중생의 번뇌에서 나는 것이니 번뇌가 없지 않는 이상 업이 없을 수 있겠는가? 만일 번뇌만 다하면 업이 없는 것이다.

『증도가(證道歌)』에 "꿈속에는 분명히 육도가 있지만은 깨친 후에는 대천세계도 없다" 하였다. 근자에 이와 같은 마구니들이 인과를 믿지 않고 계율을 무시하며 막행 막식하여 승단이 이렇게 혼탁하여지니, 이런 것들은 모두 마구니로 불법을 망치고 중생의 눈을 멀게 하는 것이니, 참으로 통탄할 일이다.

『보현행원품』과 『여래 십대발원문』에 "항상 부처님을 따라 배우라" 하였으니, 우리 불자들은 부처님의 말씀을 그대로 믿고 수행할 것이며, 부처님 말씀과 반대되는 것은 어떠한 선지식과 어떠한 큰 학자라도 마구니로 인정하고 멀리 하여야 될 것이다.

부처님 말씀은 추후도 틀림이 없으시다

어느 큰스님이 말하기를 부처님이 열반하신지도 오래되어 그 말씀이 시대에 맞지 않으면 고쳐 믿어야 한다고 한다.

이게 무슨 말인가? 부처님은 성인 중에서도 제일 크신 성인이신데 어찌 그 말씀이 틀린 까닭이 있겠는가. 공자는 사서(四書)에서도 사시장천 말과 행동이 법도에 어김이 없으므로 성인이라 하고, 안자는 석 달 동안이라도 인의(仁義)에 어기지 않으므로 다음 성인(亞聖)이라 하는데, 하물며 부처님의 말씀이 틀릴 수가 있겠는가?

보살이 3아승지겁으로 인행(因行)을 닦을 적에 어려운 수행을 하여 보시행에 있어서는 나라와 처자와 몸을 아끼지 않으셨고, 인욕행을 하실 때는 수족을 끊어도 성내지 아니하셨으며, 정진행을 하실 때엔 일주야 동안 교족(蹻足) 정진을 하셨고, 자비심으로 중생을 구제하심에는 삼악도를 내 집 같이 출입하시어 무수한 난행과 고행을 하시고 복덕이 구족하시며 자비와 지혜가 원만하셨다.

그리하여 6신통, 10력, 4무외, 18불공법, 5안, 3신, 4지를 모두 성취하시고 열 가지 명호가 구족하신 부처님이 되시어 삼천 위의와 팔만 세행이 조금도 걸림이 없어서 자각각타(自覺覺他) 하심에 원만하셨다.

그러므로 경에 이르시기를 "4과를 증득한 나한의 신통으로도 부처님의 내면은 측량할 수 없고 십지보살의 성현도 부처님의 과덕을 알 수 없다" 하며 또한 "십성과 등각보살도 그 계율이 완전치 못하고 오직 부처님 한 분만이 깨끗이 계를 가지셨다" 하였다.

또 "삼현 보살과 십지 성현도 과보토에 머물며 오직 부처님만이 적광정토에 계신다" 하였으니, 이와 같은 복혜(福慧)가 구족한 부처님의 말씀이 어찌 틀릴 까닭이 있을 것인가? 만일 틀린 말이 있다면 그는 부처님이 아니다. 부처님은 심성의 진리를 투철히 깨달아 진리가 곧 부처님이신데 진리는 절대로 변함이 없어서 억만년 전이나 억만년 후라도 항상 오늘과 같다. 앞으로 말법시대가 지나서 설령 불법이 멸한다 해도 그것은 중생들이 박복한 까닭이요 불법이 잘못된 것은 아니다. 경전에도 위경(僞經)이 있는데 그것을 부처님의 말씀이라 오해해서는 안 된다.

소위 선지식이란 자가 이런 말을 함부로 하여 어리석은 자들이 이 말을 듣고 부처님도 인간이라 별 수 없고 시대도 오래 지났으며 출현하신 지방도 다르니 계율도 고쳐서 취처(娶妻) 육식하며 의제(儀制)도 바꾸자고 속인과 같이 편리하기만을 주장하는 이가 있다.

이렇게 되면 불법이 존속하겠는가? 『금강경』에 이르시기를, "부처님은 진실히 말씀하신 이며, 한결같이 말씀하신이며, 거짓을 말하지 않으시며, 이상한 말씀을 하시지 않는 이"라 하였다. 중생들이 좁은 소견으로 부처님의 허공 같은 경계를 알지 못하고 자기의 의견에 맞지 않는다고 부처님을 믿지 않는다면 이것은 우물 안 개구리와 같은 것이다.

누가 말하기를 부처님이 성인은 성인이나 **육도윤회와 삼세인과와 극락과 지옥을 설하신 것은 권선징악(勸善懲惡)을 위한 방편일 뿐** 실지로 지옥과 극락 육도윤회가 있는 것은 아니라고 한다.

이것은 절대로 틀린 말이다. 만일 실지로 지옥과 극락이 없음에도 세상을 구제하기 위하여 방편으로 말씀한 것이라면 당신 한 몸은 희생할 수 있을 것이다. 그러나 부처님이 고국에 돌아와서 중생을 교화하실 적에 당신의 동생과 아들, 사촌, 집안의 청년 50여 명을 한꺼번에 출가시키고, 그 뒤에 여자들까지 수백 명 출가하였으니, 만일 인과와 윤회설이 방편이요 실제로 없다면 그 친척들을 모두 망친 것이 아니겠는가.

진리는 항상 변하지 않고 한결 같지만 인연에 따라서 육도윤회가 분명히 있고 윤회가 있으므로 생사의 고통이 있는 것이다. 세상의 부귀영화와 오욕 락은 허망하고 무상하여 믿을 것이 없으나, 오직 출가수도 하여 진리를 깨달으면 생사의 고통을 면하고 성불하는 것이다.

부처님 이후에도 신통과 지혜가 구족한 성현이 많이 나왔으나 어느 누구도 부처님 말씀이 틀리다 하는 이는 하나도 없고 모두 글을 지어 부처님 공덕을 찬양하고 부처님 말씀하신 인연법과 인과와 윤회설이 절대 틀림없다고 주장하였으니, 이것이 모두 부처님의 말씀이 틀림없다는 증거이다.

한번 사람의 몸을 잃어버리면 만겁을 지나도 다시 얻기 어렵다. 복과 지혜를 같이 닦아서 정토에 나기를 원할 것이다.

염불선원 육훈(六訓)

1. 생전에는 계율을 잘 가진다. 생지계율(生持戒律)

염불하는 목적은 극락에 가서 성불하려는 것인데 계율을 가지지 못하면 악도에 떨어지는 것이라, 극락 가기를 어찌 바라리오. 그러므로 여러 경전에 계율을 많이 말씀하셨으니, 염불행자는 각기 자기가 받은 계는 꼭 지켜야 되는 것이다.

2. 사후에는 정토에 날 것이다. 사생정토(死生淨土)

사바세계에는 육도육회의 생사고통이 너무나 심하고 극락정토는 아미타불의 원력으로 이루어졌으므로 조금도 괴로움이 없고, 수도하는데 좋은 인연이 구족하고 불퇴지에 오른 보살과 등각보살이 이끌어 주시고, 수명이 무량하므로 빨리 무생 법인을 증득하고 일생에 성불하는 것이다.

3. 오신채와 술·고기를 먹지 않는다. 불식동주(不食葷酒)

오신채를 먹으면 음심과 진심을 돋우고 나쁜 냄새가 나서 선신은 멀리하고 악귀가 침범하며, 고기를 먹으면 자비의 종자가 끊어지고 모든 중생들이 피해가며, 술을 먹으면 지혜의 종자가 끊어지고 정신을 혼란케 하여 수도에 큰 장애가 되므로 경에 차라리 구리쇠 물을 먹고 죽을지언정 술을 먹지 말라 하셨다。

4. 부지런히 염불하라. 근행회불(勤行會佛)

지자대사 말씀에 "염불삼매는 삼매 중의 왕이라" 하였으니, 불법은 모두 삼매로 닦는 것이라, 불법 중에 염불이 왕이란 말이며, 시방삼세 부처님 중에 아미타불이 제일이라 하였으니, 염불 중에도 「아미타불」 염불이 왕이란 말이다.

염불을 일심으로 하면 마음이 맑아지고 정신이 집중되어 삼매를 얻으며 또는 「아미타불」의 광명으로 섭취(攝取)하심을 입어 몸과 마음이 편안하고 현세의 복락을 얻으며 또는 죽을 때는 「아미타불」의 접인을 받아 정토에 왕생하는 것이다.

5. 세 가지 마음을 낸다. 삼심구발(三心俱發)

세 가지 마음이란 지성심, 깊은 마음, 회향발원심이다.

① **지성심은** 지극히 정성스런 마음인데, 예불할 때나 경을 읽을 때나 염불 할 때에 지극정성으로 하고, 진실하고 공평하여 거짓된 마음과 시기 질투심과 탐욕심과 성내는 마음과 교만심과 게으른 마음이 없으며, 안과 밖이 다름이 없고 말과 행동이 같은 것이다.

② **깊이 믿는 마음이란** 인과를 깊이 믿고 부처님께서 설하신 「정토삼부경」의 말씀을 꼭 믿으며, 극락세계가 실지로 분명히 있고 「아미타불」께서 현재도 설법하심을 믿으며, 또 우리 범부는 다생의 지은 죄와 금생에도 지은 죄가 많으니, 이 죄업의 과보로서는 악도를 면치 못함을 믿을 것이다.

그러나 다행하게도 아미타불께서 48팔원을 세우시고 모

든 중생을 접인하여 주신다 하였으니, 이것은 경전에서 석가모니불께서 말씀하셨고 아미타불께서 세우신 서원이니, 두 부처님께서 거짓말할 리가 있겠는가. 이런 인연으로 나는 결코 아미타불 영접을 받아 극락세계에 왕생함을 의심 없이 믿는 것이다.

③ **회향 발원심이란** 나의 전생과 금생에 지은 모든 선근 공덕과 다른 사람의 전생과 금생의 지은 선근을 따라 기뻐하는 수희(隨喜) 공덕을 모두 정토로 회향하여 모든 중생과 함께 극락국에 나기를 원할 것이다.

6. 육화로써 서로 공경한다. 육화상경(六和相敬)

① 몸이 화합하여 같이 산다. 대중과 같이 살 적에는 좋은 일은 대중에게 돌리고 나쁜 일은 내가 받으며, 내 맡은 소임만 다할 뿐 아니라, 대중의 할 일도 도와주어 근실하여야 된다.

② 입이 화합하여 다투지 않는다. "성 안 내는 그 얼굴이 참다운 공양구요, 부드러운 말 한마디 미묘한 향이로다." 이 문수보살 말씀과 같이 항상 웃는 얼굴과 온화한 기상을 가지고 말은 부드럽고 정답게 하여야 되고, 남의 잘못은 절대로 말하지 말고, 나의 잘못은 자주 살펴서 고치며, 필요치 않는 말은 하지 말고 꼭 할 말만 하여야 한다.

③ 뜻이 화합하여 성내지 않는다. 성내는 마음은 삼독심이 되고 성을 참는 것은 육바라밀이 되는 것이니, 삼독심은 지옥을 만들고, 육바라밀은 극락에 가는 것이다. 경에 "한 번 성내는 마음을 내면 백만의 장애 문이 열린다" 하셨

고, 또는 "모든 공덕을 빼앗아가는 도적이 된다"고 하였으니, 우리 불자들은 어떠한 난관을 당하더라도 항상 자비심을 가지고 성냄을 참아야 된다.

④ **계를 화합하게 같이 지킨다.** 계는 부처님의 몸이요, 불법의 근본이라. 계를 인연하여 정력이 생기고 정력을 인연하여 지혜가 생겨서 성불하는 것이니 계가 없으면 정과 혜가 없는 것이라, 어찌 성불하기를 바라리오. 그만큼 계가 소중한 것이니, 대중들은 서로 화합하고 경책하여 계를 잘 가질 것이다.

⑤ **이양(利養)을 화합하고 고르게 할 것이다.** 사중 물건은 모두 시주로부터 받은 것인데, 평등공양과 차별보시를 행하되 항상 시주의 은혜를 생각하고, 대중이 화합하는 마음으로 고르게 써야 된다.

⑥ **견해가 화합하여 같이 이해한다.** 불법은 너무 광대하여 많은 법문이 있고 그 중에 정토문이 하나 있는데, 정토법문도 여러 경전에 많이 있어 경전마다 조금씩 다른 점이 있으며, 역대 조사의 논과 소는 무수히 많아서 해석이 조금씩 다른 점이 있으니, 우리 정토 수행자는 제일경전을 표준을 삼고 다른 논문은 참고로 보아 간혹 의문이 있으면 도반끼리 서로 토론하고 탁마하여 화합한 견해를 가질 것이다. 그러므로 『감로소기』에 동학·도반을 공경하라 하였다.

부처님 열반하신 후 정법과 상법은 이미 지나가고 말법도 천년이 넘어서 마구니는 성하고 정법은 쇠하여 계율이 부서져서 출가승과 속인을 구별할 수 없고 정법은 숨고 사법이 행하여 불자의 눈을 멀게 하며 또는 정토교법이 쇠하여 신라로부터 이조시대에 이르도록 국내에 염불당이 무수히 많았는데 근자에 와서 염불당이 전멸상태에 있으니, 이 얼마나 원통할 일인가.

계율은 불법의 근본이요 염불은 불법 중의 왕인데, 이 두 가지 정법이 이렇게 망하여가니, 이보다 더 슬픔이 있겠는가. 우리 염불 사부대중은 첫째 생사대사를 위하고, 둘째는 정법을 수호할 원력을 세워 위의 육훈을 따라 수행하여 가면 부처님의 혜명이 우리에게 이어갈 것이니 분발심을 내어 십분 힘쓸지어다.

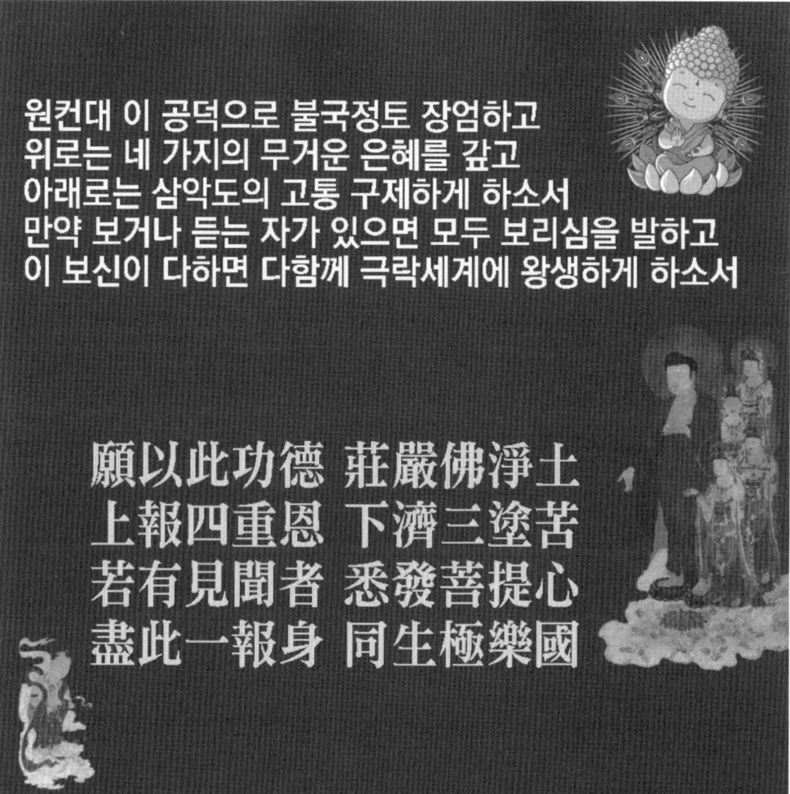
원컨대 이 공덕으로 불국정토 장엄하고
위로는 네 가지의 무거운 은혜를 갚고
아래로는 삼악도의 고통 구제하게 하소서
만약 보거나 듣는 자가 있으면 모두 보리심을 발하고
이 보신이 다하면 다함께 극락세계에 왕생하게 하소서
願以此功德 莊嚴佛淨土
上報四重恩 下濟三塗苦
若有見聞者 悉發菩提心
盡此一報身 同生極樂國

회향 발원문

나무 서방정토 극락세계 삼십육만억

일십일만 구천오백 동명동호 대자대비 아미타불

나무 서방정토 극락세계 불신장광 상호무변 금색광명

변조법계 사십팔원 도탈중생 불가설 불가설전 불가설

항하사 불찰미진수 도마죽위 무한극수 삼백육십만억

일십일만 구천오백 동명동호 대자대비 아등도사

금색여래 아미타불

나무문수보살 나무보현보살

나무관세음보살 나무대세지보살

나무금강장보살 나무제장애보살

나무미륵보살 나무지장보살

나무일체청정 대해중보살마하살

원공법계제중생 동입미타대원해

시방삼세불 아미타제일 구품도중생

위덕무궁극 아금대귀의 참회삼업죄

범유제복선 지심용회향 원동염불인

진생극락국 견불요생사 여불도일체

원아임욕명종시 진제일체제장애

면견피불아미타 즉득왕생안락찰

원이차공덕 보급어일체 아등여중생

당생극락국 동견무량수 개공성불도

시심작불 : 염불왕생 성불법문

1판 1쇄 펴낸 날 2023년 8월 30일
편저 수산스님
발행인 김재경 **편집** 허서 **디자인** 김성우 **마케팅** 권태형 **제작** 다산문화사
펴낸곳 도서출판 비움과소통
서울 금천구 가산디지털2로 43-14 한화비즈2차 7층 702호
전화 010-6790-0856 팩스 0505-115-2068
이메일 buddhapia5@daum.net

979-11-6016-091-8 03220

* 경전을 수지독경하거나 사경하거나 해설하거나 유포하는 법보시는 한 사람의 붓다를 낳는 가장 위대한 공덕이 되는 불사입니다.
* 전법을 위한 법보시용 불서는 저렴하게 보급 또는 제작해 드립니다. 다량 주문시에는 표지 · 본문 등에 원하시는 문구(文句)를 넣어드립니다.